書不盡言
言不盡意
自覺聖智
完成人格

辛卯冬 二〇一一年
九四頑童
南懷瑾

老子他说

续集

南怀瑾 著述

复旦大学出版社

出版说明

本书是南怀瑾先生关于老子《道德经》的讲记。

《老子》，又名《道德经》，是我国道家学派和道教最著名的一部经典。它综罗百代，广博精微，短短的五千文，以“道”为核心，建构了上至帝王御世，下至隐士修身，蕴涵无比丰富的哲理体系。

南怀瑾先生以深厚的文史功底，敏锐的社会洞察力，对《老子》的内涵做了充分的阐释、辨正和引述。他以经史合参、以经解经的方式，深入浅出，借着老子自证的现身说法，刻划道家隐士思想在历史中影响时世、伟大灿烂的一面；更发挥其流传千年之道德内蕴。

《老子他说》上集收录南师讲解《道德经》共二十六讲，于1987年出版以来，读者无不殷切催问下集。在辗转二十二年之后，散佚之文稿及相关资料终于尘埃落定，得以整理付梓；因内容包括全部下篇及部分上篇，故特定名为《老子他说续集》。

总括《老子他说》上集及续集各一册，合为老子《道德经》一书的全部讲记。

本书原由台湾老古文化事业公司出版。兹经版权方台湾老古文化事业公司授权，复旦大学出版社将老古公司二〇〇九年十月版校订出版，以供研究。

复旦大学出版社

二〇一八年九月

前　言

一九八〇年三月，南师怀瑾先生在台北十方书院开始老子《道德经》的课程。当时由蔡策纪录，再经编辑及南师先后整理，随即每期于《知见》月刊发表。

五年后（一九八五），南师应邀赴美，当时《道德经》已全部讲解完毕，所发表者仅廿六章，后因故暂停，以致上篇未能全部刊登完毕。

由于读者的反应，企盼成书出版，故于一九八七年将已刊登的廿六章集结印行，书名为《老子他说》上集，时在南师赴美两年之后。

自从该书出版后，读者陆续催问下集者不绝，二十年来，未能接续印行出版，究其根源，实因文稿随同南师资料书籍运赴国外，数年后又辗转运回香港，直至二〇〇七年始再运转国内，落脚太湖之滨。

整理工作于焉开始，在南师指导下终于全部完成，因内容包括部分上篇，及全部下篇，故特定名为《老子他说续集》。

总括《老子他说》上集一册及续集一册，合为《道德经》一书的全部讲记。

此书经历漫长廿二年，今经我等继续努力，终能出版完全，对热心的读者有所交代，不免一则以喜，一则以憾，盖人世一切成败因缘，常非人力之可及也。

刘雨虹　记

二〇〇九年五月

目　录

出版说明　1

前言　1

第二十七章　1

不着痕迹的善行　1

会说会做　又会教　4

第二十八章　8

知阴阳乾坤善恶而后　8

回复本来面目　10

生理　心理　行为　三方面的修养　12

第二十九章　15

私心取天下的后果　15

圣人的作为　17

第三十章　20

老君的军事哲学思想　20

第三十一章　24

兵不血刃而取胜　25

为何以丧礼纪念胜利 26
军事哲学的另一面观点 27
楚庄王和周武王的道家思想 29
仁政重于武力 31

第三十二章 34
朴实无华的精神 34

第三十三章 37
自知之明　知人之智 37

第三十四章 40
什么是大　什么是小 40

第三十五章 42
掌握天地万象的法则 42

第三十六章 44
欲擒故纵的道理 44
从微细而明了重点 46
柔弱胜刚强 48

第三十七章 51
无为而无所不为的道 51
无为　无欲　无名 53

下　经　55

第三十八章　57

上德下德　上仁上义上礼　57

德仁义礼失后该若何　59

第三十九章　62

得一与不二　62

以低下为基础的高贵　64

第四十章　68

反者道之动　弱者道之用　68

第四十一章　70

三品闻道的人　70

黎明前的黑暗　71

真正有修养的人　73

大器晚成　小时了了　75

声音　形象　见道　76

第四十二章　79

一二三的奥秘　79

自身阴阳须调和　80

好恶与损益　82

过刚则易折　84

第四十三章　86

柔　水　空　无坚不摧　86

第四十四章 88

人生最重要的是什么 88

第四十五章 92

如何达到无为 92

第四十六章 95

欲望造成祸乱 95

第四十七章 97

智慧的成就 97

第四十八章 100

为学要加　修道要减 100

圣人以道德行为得天下 102

第四十九章 104

圣人的菩萨心肠 104

第五十章 107

生死是什么 107

谁掌握生命的去留 108

善于摄生的神仙 110

第五十一章 112

摄生处世之道　四两拨千斤 112

道之尊　德之贵　不是乡愿 115

天地自然的道德功效 117

第五十二章 119

回归宇宙的根源——天下母 119

如何减少生命的消耗 121

第五十三章 124

接受布施的严重性 124

爱抄小路取巧自利的人们 125

第五十四章 127

善于把握生命的中心则不辍 127

修身　修家　修乡　修国　修天下 129

以观身到观天下 132

生命如何走向结局 134

第五十五章 137

纯厚自然的赤子 137

婴儿的精之至 139

保持气的平和 141

生命来之不易 141

先来后去的生命之灵 142

意识的形成 145

精气神消耗完的时候 146

第五十六章 148

修养处世该如何 148

第五十七章 151

以正治国　以奇用兵 151

给日本公民的一封公开信 153

以正为奇　天下归心 154

忌讳造成的影响 156

科技愈发达　精神愈昏扰 157

法令多　犯法的人更多 158

无为　好静　无事　无欲 159

第五十八章 162

对社会人民有益的领导 162

宋太祖的理想和作风 163

铁面无私　包公又若何 165

铁面御史　潇洒沐春风 166

察见渊鱼的颜回 168

是偏是正　祸福相倚伏 169

令人生厌的修行人 171

第五十九章 173

谁最悭吝 173

节省精气神的消耗 174

简化及善行积德的重要 176

啬的真正精神 178

什么是长生久视 180

第六十章 183

烹小鲜的道理安在 183

如何降鬼伏魔 184

第六十一章 187
水唯能下方成海 187
风尘三侠的故事 189
大小相处之道 191

第六十二章 193
好人要救助　坏人更要救助 193
财富名位比不上坐进此道 195
如何消免自己的罪过 196

第六十三章 199
平淡处事的一流人才 199
对人生茫然的人们 200
以德报怨的问题 202
大事不难　小事不易 204
谁是轻诺寡信的人 207

第六十四章 210
宜未雨而绸缪　勿临渴而掘井 210
闲棋一着 212
万丈高楼从地起 213
智慧　从势　待时 215
将成功时反致失败 217
圣人的欲望是什么 219

第六十五章 221
智与愚 221
从商鞅到刘邦到文景之治 224

了解楷式　知道变通 225

第六十六章 228

谦和慈悲又不争的领导 228

第六十七章 231

老子的道与三宝 231

打胜仗的主帅 235

第六十八章 238

武士的精神和修养 238

以静制动　借力使力 240

第六十九章 242

兵法中的道德应用 242

不战而胜　轻敌致祸 244

第七十章 247

平凡的老子　难懂的老子 247

老子与佛教的因明 248

无知的智慧是什么 250

老子　参同契　隐士 251

第七十一章 254

强不知为知　毛病真大 254

装聋作哑　自在无争 256

第七十二章 258

不愚弄社会人民　自爱而不自贵 258

第七十三章 261

敢与不敢的勇气 261

那股冥冥不可知的力量 262

如何做到不争　不言　不召 264

一切都是自己的作为 265

第七十四章 267

生杀大权不可取代 267

第七十五章 270

老子所处的悲惨时代 270

第七十六章 273

要活就要软　想死就强硬 273

第七十七章 275

什么是天之道 275

第七十八章 277

你能做到以柔克刚吗 277

第七十九章 278

把握原则　不求至善尽美 278

第八十章 280

小国寡民就是地方自治 280

第八十一章 282

不美言　不争辩　不积财　多付出　效法天地 282

第二十七章

善行无辙迹，善言无瑕谪，善数不用筹策，善闭无关楗而不可开，善结无绳约而不可解。是以圣人常善救人，故无弃人；常善救物，故无弃物。是谓袭明。故善人者，不善人之师；不善人者，善人之资。不贵其师，不爱其资，虽智大迷，是谓要妙。

不着痕迹的善行

这一章所讲的修道标准，非常符合佛教传入中国后，所特别强调的大乘道精神。道家和儒家本来就融通了出世与入世两条生命路线，只是在表达的方式和因时因地的制宜方法上，有所不同而已。而大乘佛教在这方面，开发了中国有史以来儒道不分家的精神。要修养到这种儒道两家出世入世不相妨碍的程度是相当困难的。当然历史上并非没有此等人物；也许有些为帝王的，或者为国家良臣大将的，甚至那些平平凡凡、普普通通的市井小民，有人也许有可能做到如此的境界。

前面讲到万乘之主，不以身轻天下的重点，必须有“终日行而不离辎重”的身先天下的责任感；但在作为上，又须具备“虽有荣观，燕处超然”的自处与处世之道。那么，如何才能做到这种内圣外王的最高境界呢？本章恰是一篇最好的说明。

现在先讲本章对修道人在行为品格上的要求，必须要做到“善行无辙迹，善言无瑕谪”的标准，然后才能在待人接物上做到“善数不用筹策，善闭无关楗而不可开，善结无绳约而不可解”。

所谓“善行无辙迹”，是说真正做大善事，行止高洁的人，他所做的好事，完全不着痕迹，你绝看不出他的善行所在。因此，中国文化几千年来，非常重视“阴功积德”。一个有道德的人，为善不欲人知，因为他不求名，不求利，更不望回报；如果做了一点好事，还要人家来宣扬，那就与传统文化的精神差得太多了。所以，真正为善的行为，不像车辆行过道路一样，留下痕迹，如果有了轮印的痕迹，就知道车子经过那些地方，等于自挂招牌，标明去向或宣扬形迹了。

所以说“善欲人知，便非真善。恶恐人知，便是大恶”。由此理推，一个人要修道，当然是世界上最好最善的大善事，但无上大道并非人为的造作所能修得的。道是本自清虚寥廓，寂灭无为的，一有了方法，一有了境界，早已落于下乘，就如车过留痕，已有形迹可循，已非至善了。

后来庄子更加发挥“善行无辙迹”的意义说：“绝迹易，无行地难。”一个人的动作行为要想不留痕迹，虽然已经很难做到，但也不算太难。比如强盗和小偷，他在作案的时候，尽量要消灭现场的痕迹，甚至，戴上手套，穿上袜子，想要做到不留手指足趾的印模。这也不算太难的事，挖空心思，还能做到。但是他在自己作案以后的心田中，那个事实的影像，却是一辈子也难消灭的；甚至到临死的时候，内心更加明显地有罪恶感。这便是庄子所说“绝迹易，无行地难”的道理。

同样的，一个人做了好事善事，尽管想要做到不使人知，不自我显扬，但“为善最乐”的心情，终会存在心像之中，虽然只求“阴功积德”，可是仍有心理上善行的痕影。这也是“绝迹易，无行地难”的最难之处。

唐末神仙吕纯阳真人，相传能御剑飞行在空中来来去去，这在飞机与太空梭还没有发明的当时，那是多么的值得人们羡慕啊！吕纯阳自己便有一首诗说：

> 朝游北海暮苍梧，袖里青蛇胆气粗。
> 三醉岳阳人不识，朗吟飞过洞庭湖。

苍梧在广西，青蛇是剑。一个人能在一天当中，轻身飞过整个的南北地区，当然是飞空无迹，多么可贵！但如从庄子的观点看来，仍然是“绝迹易，无行地难”。所谓“此虽免乎行”，这虽然不像走路那么辛苦，“犹有所待者也”。他说要如列子一样凭借风力而行，如果没有风力，也是飞不起来的。总之，飞来飞去，表面看来不着痕迹，但你总还是地球上的人物，总要落到地球上，要脚踏实地才行啊！

我们讲了这些故事，还是想多方说明“善行无辙迹”的不容易。现在让我们话锋转回来，借用“他山之石，可以攻错”的方法，却与佛家对于六度（布施、持戒、忍辱、精进、禅定、般若）的大乘说法，不谋而合。例如佛说布施必要做到三轮体空，所谓三轮体空，就是说当你在布施帮助别人的时候，“施者”的我相与“受者”的他相，以及“施事”（布施行为的事实），这三种心理和行为现象都必须当下皆空，彻底不留痕迹，才能达到度过彼岸的真空正智而得大解脱的境界。如果有一个境界，那就是着相留迹了。这只是借用名词而已。说到彻底之处，便是禅宗的“言语道断，心行处灭”，才是究竟。

讲到这里，我们再举一则唐代鼎盛时期禅宗的故事，做更进一层明显的说明。禅宗有一位著名的大师，叫南泉禅师，他是马祖的大弟子之一，在唐代各大禅院中，他的教化算是比较轻松幽默的。因俗家姓王，平常他常自称王老师，不喜欢什么大师、禅师、法师或师父的称呼。

当时一些禅宗丛林的大寺院，寺产很多，放租给一般老百姓耕种，到了时间才有人去收租。有一年的秋天，南泉禅师亲自下山去收租，谁知到了该地头，那些佃户人家早已把素斋准备好了请他吃。他觉得很奇怪，问大家道："我一年难得下山一次，你们怎晓得我要到，而且把素菜也准备好了呢？"佃户们告诉他，昨夜土地公托梦给我们，说方丈和尚明天下山，所以我们赶早准备斋饭欢迎。南泉禅师听后，脸色大变说，我修行不得力，鬼神竟然知道我的落处。意思是说，自己的起心动念，都被鬼神看得一清二楚的，那自己所谓学佛修道不是白修了吗？真正的大善人，等于佛家的大善知识、大菩萨们，他们的起心动念，连鬼神都不知，一般凡夫，哪里能够估料他在做什么！这叫作"善行无辙迹"的榜样。

会说会做　又会教

再说，"善言无瑕谪"，真正话说得好，毫无瑕疵，就没有一点毛病可挑剔，没有一点可责难的地方，随便哪一句话，都合乎情合乎理。但是，讨论这句话，老子似乎自打耳光，因为他写了五千言，应该说是"善言无瑕谪"，可是，后世研究老子的人，却挑出了他许多的毛病。

另外，释迦牟尼佛在讲《金刚经》的时候，否认自己曾说过话（法）。更有佛经中维摩居士与文殊菩萨的辩论，辩论到最后不说话了，这个"一声不响"，当然就没有任何毛病了。所以说，只要一开口就有毛病，因此，"善言"就是不说话。你认为不说话时没有话说吗？"无声之声，其响如雷"，在教育界待久了的人，有时候对一个学生不说一句话，就是最大的处罚和鞭策，有一句话已经落于下乘了。

“善数不用筹策”，真会算数的人，不用打算盘就能算出数来。“筹”是计数用的码子，“策”是计数的工具。最聪明的人，脑子比电脑还快，数字一报，马上加、减、乘、除就算出来了。所以说，善算的人不靠工具，而用头脑。

“善闭无关楗而不可开”，用锁把门锁住，不算“善闭”，如果说用电锁把门关闭，使人打不开，那用电亦能打开；真正打不开的东西，是没有关楗的。什么东西使人打不开呢？虚空才打不开，因为他没有开关，能把虚空的奥秘打开才是大学问。最大的奥秘是宇宙，直到现在也没有人能打开。有一些科学家，例如爱因斯坦，想打开宇宙的奥秘，最后他来不及打开就去世了。

假使他能再活几十年，也许可以找到这个奥秘，那时也许整个人类文化也要改观。宇宙间有一个不可知的东西，也许是上帝，是超神，所以说，宇宙虚空是个大奥秘，“善闭无关楗”，虽然没有锁但永远打不开。

“善结无绳约而不可解”，真正会打结的人，虽不用绳子捆但永远解不开，那就是我们新文学所说的“心锁”——感情的锁。这个锁能把你捆得牢牢的，永远解不开，如果能解就成道了。所以，佛家把妄想、烦恼叫“结使”。这个“结”打得没有结的形象，也看不出中心在哪里，找得出中心就解脱了，但是没有人找得出来。所以，“善结”就是没有绳子捆你，但你永远跑不掉。感情的力量多么大啊！不管你跑到哪里去，跑到国外，也要打越洋电话找你。但是，想要解脱它，我们人又很难做到，能够做到的话，就是圣人的境界了。

这几句话解释什么呢？怎么才能做到呢？那就是前面说的，“虽有荣观，燕处超然”。要非常闲静，超越一切物理世界，才能做一个真正的圣人。

“是以圣人常善救人，故无弃人”，因此，圣人之道，永远是救世救人的心愿，真正的大圣人，不抛弃任何一个人，对善人要救要度，对坏人也要救要度，这就是圣人之道。假如说，信我的人得救，不信我的人下地狱，那就不是圣人之道。圣人之道是信我的人得救，不信我的也得救，最可怜的人也得救。

“常善救物，故无弃物”，圣人不但要救人，并且要救物，但那是有次序的，要先救了人，再救万物——“亲亲而仁民，仁民而爱物”，这是中国文化的次序。“老吾老以及人之老，幼吾幼以及人之幼”，先帮助自己亲近的人，仍有余力再慢慢地扩大范围，把人都救了，再救万物，而且要做到没有弃物，这是程序问题。换言之，等于佛家的由小乘而后到达大乘，由个人的自我开始而扩大，而及于“天下为公”。这样的行为，是谓圣人之道，老子为它取个名“是谓袭明”。“袭”是延伸的意思，在无形、无声、无色、不着痕迹的情况中，慢慢将光明延伸出来。

天地万有的本体，永远是光明的，人们把自己光明的道遮住了，变成无明就黑暗了。“袭明”引申人类光明的一面，是至真至善之迹，这是告诉我们做人的道理。

“故善人者，不善人之师；不善人者，善人之资。”老子叫我们做人要尊重任何一个人，不要轻视任何一个人，这与孔子的观念完全一样。老子说善人是不善人的老师，我们自己觉得是“不善人”，就应该跟“善人”去学习，那么，不善人就是“善人之资”了。其实坏人也是我们的老师，换句话说，如果善人是我们的教授师，不善人就是我们的副教授师。看到人家的坏，我们不要去学他的坏，而且更要怜悯他。所以说，不善人也是善人之资，如果世界上没有坏人做些坏事，我们就不知道什么叫作坏了，那坏人岂不是好人反面的教育吗？

“不贵其师，不爱其资，虽智大迷，是谓要妙。”修养到达最高处，善恶两方面都平静下来，不思善、不思恶，因为真正善的人，他不需要人家崇拜，如果自认是善人，你看到我就要叩头，那这些善人只是“散人”罢了。“不贵其师”，他不需要你崇拜，你也不必要去崇拜他。

“不爱其资”，既然善的都看不起，那恶的更不用说了。善恶两边都清净，归到清净无为，是谓“至道”。这个时候，真正如同西方宗教的“得救”了。佛家讲“得度”，得度了什么？就是真的悟了道，得了真智慧。所以，真正大智慧的人，看起来像个大笨蛋；真的大笨蛋，你不要轻视他，可能他是一个至高无上的大智慧人。

我经常看到一些没有受过教育，一个大字都不认识的人，有时候随便一开口，真是吓人，因为他真高明，会被他吓得冷汗直流。但必须要你自己去体会，否则还以为他是一个大笨蛋呢！真智慧不是读书来的，不从知识中来，而是自然就有的。

所以，真正的智慧，表面上看起来，像是大迷糊的人。不要认为我们读了几本书，认识了几个字，就是有智慧，这是有限公司；那些没有读过书有真智慧的人，是无限公司，就是“是谓要妙”的意思。所以做人做事与道德的修养，是最为紧要的。

第二十八章

知其雄，守其雌，为天下溪；为天下溪，常德不离，复归于婴儿。知其白，守其黑，为天下式；为天下式，常德不忒，复归于无极。知其荣，守其辱，为天下谷；为天下谷，常德乃足，复归于朴。朴散则为器，圣人用之，则为官长，故大制不割。

知阴阳乾坤善恶而后

“知其雄，守其雌”，我们常常讲笑话，说年轻人谈恋爱，千万要把这两句话记住，这当然是一句笑话。其实，雄与雌只是两个代号。中国文化的《易经》讲“阴阳”，以及另用一种符号叫“乾坤”，乾是阳，坤是阴。其实，公母、雌雄、阴阳、乾坤等，这种种的说辞，都是代号。过去中国人算命，或者是老一辈为儿孙们合婚，拿男女双方八字来合算，男命叫乾造，女命叫坤造，都是用代号的。这里说的雌雄，就是阴阳的意思。

“知其雄”，雄是阳性，代表了开发、光明，放射四方。“男儿志在四方”这句话，就是表现雄性的开发作用。雌性代表的是黑暗、宁静、收敛、保守。雄是动的，雌是静的。所以，修道的人，功夫做的是静态，但要懂得阳的一面，才能开发无穷尽的智慧。我们静坐时，如果心性不晓得参究这个道理，只跟着静态呆呆地打坐，把智慧都困在里头，这样就会越坐越笨，永远不会悟道。佛家有一种修持法门叫作“止观”，“止”就是静的功夫，也就是“守其雌”；“观”是智慧的开发，也就是“知其雄”。这一引借，就解释了下一句：“为天下溪”。

溪水是从高处向下流的，高处留不住水，水一定是向低处流的，最后，汇归于最低的大海。所以，佛家也经常用大海做比喻，说明胸怀要像大海一样又广阔又谦下。懂得了这个道理，心量就扩大了。

“为天下溪，常德不离”，如果修养达到了“为天下溪”的境界，则自然“常德不离”。德字包括用，经常行道的作用。“常德不离”，到底不离什么？这其中是它的秘密，老子没有明白地说。其实就是不离动静之间，一动一静，都有道的作用，能够“常德不离”，最后的成功是“复归于婴儿”。婴儿是刚满月，或一周岁以内的婴孩，一身骨节都是软的，他没有喜、怒、哀、乐，没有主观成见，一切都很自然，逗他一下就笑，掐他一下就哭。他喜欢的时候，哭中又笑，笑中又哭，都很自然，没有做假，没有意识的固定作用，但不是无知，那是大知。

老子讲修道成功的人，要像婴儿的境界。前面也曾提到，“专气致柔，能婴儿乎”！学太极拳也常常用到这句话。但是，有几个人真能把强硬的骨节练成婴儿一样的柔软？人的骨节越老越硬，像鼓槌一样，可以用来打鼓，软骨头打鼓是打不响的，老化就坚硬。老子后面说“物壮则老”，一样东西，年代久了就老了。难听一点解释，老了就完蛋，要想不完蛋，只有“复归于婴儿”。所以，静坐的人，天天要反省自己身心的柔软到什么程度。其实，融会贯通起来说，佛法有一个名称叫“软地”，先经过修养的步骤——暖、顶、忍，到达软地。由心性刚强慢慢变成心念柔软，身体也到达“软地”。所以，静坐到真正入定的人，他的身体不能碰触，在他入定时，如果去拉他的手，可以拉到一丈多长也不断，就是因为他的身体已变得非常柔软的关系。

“知其白，守其黑，为天下式；为天下式，常德不忒，复归于无极。”刚才用雌雄做解释，现在又用黑白来做代表。雌雄代表阴阳，所以，自身修道要把阴阳调配好，才可以到达如婴儿般的柔软境界。这中间第一是讲生理上的阴阳调配；第二是讲心念上的善恶。后来佛经的翻译也借用老子的话，善业善行叫作白业，恶业恶行叫作黑业。由此可以了解，一切都是生理上的变化及心理上的变化。能够无妄想，无分别，就是至善之念，也就是儒家所讲的“人欲净尽，天理流行”。这是白业，不起分别。

“守其黑”，黑业守他做什么？这个意思是说，不会去动丝毫恶业的念头。起心动念时的念念至善是菩提道，“为天下式”，是心理行为的标准，是至善无恶。心理的修养达到“人欲净尽，天理流行”时，起心动念上不会有错，念念起来都是善念，与天心相吻合。中国文化上讲：“天心仁慈”，天心是至善，“复归于无极”，最后归到恶念净尽，善念亦不动，这个就是所谓无极，是至善了。

下面接着再讲做人做事的行为方面。

回复本来面目

“知其荣，守其辱，为天下谷；为天下谷，常德乃足，复归于朴。”

做人做事要知道这个原则，大家都晓得胜利是光荣的，大家都想胜利。年轻人出来到社会上，都想“前途无量”，“鹏程万里”，都想光荣归于自己。“守其辱”，光荣后面就是不光荣，有成功，一定就有失败；有上台，一定就有下台；有天亮的工作，一定会有黑夜的休息。所以“知其荣，守其辱”，就是万事要留一步。人生本来就是唱戏，上台一鞠躬，下台总归要回到你本来面目，那是赤裸裸的来，什么也没有带来。不要老是想胜利属于我一个人，光荣也都属于我一人。

譬如一个人赚了很多钱，留住那些钱一点都不用，又算什么！我的经济学是：会赚钱不是本事，会用钱才是真本事，而且钱要用得漂亮适当，才是真本事。假使今天有人给我一千万，命令我一晚把钱用光，而且把钱用得漂亮适当，用得高明，用得大家都叫好时，我怎么办？当然把它扔出去飞散，让大家去抢也行，但这不算好，一定会使很多人争夺打架就不对了。所以，一个人要“知其荣，守其辱”，要知道自己的本来，自己平常自然的面目。

中国文化有两句话：“唯大英雄能本色，是真名士自风流”。我们是来自民间的人，就是来自民间；上台之后，以及功名富贵，这一些都是假的，是暂时的。等于这些房子的装潢等等都是假的，一旦把壁纸、胶漆去掉，看到泥巴砖头，那才是它的本色。真的大英雄，上台也好，下台也好，恭维也好，不恭维也好，他总是那个样子，保持他的本色。

再说“是真名士自风流”，古代的风流，近乎现代讲的“潇洒”。一个真正的名士，他本身自然潇洒，不是做作出来的潇洒；如果能这样做人处事，则“为天下谷”。什么叫作“谷”呢？就是山谷，空灵阔大，能包容许多东西。这个空灵，也就是禅宗六祖所说的：“本来无一物，何处惹尘埃”，胸襟有如此的伟大，山谷一样的空灵。

我们看到历史上所形容的汉高祖，从老百姓起来当皇帝，历史上形容他相貌“隆准龙颜”。我想象那个样子不大好看，鼻子高高的，面孔像龙一样，那有什么好看的！但从古至今，每人都想变龙，那又何苦呢？有人说：“你这个人的相很好，虎背熊腰，将来大有作为。”他听了必然很高兴，因为人的天性大概喜欢拿挨骂当夸奖，老虎和熊都是野生动物，老虎的背和熊的腰又有什么好看啊！我才不要虎背熊腰！只要人背人腰就好了。人又何必要像龙呢？龙是一种冷血动物，可是历史上形容一个人“隆准龙颜”，就会高兴得睡不着觉。袁世凯就上了这个当，聪明人都喜欢上这个当。

但是，历史上写汉高祖的面孔“隆准龙颜”，是说他的气派，豁达大度，能容天下。当然，汉高祖不一定大度，写历史的人，总要把他写得好一点。如果真的能够做到豁达大度，包容一切，则“常德乃足，复归于朴”。他的常德足了，品性行为能够得上“朴”，就是归到最原始朴素的英雄本色了。

我们常形容一个人英雄本色，这在历史上有很多，后来儒家出来做官的人，虽做到官至极品，一旦回家以后，仍然是乡巴佬一个。有位历史上的名人，官至极品，当了几十年的宰相，退休以后，穿了一件旧衣服，带了一个佣人，步行出来游玩。有一个新科状元，骑在马上，很威风地过来，老宰相急忙让路。这位新科状元耀武扬威，洋洋得意，看到路边这位老头子，认为他很不懂事，新科状元骑马游街，为什么不站远一点回避！随从人员就下马来赶。一问才知道是前村的老宰相，这位状元吓得双膝弯下来说：“老前辈，对不起啊！”老宰相说：“上马去吧！年轻人是如此的。”真正有高度修养的人，才是朴实无华，这就是“复归于朴”的道理。

生理　心理　行为　三方面的修养

这一节我们晓得，“知其雄，守其雌”是生理上的修养；“知其白，守其黑”是心性上的修养；“知其荣，守其辱”则是行为上的修养。读书不可马虎看过，老子已经把修道的秘诀传授给我们了，如果自己不懂得其中奥秘，那又怪谁呢！

讲到朴实无华，那是最为重要的；不管是心理、生理，或者是行为上，都要修养到“朴实”。不加妄念是基本的修养。人性本来就很朴实，所以不朴实的人，是被后天环境污染的结果。能够把这些污染去掉，回归到本来的朴实，那就是“道”。因此，老子的结论是：“朴散则为器，圣人用之，则为官长”。“朴”是一块原始的木头，没有经过雕琢，没有经过人的加工；人性也是这样，原始的社会也是这样。我们上古的祖宗们，就生长在“道”的世界，所以不需要修道，因为个个有道。那个时候也不需要有宗教，因为个个都在道中。

人类社会，在精神文明上讲，越到后来越是退化；在物质文明上讲，后来则是天天有进步。我常说，大家讲进步，要划一个界限，就物质文明而言，后来的社会的确是有进步的；但是道德的文明，不但没有进步，而且是在退化中。所以，在东方文化史上，认为人文文化是退步的。

“朴实无华”散解了以后，就变成物质文明的兴起，“朴散则为器”，这个“器”不是指物质。孔子在《易经》上也说明这个道理，人类原始的本来就是道，不需要有道德仁义这些名称。到了人类社会越向前发展，精神文明就逐渐退化，物质文明就越发达起来。

可是，江水东流去不回，世事是没有办法复古的。如果希望人类思想、精神文明复古，则是错误的。既然不能够复古，那么，人类是否要永远地坏下去呢？不会的，因为“苟日新，又日新，日日新”。当一直前进到极点后，就会又回转到本位，“道则返也”。等于一个人吃东西，给他吃饱了以后，他什么都不想吃了。

“圣人用之，则为官长”，圣人懂得了这个道理，就创建了一种政治制度，如《礼记》所记的周礼，保持了上古道德的政治制度。但是，真正讲原始道德的上古社会，则是《礼运·大同篇》的思想，那是真正一个伟大的制度，那个制度是没有制度，没有法律，也没有道德的。但人人都自然守法，并不要法律来约束；人人都不必讲道德，自然合于道德的标准。所以，“道法自然”，那个社会，本身就是道德，这就是所谓“大制不割”。

第二十九章

将欲取天下而为之，吾见其不得已。天下神器，不可为也，为者败之，执者失之。故物或行、或随，或歔、或吹，或强、或羸，或挫、或隳。是以圣人去甚、去奢、去泰。

私心取天下的后果

这一章，及后面接连的两三章，都是说明“道”的用，而且牵涉中国传统的政治哲学和军事哲学思想。在文学的层次上，颇有“大制不割”的气势。

在中国历史哲学的发展中，儒道两家的思想是同一个根源，上古的时候，儒道本不分家。像尧舜以前的黄帝，乃至黄帝以上远古史中的三皇五帝，这些古人之所以当皇帝，是不得已而为之，是真为大众服务的。时代越向前走，这种观念就有所改变，因为人的欲望愈来愈高了，私欲一旦提高，政治上就变为家天下的制度了。

这里老子所讲的，还是上古文化公天下的制度。他所提出上古观念的政治哲学是：“将欲取天下而为之，吾见其不得已。”“天下”这一名词所指，在中国文化观念中，可大可小，大的包括现在全世界人类思想。上古公天下的帝王，并不像后世帝王是有目的来做皇帝的，是想要纵横天下，割据城池而号令天下。这是私天下的帝王思想，与上古的明王思想、王道精神，不得已而出来为天下、为一般人谋福利是不同的。

“天下神器”这四个字，在文义上不是连起来的，要再加一个“者”和“也”字，成为“天下者，神器也”。意思是说，天下这个东西，是天下人的神器。这样照文学解释，还是不够清楚，如果说，天下这个东西，是一个神妙不可思议的东西，就更切合了。也就是后世包括的国家、政权等等，都是神妙不可思议的东西。所以“不可为也”，这个东西是碰不得的。

“为者败之”，像后世春秋战国时代的情形，尤其像秦始皇等的做法，更具有充分的代表性。他们是以私欲为出发点，为个人的英雄思想而号令天下，最后还是要失败的。“执者失之”，越是私心自用，抓得越紧，抓得越牢，则失去得越快，这是以历史哲学的眼光来看的。下面再说一个大哲学的原理。

“故物或行、或随，或歔、或吹，或强、或羸，或挫、或隳。是以圣人去甚、去奢、去泰。”这是老子讲宇宙的法则，宇宙的物理，只有一个共同的法则，就是世界上任何事物，都是相对的。拿“行”来说，你向前进，当前进的力量达于极点时，就是后退。《易经》上有句话：“无往不复”，没有一个向前走的东西不回过来的。为什么呢？因为这个地球是圆形，向前走一定回复过来到本位。所以说，“或行、或随”，有进步就有退步。相反的，永远在退步，必定就有进步了。

“或歔、或吹”，“歔”是把气吸进来，“吹”是把气呼出去。所以，呼吸也是相对的。

“或强、或羸”，一个人的身体，是一个物理的东西，强壮到极点之后，一定会变弱。相反的，有许多人身体看似多病，但是多病的人，往往能祛病延年，虽然整天病兮兮似的，却能活得很长寿。这是为什么呢？因为他晓得自己多病，就会时时注意摄生调养。一个看来身体非常健康的人，有时候反而忽然死了，因为他自己觉得身体很健康，没有病，往往就忽略了保健之道，所以一下就完了。

“或挫、或隳”，“挫”是很尖锐的东西，越是尖锐的东西，毁损得也就越快。这几个原则：行、随、歔、吹、强、羸、挫、隳，是说明宇宙间一切事物，随时都在相对地变化。

举例来说，很多喜欢学易卜卦算命的人，当有人问某笔生意或是今年生意会不会赚钱，其实不要卜卦，答案已经告诉你了，不是赚钱就是蚀本，没有不赚不赔停留在中间的。如果一年生意做下来，算算总账，既不赚又不赔，其实年龄、光阴、精神都赔上了，这不是早赔本了吗?！所以，算命卜卦，问命运好不好，答案是不好一定坏，不坏一定好。

我认为卜卦很容易，如果到街上摆一个卜卦的摊子，对来人说：“老兄，我看你气色不太好”，他一听就会想来算算命，第一句话就可告诉他，我算定你会破财，因为他已经破费了几十元请你看相了。所以说，天下没有不变的东西，绝不可能停留在中间的。老子现在是就大原则告诉我们这个道理。

圣人的作为

后面第六十七章，老子告诉我们有三宝，现在把名称先提出来，即“曰慈、曰俭、曰不敢为天下先”。我们做人处事，要慈悲为怀，仁民爱物，这就是“慈”。“俭”看起来很悭吝，实际上是非常地小心谨慎。“不敢为天下先”，认真说来，天下万事，没有创作的事物，人也不能创作；所谓创作只是自然的因缘条件成熟了，在一个机遇下，自然会得到成功。人类若想单独创作制造，违反了自然因缘原则，是不会成功的。所以说“不敢为天下先”。

道家的思想，最会捡现成的比喻。比如，儒家经常说，一个人的人格要有“中流砥柱”的精神，大水来了，要站在河流中间挡住。如果是这样，说不定大水会把你给冲走，水势小或者还可以砥一下，一旦大水没了顶，比人还高，那就中流不能砥柱了。

道家不是这样，道家只是“因势而利导”，不像儒家要“中流砥柱”。要晓得，大水一来，纵然用堤防把它堵住，这个地方不出毛病，流到别的地方毛病会更大，淹死人会更多。道家的做法是，预先在下游开一道沟渠，把水顺势往下疏导，水就流到大海里去了。这就是“因势利导”的法则。

我们对人对事也是这样，当一件事情正在火头上，不能改变的时候，硬要去改变它，除非准备做烈士，那无话可说；如果真正为了救天下人，这种方法就救不了啦，必须因势利导。等事情发展到了一定程度，一切有利因素都已具备，这时只要四两拨千斤，一个指头轻轻一拨，就把它拨过来了。天下事也是一样，整个天下也只要这样轻轻一拨，就改变了。

这一章的内容是三宝的前奏。所以圣人之道，第一“去甚”，甚就是过分，做人做事第一不要过分，过分一定会出毛病。第二“去奢”，锦上不能添花，锦上添花毛病出得更大。第三“去泰”，人生没有舒服的时候，天下事也没有永远泰然不变的时候。一个人身心上不加几分劳苦，不加几分运动，舒泰太过了，各种毛病都来了。这三点道理，发挥起来很多，总结一句话，要守戒律，万事不要做得太过分。

说到这里，想到一则确有其事的故事。有一位同学获得了博士学位，他国文好，英文也好，日文也好，样样都好，但样样都说得不好，国语也说得不太标准。有一天对我说：“老师，你告诉我道家的道理是四个儿子。”我说：“道家哪里有四个儿子？”搞了半天，才晓得他说的“四个儿子”是“适可而止”。老子只有三个儿子“去甚、去奢、去泰”，没有四个儿子。这三点也就是告诉我们万事要适可而止，如果不适可而止，超过限度那就会变，不再是原来的现象了。老子把这个哲学原理先告诉了我们。

第三十章

以道佐人主者，不以兵强天下。其事好还，师之所处，荆棘生焉。大军之后，必有凶年。善者果而已，不敢以取强。果而勿矜，果而勿伐，果而勿骄，果而不得已，果而勿强。物壮则老，是谓不道，不道早已。

老君的军事哲学思想

这是老子军事思想最高的境界，一个有道之士，多半不愿自己出来当君王。中国历史始终有一个不成文的秘密，当历史变乱的时候，国家危险到了极点，勤王御寇，挽回历史命运的，都是道家的人物。从三代以下，一路下来，如伊尹、姜太公、诸葛亮，乃至明朝的刘基等，这些著名的人物，有些站在前面，还有其他在背后辅助而不出名的人。这是中国政治历史上的一个秘密，每到拨乱反正的时候，道家的思想，道家的人物就出来了。但是他们完成了使命之后，也不想在历史上留名，“功成、名遂、身退”，实所谓功德无量。

老子也再三告诫后人：“以道佐人主者，不以兵强天下。”但是，老子并不是反对战争，在国防上，军事戒备绝对需要，但不可以兵强天下，不可以用武力来侵略别人。不过第二次世界大战中，发动大战的德国和日本，原对老子哲学很有研究，但却忘记了“不以兵强天下”这一句话，违反了这个军事哲学原则，所以终于失败了。

老子并不是反对军事，他说到“强”字的意义，那只是加强自己国家的国防建设，如果想要侵略别人，便会失败。老子的军事思想、政治哲学的原理在什么地方呢？“其事好还”。前面引用《易经》的话：“无往不复”，这是因果报应，每件事必定是回转过来报应的，你怎么样打人，就会怎么样被人打；你怎么样去杀人，就会怎么样被人杀。“其事好还”就是这个意思。对任何一件事，不能轻易随便，你打出去五十斤力量，回转过来的是一百斤果报。东方的几大哲学，几大教理，始终站在同一个原则上，就是天道好还，也就是天道之因果循环。

下面告诉我们一个原则，是学军事哲学必须了解的。“师之所处，荆棘生焉”，经过大规模的战争以后，那个地方整个被破坏毁灭了，所有山林草木以及几百年的建设成果，刹那之间消失了。“师”就是兵，只要战场在那里，那个地方就要遭到破坏，“荆棘生焉”，长了很多野草，变得荒凉了。

“大军之后，必有凶年”，现在的年轻人没有这种经验，不会了解；经历过战乱的人，就会知道战争之后的战场，会成为传染疾病瘟疫的地方，有时并发旱灾、洪水以及发生瘟疫的流行。所以，后来学军事哲学的人，对这个道理都很清楚。世界上真正的名将，能懂得军事的，都不敢轻言战争。这不是因为胆小怕战，而是由于仁慈，不愿也不忍看到战争带来的悲惨后果。任何一个士兵，都是经过母亲十月怀胎，父母辛辛苦苦把他养育长大成人，但在战场上只要几秒钟就没有了。而且牺牲在战场上的，不只是少数的一两个人，而是百千万众。所以，懂得军事的人都怕谈战争。

世界上只有读书人喜欢谈战争。我常碰到许多知识分子，他们对于战争的看法，好像小孩子玩游戏那么容易，像看柔道比赛一样好玩。殊不知，战争是极不容易之事，是悲惨之事——“师之所处，荆棘生焉。大军之后，必有凶年。”老子所说的这个军事哲学，充分代表了传统道家的军事思想。

“善者果而已，不敢以取强”，一个高明的政治家，高明的军事领导人，是心怀仁慈的，希望领导天下国家止于至善。以善的力量，战胜一切邪恶，绝不是以自己强盛壮大的武力，去侵略人家，威胁人家。

“果而勿矜，果而勿伐，果而勿骄”，一个当大统帅的人，当帝王、领袖的人，应以仁慈的心、善良的政策来救世界，来爱天下。他们虽一心济世救人，并没有认为自己了不起，绝没有骄矜的心理，也不自我表扬。任何一个成功的人，如果带了成功的骄傲，已经是失心病狂了，这种领导人终归会失败的。

“果而不得已，果而勿强”，万一发生战争，必须要用兵的时候，是不得已而为之，并不是逞强好胜。所以，最高军事哲学的思想，是不得已而为自己防备。做人的道理也是一样，中国做人原则的两句古话，“害人之心不可有，防人之心不可无”，就是这个原则。

“物壮则老，是谓不道，不道早已。”这是讲物理的原则，让我们懂得人生，亦可懂得一切。天下万物的运行，有一个法则是无法改变的，那就是一个东西长大了，下面接着来的就是衰老！老了就要灭亡。“不道”并不是说没有道，是说违反了这个法则，像一棵树一样，长大了就要衰老。有没有永远保持不衰老的呢？那就看道家另一种方法了，老子只说到这里为止。

这一章开头就说：“以道佐人主者，不以兵强天下。”这是讲的军事哲学，但最后一段，忽然讲“物壮则老”，好像与上文并不相关。其实非常相关，如果研究军事的人，就会懂得这个道理了。因为天下的强兵利器，不能永远保持不变，一定要不断地修正、不断地改进才行。不要认为自己的东西了不起，以今天来说，虽然已达到最高峰，过一段时间，最高峰的东西，可能已经落伍了。所以，儒家的道理是："苟日新，日日新，又日新"。人也是一样，学道的人，都想健康长寿，要健康长寿，就是要知道如何保养壮大，"弱者道之反也"，才能使它到达完美。

第三十一章

> 夫佳兵者，不祥之器，物或恶之，故有道者不处。君子居则贵左，用兵则贵右。兵者不祥之器，非君子之器，不得已而用之。恬淡为上，胜而不美，而美之者，是乐杀人。夫乐杀人者，则不可得志于天下矣。吉事尚左，凶事尚右。偏将军居左，上将军居右，言以丧礼处之。杀人之众，以哀悲泣之，战胜以丧礼处之。

这一章是接着军事哲学再加以引申。历代有很多注释名著，对这一章并不下注解，不愿意下注解，因为帝王的时代，多半是以兵强天下。所以，大家第一个原因是怕谈这件事，第二个原因是这篇文字很容易懂，不必注解。现在我们大概解释一下，说明这个道理。

“夫佳兵者，不祥之器”，佳兵就是杀人的武器，因为武器是会杀死很多人的，所以“不祥”。原子弹是很厉害的武器，一颗原子弹的爆炸，可以杀死更多的人。可是现在到了核子弹，乃至于用到“死光”的战争、细菌的战争，杀起人来更多更快，一瞬间可以毁灭人类的一半人口，这就是“佳兵不祥”的道理。“物或恶之”，不要说是人害怕，任何世界上有生命的东西，都很恐惧。“故有道者不处”，所以，有道的人不做这种事情，只用道德、善心、仁慈来感化人。

但是，老子的哲学——道家的哲学，在道德的后面，是有武器做后盾的哦！试看每一个寺庙，不管是道家、佛家的，中间坐的是“佛”，旁边站的都是拿了武器的四大金刚。没有这些是不行的，光讲道德仁慈也是不行的，这是道家的奥秘之处。

兵不血刃而取胜

“君子居则贵左，用兵则贵右。”这是中国古代的礼仪，中国古代的军事制度。君子是道德修养高明的人，上古传统的制度，以正治国，喜欢在左边；用兵的时候，喜欢在右边。左右是两个代号，右则属阴，用兵的时候，非用“阴谋”不可，敌人如何准备来打你，你准备如何去打敌人，不使用阴谋诡诈不足以取胜。

“兵者不祥之器，非君子之器，不得已而用之。”这句话重复地讲，是老子书中少见的情形，这表示老子语重心长，提醒大家特别注意。“恬淡为上”，一个大军统帅的修养，以恬淡为上，诸葛亮有两句名言：“淡泊以明志，宁静以致远”。修道的人，在中国历史上，除了诸葛亮以外，很少看到有这样修养的人。

南北朝的时候，梁武帝下面有一位将领名叫陆法和，是一位出家的和尚。此人并不穿和尚的衣服，他带领部队，完全是按照管理出家人的办法。每次作战，只要他的部队一到，一定战胜。后来帮助梁武帝平定了很多地方。到了梁武帝的儿子当皇帝的时候，他已经把长江以南的军事力量，都掌握在手中了。因此，梁武帝的儿子对他产生了怀疑，所谓“功高震主”，因为他掌握了国家的整个兵权，只要他手一摆，皇帝就只能下台了。

于是，就有人去向皇帝进谗言，不过他在家里打坐就知道了，便跑去见皇帝说：“我法和是修道的人，帝释天王亦不愿为，何况是人间的虚浮富贵。我与你父亲两人，本来是当年在释迦佛前灵山会上的同参道友，因为他堕落到人间来当皇帝，我是他师兄，愿意助他一臂之力，你却反而怀疑起我来。现在我把将军的大印交还给你，我要走了。”说完他就走了，一个人到四川峨眉山去了。

为什么每一次打仗，敌人一看到他的影子就害怕，没有办法与他作战呢？据说他是用神通来打仗的，也根本没有杀人，所谓兵不血刃而取胜。只是写历史的人，认为这是神话，不愿意写进历史，事实上却是真有其人，真有其事。你们研究历史，在南北朝那一段，就知道真有这么一个将领，他的一切就是如此淡泊的。

为何以丧礼纪念胜利

“胜而不美”，战争是不得已的事，纵然打了胜仗，也不值得颂扬，“而美之者，是乐杀人。”所谓战胜的美，只是喜欢杀人而已。“夫乐杀人者，则不可得志于天下矣。”一个喜欢杀人的人，终归是要失败的，所以，不可能得志于天下。

中国的古礼，尊崇左方，所以说：“吉事尚左，凶事尚右”，“偏将军居左，上将军居右”，拿现代的军事组织来说，总司令在右边，副总司令在左边。因为，当一个作战命令颁下以后，打起仗来，成千上万的生命就会牺牲，这是凶事。“言以丧礼处之”，应该怀着丧事一样的悲痛心情去处理。“杀人之众，以哀悲泣之”，对死伤的敌人，也要有哀痛悲伤之情。“战胜以丧礼处之”，即使战胜了，也不应该骄矜得意，还是要怀着丧礼哀痛的心情，来处理战后的一切。

我们晓得道家军事哲学的思想，很多是引用《阴符经》的道理。道家与老子有关的典籍，太上十三经之一是《阴符经》。其中说：“天性人也，人心机也。立天之道，以定人也。天发杀机，星辰隐伏；地发杀机，龙蛇起陆；人发杀机，天地反复。天人合发，万化定基。”

“天性人也”，人代表天地之中心。“人心机也”，人的心理，与宇宙相通，是心物一元的基础。“立天之道，以定人也”，人的思想和心理，不能随便动一个杀念，或动一个恶念，那是与仁爱的天性相反的。

“天发杀机，星辰隐伏”，这是说：上天发动了杀机，便要摧残人类万物，或刮台风，或下暴雨，日、月、星、辰都要隐伏起来看不见了。“地发杀机，龙蛇起陆”，甚至发生地震、火山爆发种种的自然灾害，这个时候，地下的一些生命，就从地下钻了出来。举例来说，在夏季的时候，虽然是个好天气，如果突然看到蚂蚁搬家，一定会下大雨，涨大水的。有很多的动物，都有预感，这就是“地发杀机，龙蛇起陆”的道理。

军事哲学的另一面观点

天地杀机一来，虽然是那么可怕，但是，人若发动了杀机，比天灾地变更可怕。“人发杀机，天地反复”，人若有发动战争的心态，那太可怕了，天地都要为之变色。但是人的杀机起了以后，发动的战争是不是一定不好呢？那又不尽然，因为革命以后，才有真正好的建设，这是军事哲学另外一面的说法。

比如佛家讲的劫运到了，在劫难逃，但是一个劫运过去，好的就会兴旺起来；所以，“天人合发，万化定基”，一个新的局面，才能开始。就像一个人生了重病，或得了癌症，非开刀不可，开刀一定上麻醉药，上手术台，是生是死并不一定，就看运气如何。如果一刀下去能起死回生，就是“天人合发，万化定基”，重新开始一个新生命了。

《阴符经》上又说：“天生天杀，道之理也。天地万物之盗，万物人之盗，人万物之盗，三盗既宜，三才既安。故曰：食其时，百骸理，动其机，万化安。”“天生天杀，道之理也”，天地生万物，新的生出来，又要老化死去，绝不会让它常留不走，这是天地万物之道。道即盗，修道之道，亦即偷盗之盗。修道的人，在那里打坐，以为不会或不是偷盗，殊不知正是在偷盗天地日月之精华。为什么我们静坐一阵，会觉得精神更好呢？因为静坐把天地日月的精华，盗取到我们自己身上来了。“天地万物之盗”，天地偷盗了万物之精华，而构成了天地的精神。“万物人之盗，人万物之盗”，人更可恶，大至声光日月，小至青菜萝卜，人都要偷来给自己，使自己生活得更好，是万物之盗。天地偷万物，人偷天地；天也偷，地也偷，人也偷，真是天地之间一大偷。“三盗既宜，三才既安”，天、地、人这三个大强盗，每个都得到满足以后，天下就太平了。

“食其时，百骸理，动其机，万化安”，道家主张“吞吐万物”，把天地的精华归于自己，但是时间要把握得好，身体百骸才会健康长寿。只不过这天地的精华、生命的根本又在哪里呢？首先就要把“机”找到，找到了“机”，只要机一动就好了，也就万化安而天下太平了。这是唯心的，不是唯物的。

《阴符经》又告诉我们：“其盗机也，天下莫能见，莫能知。君子得之固躬，小人得之轻命”。“其盗机也”这个“机”，是唯心的，与佛家所说的“三界唯心，万法唯识”是一样，是心识的作用。“天下莫能见，莫能知”，既不能见到，也不可能知道。“君子得之固躬，小人得之轻命”。修道不能乱修，真懂得修道的君子，能把握住这个“机”，就可以健康长寿。如果不懂修道的小人，“机”把握不住，修得不好，反而会慢慢地死亡，这是《阴符经》上讲生杀的道理。

楚庄王和周武王的道家思想

我们从老子的军事哲学思想，再检查中国文化中，合于“道”的精神的，在《左传》里有一篇《楚庄王不为京观》。这篇文章是说明楚庄王不允许建筑“京观”的事情。京观是一种建筑物，在古代是纪念战争胜利的纪念馆，等于法国的凯旋门一类的东西。

现在摘录其中的一段，以补充老子军事哲学的实际情形，使大家了解中国文化、军事思想的仁政之道。

“楚师军于邲”，有一次楚国与晋国作战，战争胜利了，楚国的整个部队，还在前线没有撤退，以胜利军的姿态，住在晋国的边界，临近郑地——“邲”这个地方。这时有一个楚国高级干部名叫潘党的，对楚王说：“君盍筑武军而收晋尸以为京观”，他建议建筑一个纪念馆，以纪念这次战争的胜利，把战场上晋国战死的很多尸体，给予封存。他的理由是：“臣闻克敌，必示子孙，以无忘武功”，他说战争胜利了，一定要告示后代子孙，不要忘记我们国家武功的强盛。

楚庄王在春秋战国的时代，算是一个了不起的明主，他答复潘党说：“非尔所知也”，这个道理你不懂啊！“夫文止戈为武”，从文字上看，“武”是止戈两个字合拢而成的，上面是戈，下面是止。意思是说，一个坏人，不服教化，想用战争来侵略别人，危害世界，那我们只好用战争来处理，以战止战，目的是用战争来阻止战争，这就是止戈为武的道理。

“武王克商”，武王革命，推翻了暴虐无道的商纣王，他自己所作的颂歌说：“载戢干戈，载櫜弓矢，我求懿德，肆于时夏，允王保之。”从今以后，我们不再用战争了，要把武器收起来，不再使用武器了。社会上需要的是道德仁爱的教化，只有道德仁爱的教化，才可传之永久，发扬光大。希望后代的子孙，对这种实行仁政的精神，要永远保持着。

武王当时又作了一篇《武》的文章，这也是我们中国文化中军事哲学的原理。

“耆定尔功”，这个时候，天下安定，国家人民都蒙受福祉，这种大功劳，并不是侵略战争得来的。“铺时绎思，我徂维求定”，本着文化传统仁爱的精神，求得天下国家人民永远的安定。“绥万邦，屡丰年”，使天下万国，都得到太平，每个人都生活得很好，并能有天时、地利、人和之助，而得到经济安定，生活富足。

下面再引录楚庄王继续训勉其高级干部的话，中国传统军事哲学的道理有七个：“夫武禁暴、戢兵、保大、定功、安民、和众、丰财者也。”这七个要点，发挥起来，可以写二三十万字，成为一本军事专书。“禁暴”是把世界上的坏人都消灭掉，不让坏人存在，以免扰乱社会。“戢兵”，坏人想要强横霸道地侵略邻国，我们要戢止其凶暴。“保大”，注意人民的休养生息，保持国家民族的壮大。“定功”，以王道仁爱之政，建立不朽的事功。“安民”，使人民永远过着安定的生活，得到安和乐利的福祉。“和众”，这就是现在乱吹的民主自由，使大家相安无事，彼此往来有礼貌又客气。“丰财”，加强经济建设，使每一家、每一个人都吃得饱、穿得暖，人人有钱，个个舒泰，藏富于民。用兵的目的，就是要达到这七个要点。“故使子孙，无忘其章”，把中国文化军事思想的精神保留下来，使后代子孙，永远不要忘记！

“今我使二国暴骨，暴矣”，两国是指楚国和晋国。楚庄王说，因为战争，使晋国被打死很多人，战场上的尸体骸骨暴露，我觉得已经很残暴很残忍了。“观兵以威诸侯，兵不戢矣”，我们的武功军力，虽然很了不起，但是没有推行仁政给人家看，只拿武力给人家看，这会引起其他国家产生壮大自己的想法，这样一来，战争就永远不会停止，最后我们还是会失败的。“安能保大”，战争虽然胜利了，但仁政没有推行，不能使世界获得永久的和平，使各个国家向仁义的路上走，这样下去，我们的国家民族，又怎么会永久保持壮大呢！

仁政重于武力

“犹有晋在，焉得定功”，何况晋国还没有完全失败啊！这次战争，他虽然吃了败仗，但我们并不是推行仁政，无法以德服人，因而也不能使其心服，这怎么算是很大的事功呢！“所违民欲犹多，民何安焉”，战争打下来，违反了老百姓的生活希望，使老百姓痛苦的事还很多，不能使他们安居乐业，这又有什么光荣可言！“无德而强争诸侯，何以和众”，我们的国家没有推行仁政，只是在各国之间以武力相争，更不能使天下人真正崇拜与信服，大家又何以能和睦相处呢？

“利人之机，而安人之乱，以为己荣，何以丰财”，我们这一次作战，是利用敌人的缺点，才打胜仗的；又怎能忍心看到他们国家动乱，而认为是自己的光荣呢！有这样的心态，又怎么去做复兴经济的建设！

“武有七德，我无一焉，何以示子孙”，军事思想上的七种德行，我一样都没有，真是丢脸得很，又拿什么垂示后代子孙呢！“其为先君宫，告成事而已”，我只是想建筑我楚国祖宗的祠堂，举行一个祭礼，向祖宗报告这次军事作战已经完成；并且说明我这个子孙，虽为一国之君并没有推行仁政，只靠武功而霸天下，不算高明。“武非吾功也”，这次军事的胜利，我不敢居功，也算不得是我的功劳。

“古明王伐不敬，取其鲸鲵而封之，以为大戮，于是乎有京观，以惩霪慝。”古时候明王圣主，也用兵打仗，那只是教化那些犯了不敬之罪的国家，教化了以后，什么东西都不要，“取其鲸鲵而封之”，只拿他国家有代表性的东西封存起来。“鲸鲵”是很大的鱼骨头，上古的人，认为是宝贝，作为传国之宝。拿现代来讲，是代表国家的国旗或国徽。

这就是我们上古的文化，只是惩罚那些不遵教化的国家，绝不想侵占人家的土地，也不想占有人家的经济资源。“以为大戮”，这样就是很大的惩罚了。于是后来才建筑了京观——起一个纪念馆，象征很高明道德的教化，以示处罚那些不遵教化不守道德的罪恶行为，而垂诫后世。

“今众无所，而民皆尽忠，以死君命，又何以为京观乎！”从这个地方，我们看得出楚庄王真了不起，他来到战场上一看，战死的敌人，都是晋国老太爷老太太辛苦养大的孩子，他们有什么罪呢？他们是为自己的国家效命，为自己的国家尽忠而死的。他的国家虽然打败了，可是他个人却是尽忠报国的。这些人死去的灵魂，也值得我们尊重，因为他是接受国家的命令，“以死君命”的。若再把他的尸体封存起来，建造一座伟大的京观，作为自己光荣的纪念，这是很不应该的。

“祀于河，作先君宫，告成事而还”，因此，他没有采纳他的高级干部潘党的建议，只在黄河的南岸，设奠吊祭两国阵亡将士。在城里，只建一座祀告祖宗的祠堂，向自己的祖先祷告，誓为楚国的光荣传统发扬光大而努力，不会为祖先丢人，并班师回国。

大家都知道孔子著《春秋》，这是历史哲学一个说明善恶行为标准的著作，留给我们后世子孙为榜样。我们文化思想的宝藏，都在四书五经之中。现我们把《左传》中这篇战争哲学、军事哲学的一个史实，用来注解老子，是非常恰当的。当然，还有许多历史的事迹和历代明王圣主的嘉言懿行，无法在这里一一列举引述。

前面是说“道之用”，说明道用之于军事、政治方面的大道理。下面第三十二章，讲到道的修养功夫。

第三十二章

道常无名，朴虽小，天下莫能臣也。侯王若能守之，万物将自宾。天地相合，以降甘露，民莫之令而自均。始制有名，名亦既有，夫亦将知止，知止可以不殆。譬道之在天下，犹川谷之于江海。

朴实无华的精神

道的用是变，也就是佛家讲的无常，它不永恒固定，随时都在变。天地间的事物没有不变的，所以“道常无名”，没有一个永远不变的形态，没有一个永远不变的应用。

“朴虽小，天下莫能臣也”，“朴”字，老子有他自己的注解。后世研究《老子》的，加了很多注解，其实都是画蛇添足；《老子》本书的注解，以后再慢慢说。这个“朴”字，代表道的原始运用，最初的运用，最细微的运用；这个“朴”看起来很小，但天下没有人可降服它的，“臣”字则是降服的意思。

老子许多文字与禅宗的话头一样，要从许多角度去看，要多方面去体会，自有很多的领悟。他另一个意义，等于我们常说的一句话，处事要大处着眼，小处着手。千万不能说我只想做大事，小事就一概不管；假如小事都做不好，还能做大事吗？连一锅稀饭都煮不好，却说要救天下国家，那不是吹大牛吗！

现在的年轻人常常落入一种幻想，光想做大事，但又不脚踏实地地去干。尤其是搞哲学、佛学的青年人，一开始就要度众生。我常对他们说，先把自己度好了再说吧！只怕你不成佛，不怕没有众生度。“朴”是个小点，不要轻视这个小点，因为它的关系非常的大。要做一件大事业，如果小的地方不注意，可能就危及大局了。

“侯王若能守之，万物将自宾”，如果真懂得朴的应用，才能做一个帝王，或做一个领袖；以现代观念而言，一个家庭中有一大堆子孙，你在家里就是领袖，也是个侯王。你这个侯王就要懂得“守朴”，最基本的一点朴实无华要守得住。能抓得住基本那一点原始的运用，“万物将自宾”，宾者客也，那万物就由你做主，都向你这里归依而来了。

“天地相合，以降甘露，民莫之令而自均”。老子对道的运用，文字上看起来容易懂，但深入去研究，就很难懂了。他先不谈“朴”字怎样下注解，只先告诉你一个道理；遇到天气干旱，希望下一阵大雨解除旱象，就要天地相合，阴阳交会；也就是地气上升，碰到高空的冷空气，才会下雨。天气干旱所下的雨叫甘露，又叫甘霖。“民莫之令而自均”，上天下雨是平均的、公平的，没有办法因个人的意愿而获得。

比如说，甲地要晒谷子，不要下雨，但又因天旱水源枯竭，人民没有水喝，需要下大雨。结果需要与不需要的地方，都一起下雨。只能说，需要的得到了就是甘露，不需要的则霪雨成灾。可是天地是无心的啊！要怎样才能做到真正的朴实呢？不要用机心！如果用一个办法，耍一个花样就不对了，因为，天地是自然对待任何一个人，都是公平的。

“始制有名，名亦既有，夫亦将知止，知止可以不殆”，上古的原始社会，一切都很朴实，大家也不需要穿衣服。现在外国人还在提倡裸体运动，但在上古社会无所谓裸体，人类的身上本来都长毛的，我们老祖宗身上长的毛与其他动物是一样的。后来人类有了“不好意思”的意识，在肚脐下面，用树叶缀起来遮着，上身也用兽皮遮着，慢慢地进步就有了衣着。

在吃的方面，是茹毛饮血，肉类是连毛带血吃进去的。盲肠的作用，就是可以消化动物的毛；后来发明了火种，知道熟食，于是盲肠就逐渐退化，越来越短，最后认为是多余的，要开刀割掉，人类就不敢茹毛饮血了。社会日渐文明，可是在文明的后面很多的罪恶就来了。

“始制有名”，“名”就是刑名，代表法令，代表制度；换句话说，“名”代表人类文化观念的成立。人类有了教育，有了文化，接着一大堆的办法、理论都出来了。“夫亦将知止”，理论越多，社会越乱，要适可而止。“知止可以不殆”，人类越进入文明，社会的思想就越混乱，于是就会盲从，不晓得如何才好。所以，老子道家的思想，认为文明的发展要适可而止，过分地发展，会变得尖锐，尖锐了就会出毛病。

所以，道的作用，“譬道之在天下，犹川谷之于江海”。如把“譬”字移到下面来，成为“道之在天下，譬犹川谷之于江海”，就更容易懂了。意思是，道在宇宙的作用，比如川谷之于江海——下雨时山上的水流到溪谷中去，溪谷中水满了，就流到河川，最后一切归之于大海。也就是说，天下不论什么事情，皆要归之于道。“道”从形而下的用，又回到形而上的道体，所以说道法自然。

第三十三章

知人者智，自知者明。胜人者有力，自胜者强。知足者富，强行者有志。不失其所者久，死而不亡者寿。

自知之明　知人之智

这一章讲的是政治哲学的最高点。一个人能够看清楚别人，能够把任何人都认识清楚，就是一个很有智慧的人，所以说“知人者智”。古代成大功立大业的人，如汉高祖、唐太宗、蜀先主刘备等等，都有知人的智慧。刘备就晓得非找到诸葛亮不可；等于现在工商界巨子，非要请到一个好伙计——总经理来做帮手不可。但是那个找来的人好或不好，自己要有知人之智。历史上一个好的领袖，都能“知人善任”。能认识这个人，了解他可以负担什么任务，然后才能交待事情给他去做。“知人善任”最难，能做到这四个字，就是一个好的领袖人物了。

“知人者智”还是第一步，第二步是“自知者明”。能够自知才是一个明白人，但是天下明白人很少，除了成道的人之外。佛家讲成佛的人，才能有自知之明，一般人都不明白自己。但很奇怪的是，世界上的人都觉得自己最明白自己，都觉得别人不了解自己，可见“自知之明”很难。刘备为什么要找诸葛亮呢？他有自知之明，晓得自己要领兵作战，必须要找一个好的参谋长——好的军师，才能谈制胜。当然，刘备还算不得圣人的自知之明，圣人的自知之明，就是大彻大悟了。

“胜人者有力，自胜者强”，“胜人”是与人打架打赢了。力气大的人有蛮力，与人打架能够获胜，这不算什么；要能战胜自己的人，才称得上是一个强人。想要战胜自己，克服自己，那是很难很难的。修道成功的人就是自胜，能战胜自己的欲望，战胜自己的烦恼妄念，所以，一个真正坚强的人，才能修道，才能成佛。可是，要战胜自己，只有圣人才能做得到啊！我常常跟大家说：“英雄能够征服天下，不能征服自己”；征服天下易，征服自己难。甚或有些英雄，把自己的烦恼痛苦，建筑在别人的头上，而他却认为自己很了不起。圣人是不想把自己的烦恼和痛苦，放在任何一个人的身上，他是想把天下人的烦恼和痛苦都担起来，这就是圣人与英雄的分别。

“知足者富”，到什么程度才算有钱？恐怕世界上的人定不出一个标准。有了一千万，心想再多五百万多好，这就是不知足。我经常发现，也许是穷人的发现，任何人所住的房子，永远是少了一间，穿衣服永远觉得少一件，虽然衣橱里有很多高贵的衣服，要穿的时候，总觉得少一套非常满意的；严格说起来，真正的财富，是“知足者富”。如果一个人三天没有饭吃，捡到一个馒头，一半还发了霉，啃一口没有发霉的一边，喝一口水咽下去，那比什么财富都好。人到了那个时候，才懂得人生，才懂得知足才是真正的财富。不知足就是永远跟着欲望跑，而欲望是永无止境的，所以人永远生活在痛苦之中。

“强行者有志”，什么叫作真有志气呢？老子说，把做不到的事情硬做到了，这才叫作有志气。也就是佛家说菩萨道的两句话：“行人所不能行，忍人所不能忍”，那是不容易做到的，结果做到了，这就叫作有道之士，梵文叫作菩萨。这个道理，与“强行者有志”是一样的。

还有一点就更难了，“不失其所者久”，什么叫“不失其所”

呢？如果大家读过《中庸》，就懂得“素其位而行，不愿乎其外。素富贵行乎富贵，素贫贱行乎贫贱”的道理。人要守住本分，要认清自己，也就是“自知者明”。能认清自己，就晓得我应该做些什么事情，负些什么责任，不失自己的本位，才可以长久。

什么叫作长生不死呢？“死而不亡者寿”，同佛家一样，佛家讲“涅槃”，意思是不生不灭；道家则讲形的变去，可是精神永远不死；以世俗的观念而言，就是虽然死了，有功业留在人间，有学术思想影响于后世。老子本人虽然死去，但有《老子》五千言的书流传下来，他的学术思想绵延不绝，他的道德精神永远影响人类世界，这是世俗观念的说法。

但真正学道的人，修证到自己的肉体生命含藏有一个不生不灭生命的本能，肉体虽然死去，而此本能永远存在，这就是“死而不亡者寿”的真正含义了。

以上讨论了这许多问题，但大家不要忘记，仍然是在“朴虽小”这一个范围以内。第三十三章的文字都是对等的，好像格言一样，因为这个“朴”所讲的是中道观。“知人者智，自知者明”是对等的，“胜人者有力，自胜者强”是对等的，“知足者富”与“强行者有志”也是对等的，这就是中庸的道理。“朴虽小”，很细微，很朴实，很本分，如果能做到的话，那么，“侯王若能守之，万物将自宾”，万物就由你做主而向你归服了，这也就是《阴符经》所讲的“机”。

第三十四章

大道泛兮，其可左右。万物恃之而生而不辞，功成不名有，衣养万物而不为主。常无欲，可名于小；万物归焉而不为主，可名为大。以其终不自为大，故能成其大。

什么是大　什么是小

关于道的方面，这里差不多已到最后的结论了。现在老子对于“道”的体用、成效再加说明。所谓“大道泛兮”，是说道是到处都在的，无所不在的，“其可左右”，好像就在我们的左右。虽然也看不见摸不着，但是随时在我们目前，又像在我们胸中一样。

“万物恃之而生而不辞”，宇宙万物都是它们生的，宇宙万物的现象就是它的相，宇宙万物的用就是它的用。万物靠它而生，但对它没有回报，可是它不辞劳苦，永远生生不息。“功成不名有”，它滋生万有，而不表功，也没有用什么东西标榜自己。

“衣养万物而不为主”，“衣养”就像佛学的名词“加庇”，是保护、盖覆，像穿衣服一样。它庇护着万物，但是它并不做万物的主人。虽生万物，是自然而生；万物最后自然归于毁灭，回到它的本来。一切都是自然的，它并不做万物之主，“常无欲可名于小”，它本身没有一点欲望，对万物没有任何要求，因此可以随便为之定名，讲它很小。对于老子所说的“小”，庄子后来加了一个观念，小到多么小呢？说“小而无内”，小而无内也就是大。

“万物归焉而不为主，可名为大”，万物最后也回到它那里，所以，它包容了万物万有，这也可以叫它为大。换一句话说，大也好，小也好，讲它“空”也好，“有”也好，都是人为的观念，它本身没有一个什么观念。因为道这个东西，它不像人，也不像其他的现象，但是，人和一切万物现象，都是它所生。“以其终不自为大，故能成其大”，而它没有自高、自大、自满、自足，所以能成为伟大，这才是真正的伟大。

我们明了了“道”的现象、“道”的作用，就知道我们本身的生命也是“道”所生，死亡也是回归到“道”的怀抱里去，那么我们就对生死往来的现象无所谓了。这个称为出世。

第三十五章

执大象天下往。往而不害，安平太。乐与饵，过客止。道之出口，淡乎其无味，视之不足见，听之不足闻，用之不足既。

掌握天地万象的法则

“执大象天下往”，这个象字，不是叫我们抓一只大象，而是现象的意思。人要懂得天地万有的大现象法则，则天下都可去得，而无往不利。关于这一点，古代儒道两家不分时，都有同样的解释。在道家的原始经典《阴符经》上说：“观天之道，执天之行尽矣。”这就是大象，因为道法于天，因而有了风雨雷电的变化、日夜明暗的往来、春夏秋冬的替代。了解了这些现象，在修道做功夫上，对于境界的变化和影响也就清楚明白了，这是《阴符经》的道理。

第二个儒道不分的事实，是《易经》的八卦。我们抬头一看，低头一看，天地间有八个大现象挂在那里，上面是天体，下面是大地。这八个现象，天、地、太阳、月亮、风、雷、山、泽，互相在交换影响，构成了宇宙万象的根源。若是我们了解大象的法则，天下就无往而不利了。

“往而不害，安平太”，人生要懂得这个天地的法则，所以，道家叫我们处世要抓住“大象”。但是人人都不肯注意大象，却经常在小地方计较。一块钱计较得很精明，而经常几十万、几百万反而被骗去了。有人拼命地节省，一毛钱也舍不得用，然后积蓄到了几百万，拿去放利息，一下子被倒账，就没有了。因为他只看到小利，没有把握大的状况。“大象”是从大处着眼，所以能够“天下往”。“往而不害”，向前一直去，在完全无害的情况下，永远都会平安、永远都是太平。

“安、平、太”三个字有三个意义，“安”是我们现在讲的平安；“平”是永远的平等，没有波动；“太”是永远站在原始的基点上。“太”就是原始的那一点，既无进也无退，不是前也不是后，永远是在那个基点上。也就是儒家所说的，永远就在人生的本分上。能够从大处着眼、小处着手的人，永远都是“安平太”。

“乐与饵，过客止”，“乐”包括音乐和玩乐，以及很好听的歌声。假使我们走在街上，忽然听到一栋楼上传出好听的音乐，或见到社会上的好玩事物，这些都属于“乐”。“饵”是诱惑人的东西，凡是好听、好看、好吃的在那里，过客经过时就会停下来看一看。世界上一切物质的东西，只要使人感到舒服快乐的，人人都会受到诱惑。

但是，讲到“道”，就很可怜了，“道之出口，淡乎其无味，视之不足见，听之不足闻，用之不足既”。世界上的人，如果能了解这个“大道”，本来可以回转过来，找到生命本来的这个“道”，无奈何，很少有人大彻大悟。因为“道”这个东西，讲起来淡而无味，讲了半天仍是空话，听的人仍然不晓得“道”是什么样子；看也看不见，听也听不见，所以修也修不成。

有人说，修道用功半辈子，成果在哪里也不知道。想修道能够长生不死，结果还是死，死得比别人更早；有时候死得虽然比别人晚一些，但又更加痛苦。所以道究竟在哪里？搞不清楚。为什么搞不清楚呢？因为大家不知道“执大象”这个大原则，忘记了它的用。

第三十六章

将欲歙之，必固张之。将欲弱之，必固强之。将欲废之，必固兴之。将欲夺之，必固与之。是谓微明。柔弱胜刚强。鱼不可脱于渊，国之利器不可以示人。

欲擒故纵的道理

许多历史上的人物，都学老子，但是都学到负面去了，结果做人刻薄，做事厉害，好像都是坏在老子的这些观念上。一般研究老子的人，说《老子》这本书是阴谋之道，天下的大计谋，天下的大谋略，一切的心机手段，都由此而来。

“将欲歙之，必固张之”，一个东西要把它收紧，必定要先使它放大；后世的用兵作战，以及政治军事谋略等等，在历史上经常看到这样运用。“将欲弱之，必固强之”，要使它衰弱，必先使它强大。“将欲废之，必固兴之”，要想把它废掉，故意先培养它，使它先兴旺起来。“将欲夺之，必固与之”，要把它抓过来，还故意先行给予。从文字上看来，颇像前面解释的阴谋，所以，常有人说，学了老子会变坏。

我们年轻的时候，在旧式家庭中，偏重于儒家思想，四书五经可以读，如果读《老子》，长辈们会说：“年轻人，怎么读这个？”当时的观念认为，凡是读道家或读佛家的书入手，那是准备出家修道去的。另一种观念认为，读了老庄的书，这个年轻人就会变坏了，将来出去做事，会变成大奸大恶了。

其实，这是大家冤枉了老子，他讲的“执大象”，是天下的大道理，讲正面的道理。所以老子这本书又称《道德经》，道德没有学好，反而学成了反面，那就坏了。老子所讲的是自然的道理，自然的法则，同时教人看通因果，强调因果律的可怕，所以要注重道德。

举例来说，花快要谢的时候，特别好看，比如在台湾经常可看到的昙花。昙花是晚上开的，当它开到最盛最美的时候，就开始萎谢了。因为昙花谢得很快，这个现象最明显，称为“昙花一现”。其他的花也是一样，人也是一样，日落时的太阳，光芒也最漂亮，这就是“将欲歙之，必故张之”的道理。将要收缩的东西，你先看到它张大，所以人生要懂得这个道理，就是懂得这个“大象”的道理。

又比如说，做生意今年特别好，赚了五千万，可是这时要小心啊，“将欲歙之，必固张之”，“将欲弱之，必固强之”。世事人事都是一样的道理，历史也是如此；罗马鼎盛的时代，最强大的时候，也就是罗马开始灭亡的时候。历史上最光荣的时代，强大到极点时，也就是另一个衰亡的局面开始了。

人生也是如此，年轻时精神体力俱佳，觉得一切越来越好，但要注意，“将欲弱之，必固强之”。有时候，有些人觉得自己有功夫，身体特别好，便体力透支，一倒下来就完了。这也是西方宗教所讲的：“上帝要你灭亡，必先使你疯狂”，自己忘了自己，更是容易毁坏。

“将欲废之，必固兴之”，当上天要毁灭这个东西时，反而先使它更好。有些人做坏事，却发财越多；有些人一辈子是好人，结果又穷又苦。像这样的埋怨许多人都有，这其中有没有什么道理？中国古书上有一个道理，说是“天将厚其福而报之”。有时候，老天爷给你更大的福报，给你更大的机会，使你发财，使你得意，使你样样好，却是使你快一点结束。因为，你得意到忘形了，好福报、好机会，使你自己昏了头，自然很快结束。如果你还清醒，也就不大容易结束了。

我们读中外历史，看到许多成功人物，成功得太偶然了，例如大家熟悉的楚汉之争，刘邦和项羽两个人的故事。项羽在二十几岁的时候，短短的几年之间，达到了“天下侯王一手封”的风光。他自称西楚霸王，比起西方人崇拜的英雄拿破仑的威风大得多，可是，一下子就玩完了。这也是“将欲废之，必固兴之”。

再看世界上的人情、物理，许多事物，当上天要毁灭你的时候，自己还不知道，反而觉得老天爷帮忙，很多机会都让自己占了先。中国有句老话：“福无双至，祸不单行”。坏事如果碰上，常常不止一件，几件会接连碰上。例如被车子碰倒了，刚爬起来，又被那边来的车碰破了头。祸事常接连而来，好事则很少是接连而来的。

所以，老子所讲到的，都是人情物理可怕的一面，不是教人去使用计谋手段，而是讲因果律，教我们不要忘记了这个“大象”。当你最得意的时候，就要注意到失意的来临。比如今天精神特别好，便去多玩一下，又逢大热天，已经玩累了，又多吃一些冰激凌等；到了明天，或者就伤风了，又碰上感冒流行，结果在医院躺了一个月，这都是“将欲夺之，必固与之”“将欲弱之，必固强之”的道理。

从微细而明了重点

我们如果懂了这个道理，便了解了老子在这里所说的“是谓微明”。从微弱、渺小的地方，有智慧的人能看出大道理来，这就是从微而明。没有智慧的人，只看到眼前的现象，只看到好的一面，而对于坏的一面，由于不懂因果循环的定律，只知道埋怨运气不好，埋怨老天爷不保佑，埋怨上帝不灵验，埋怨菩萨不加被，几炷香都白烧了。

殊不知人生过程中的现象，如果检讨、反省起来，我们明天有什么事发生，从自己今天做的事情就会知道，用不着神通。自己身体的情形，对不对劲，是否会病倒，自己心里都会有数，有感受的。可惜一般人没有这个智慧，没有这个“微明”。在肉眼看不见的地方，“微明”已经表现得很清楚了。

由此看来，我们晓得，老子并没有教人用权谋做坏事，而是告诉我们做坏事是可怕的。可是后世读《老子》的人们，依文解义，把这句话当原则去做坏事的人，历史上也不胜枚举。像大家都知道的，刘邦派韩信出来与项羽作战的时候，韩信提个条件，派人对汉高祖说，要他出来作战很容易，只要封他为“三齐王”，而且只要下一道命令，封为“假王”，他就出来打仗了。汉高祖一听这话，火可大了，桌子一拍，两眼一瞪，破口大骂“混蛋……”，可是不待下面的话骂出口，张良坐在旁边，用脚在桌子下面踢了刘邦一下，刘邦立刻会过意来，随即将下面要骂的话，做了一百八十度的改变，改口说道：“为什么要封假王！”于是下命令，真封韩信为“三齐王”。韩信于是就出兵了。张良踢这一脚就是告诉刘邦用“将欲废之，必固兴之”的原则。所以，最后韩信还是被刘邦收拾了。

一般人，有时候要求长官多加一点薪水或福利，长官立即批准给你，可是他心里对你不满，下一次遇到机会，他就会对付你了。这类事例很多，都是向坏的一面去学的。我们看这些故事，不免读历史而流泪，替古人担忧。从古到今，太多的人从这些地方学坏了。可是老子的本意并非如此，所以说，说法与说话写文章一样的困难，连讲道德的文字，也同样会被人引用到奸诈、权术手段上面。

日光、空气、水，对人是必需的，但是，有人利用日光杀人，也可以利用水把人淹死，更可以利用空气把人闷死；所以，这都是负面的运用。天下事善恶是非在于自己，不在于教的人。老子始终主张用柔用弱，所以说："柔弱胜刚强"。照老子这一句话的道理，我们处事做人要懂得柔软，像练武功的太极拳一样，老子的精神所在与做人的道理，也是柔能克刚；英雄虽征服了天下，但美人的温柔就能征服英雄。

柔弱胜刚强

天下最柔弱的莫过于水，它柔软得没有骨头，无丝毫之力，可是，一滴水在一个地方滴了几百年，无论是铁或石头，都会被它滴穿成洞。这就是柔弱胜刚强。刚强的东西没有刚强可加以对抗，只有柔弱可以制胜。

老子主张用阴、用柔、用弱，不是叫人做坏事。所谓柔弱，在做人的道德行为上就是谦退礼让，也就是吃亏；吃亏并不是笨人，多吃一点亏没有关系，让别人占一点便宜，他也高兴，你也高兴一下蛮好嘛！不要觉得被人家占了便宜而难过，只要想到他会因此而高兴，自己坐在家里也笑一笑，替他高兴就行了。所以，吃亏是福，柔弱胜刚强。老子这些主张也就是后世所讲的帝王术，被人认为是权术谋略的最高原理。

"鱼不可以脱于渊"，鱼在水里的力量很大，生命力很强，一旦离开水就完了。后来中国文学上有许多类似的话，如"龙游浅水遭虾戏，虎落平阳被犬欺"，龙到了水浅之处，连虾米都戏弄他；老虎在山中称王，到了平地，被人围起来打，最后被打死了，虎落平阳，连狗也可以欺负它。所以，人要懂得自处之道，像鱼一样不能离开水，鱼一离了水就完了。

“国之利器不可以示人”，一个国家生存的命脉所在，一定要掌握住，不能轻易给别人看见。中国历史上，都以龙来比喻皇帝，因为龙的体形庞大；然而它的性格柔软、温良，脾气最好。可是，它颈项下面三寸的地方，不能碰触。因为龙的鳞甲都是顺鳞，只有颈下三寸是逆鳞，那是它致命的地方，绝对碰不得的。如果碰到龙致命之处，那就非同小可，不管你是谁，龙非把你消灭了不可。所以，历史上常常以披龙鳞来比喻惹帝王动怒。

历史上只有魏徵，这个了不起的大臣，经常批唐太宗的龙鳞；也只有唐太宗这样的皇帝，能容忍他的直谏，这是历史上，很少见到的事。人的一生中，每人都有他致命的弱点，就怕人家指出来，所以都自我保护得很严密。遇到一个不懂事的人，偏要把它指出来，那就非同小可了。很多古代了不起的帝王，下面有的大臣，专门做这种“批其龙鳞”的事，就是专指出其弱点或错误的地方。当然了不起的唐太宗他是接受了，可是，这是很难做到的，需要高度的忍耐才行。

一个人自我的意见固执起来时，在要紧的关头，左右高级干部硬加以反对，要把你的意见修正过来，那是很痛苦的。到了当权的地位就会知道这种痛苦，一般读书人对这个道理，讲起来很简单，因为他只是读书，没有当过权，所以，坐在书房里谈理论时，当然度量很大；等到自己有一天当了权，那就不是这么一回事了。

“国之利器不可以示人”，比如大家家中的钥匙都放在口袋里，你愿不愿意拿出来给大家看看，告诉别人说，我家里的黄金美钞就是用这一把钥匙开门去取的？你能这样示人吗？同样的道理，人生事业、国家大事，道理都是一样。

从“国之利器不可以示人”这句话，与上面这几句配合起来，老子是否教人做坏事？是否要人要手段呢？当然不是。他只是说在“微明”之下，教我们做人做事小心，懂得前因后果。因为所有的痛苦失败，都是自己招来的，是自己没有明白因果道理，没有“微明”；在微妙地方，没有看清楚，没有看到要点，才会有今天的失败。这些都是在平常不注意的地方，埋下了失败的种子，后来所遭遇的痛苦，只是一个结果而已，它的前因并不在今天。

因此，他说“鱼不可脱于渊，国之利器不可以示人”，做人处事，需要谨慎小心。儒家只讲一个原则，孔子的说法是存诚，要我们“戒慎小心”；老子道家的文章，则专门指出现象来。这两家看起来虽然不同，道理都是一样。下面一章是给上经做了一个结论。

第三十七章

道常无为而无不为，侯王若能守之，万物将自化。化而欲作，吾将镇之以无名之朴。无名之朴，夫亦将无欲。不欲以静，天下将自定。

无为而无所不为的道

“道常无为”，道的本身是无为的，所以，后来佛学进入中国，对于涅槃的境界，有时候在翻译文字上，常常译成“无为”。后来又怕与老子的思想产生误解或冲突，改译为“无余依”。涅槃有“无余依涅槃”和“有余依涅槃”之别，所以，无为就是道，也就是涅槃，也就是菩提。后来，因为要把佛道两家的界限划分清楚，佛经的翻译才不用“无为”一词。

这里老子说道体永远是“无为”，它的用则是“无不为”，意思是无所不起作用，处处起作用。记得几十年前，有一个讲中国哲学的了不起的名家，他解释道家的“无为”时，主张中国的政治思想，做领袖的人要学道，就是学老子的“无为”，认为“无为”的意思就是“万事不管”。其实老子的“无为”，并不是万事不管；“道常无为而无不为”这句话，正是样样都要管。这两句话上面的“道常无为”，是讲道的体；“无不为”是讲道的用。宇宙万有就是道的用，所以他无所不为。到了最后归于静，归于空，所以是“无为”。

懂了道家老庄的这个道理，我们做人做事，就要懂得“无为而无不为”的道理，也就是要有先见之明。其实，不只做人做事，乃至缝一件衣服，或者买一把扇子，对于将来毛病会出在哪里，事先就要知道，要看得很清楚，要有远见。对于未来可能出问题的地方，须尽可能地先做好防范措施，使问题不致发生。所以，懂得这个道理的话，做起事来，好像没有做什么事一样的平顺。

也有许多学了老庄的人，做起事来，不会应用这个道理，凡事不晓得预先安排，观察得又不仔细，到临时急急忙忙拼命赶、乱忙；看起来好像很勤快，很努力，其实以道家看来，就是愚笨。道家做事的时候，有远见，有计划，事先准备妥当，所以临时不会慌乱。

我们讲一个历史上陶侃运砖的故事，陶侃当时已经是高官了，位高权重，但他几十岁的年纪，仍然每天劳动去搬砖头。晚上把外面的砖头搬进房子里，早上又搬出去。有人问他这是干什么，他说，一个人不练习劳动，一旦天下有事，体能就应付不了。他早已看到天下会有变乱，虽然年纪大了，在这种地位上，也需要有好的体能，如果平常劳动惯了，临事就能应付变乱。

同时他又叫部下把砍下来的零碎竹子、木头等，不可丢弃，都收集起来好好地藏放着。别人认为他这样高地位的人，还珍惜这些不值钱的东西，未免小气。对于别人的批评，他只是笑笑而已，不加解释。后来时局变动，他是管长江以南军事防务的，这时需要建立水军，马上要造船，并且要在很短期间内完成。但是造大批船只需用的钉子，一时无处可得，他就把那些被人看成不值钱的竹头木块劈开，做成了钉子，解决了钉子问题，船也很快地就造起来了。这是因为他早就看到天下将变，而且变乱必定需要造船，所以预先做了准备。这也是“无为而无不为”的道理。所以，道家的真正“无为之治”与“无为”之道，是“无所不为”的。

"无所不为"并不是乱来。所以，老子接着说："侯王若能守之，万物将自化"。做大事业的人，能够懂得这个道理，并把握住这个道理，"万物将自化"，不但功业能够成就，进而守之，这个道理还可以用之修道。

比如我们修道打坐，坐在那里做什么呢？心念已空，清静是无为，但是这个"无为"，你却无法空掉。你能空掉了"无为"，那就可以"无不为"了，身体也转好了，祛病延年，长生不老，神通也来了，智慧也来了，习气也转了。可惜的是，人做不到"无为"，坐在那里，天天想求神通，想求智慧，再不然想求身体的健康，再不然就搞气、搞脉，忙得很。坐在那里说是修无为，实际上是在那里无所不为，样样都要。

我们学的"道"，是空，是一切放下，万缘皆空，为什么要空呢？一般人学道，都是想成佛往生西天，长生不老，又有智慧，又有神通，虽然不与佛一样，至少也要与佛差不多才行；试看这种欲望有多大！那不是学"空"，而是在学"有"了。以这样的欲望，来学一个空的道，岂不是背道而驰吗？

无为　无欲　无名

我们懂了这个道理，就晓得为什么能做到"万物将自化"了。换句话说，真做到了"无为"，许多不想要的偏偏会来。天地间的事情怪得很，你不要的它偏要来，你要的却跑掉了，这在佛学上说得最具体。

佛是从另一个眼光看的，说人生有八苦，像"求不得苦"，你所希望的，永远达不到目的。"爱别离苦"，你所爱的，想抓得牢牢的，他偏要跑掉。其实，你看通了人生的道理，只要抓住了无为，真放下了，你不要的他偏来；你所希望的，他也归到无为里去了。那个就是万物的自化。

“化而欲作，吾将镇之以无名之朴”，人能够守住这个道，万物将自化，进入你这个境界，也就是说，万物万事都进入你的境界了。“化而欲作”，如果在这个清净无为之中，想起作用，就要晓得“用”的道理，也就是我们经常引用禅宗临济祖师的一句话：“吹毛用了急须磨”。就像一把利刀或利剑，拿出来用过，不管是裁纸或者是剖金削玉，只要用过，马上都要再磨，保持它的锋利。所以，在用的时候，如果要想取之不尽，用之不竭，“镇之以无名之朴”，就要永远保持原始的状态。用久了之后，现象也变了，那就完了。

老子接着说：“无名之朴，夫亦将无欲”，什么叫“无名之朴”呢？就是自己没欲望，无欲无依。所以，佛家叫作空，无所求，没有任何的欲望，无所依，一切都空了，不成佛也就成佛了。如果佛坐在那里，真觉得自己成佛了，心里念着“我成佛了，我要度众生”，那他多累啊！佛没有这个念头，他是念空。

“不欲以静，天下将自定”，“不欲以静”这四个字很妙，可以做两种解释。一种解释是完全无欲，自然静定，则“天下将自定”，所以“不欲”，没有欲望自然静。第二种解释是如何做到“不欲”，那就必须先做到静，才能真做到“无欲”。老庄的文章，就像禅宗的话头一样，八面玲珑，这面能说得通，那面也能通，都是一样的道理。

反正要做到“不欲以静”的话，先是自己能够清净无为，那么“天下将自定”。做人做事创业，也是同样的道理。如果一直急急忙忙，天天发疯一样，执意非要成功不可，对不起，到了最后算总账的时候，恰恰是不成功。这也就是柔弱胜刚强的道理。做事情能够勤劳，一念万年，细水长流，无所求，不求成果，亦不放弃努力，最后一定是成功的。

下　　经

自三十八章开始，是《老子》下篇，又名下经，整个连起来，上经讲道，勉强给它一个范围，是讲“道之体”，讲“道”的根本。下经讲“德”，德是讲用，在古代文学上解释“德”为“得”，好像一个东西得到手里，所以是“德者得也”。现代的名词是说其“成果”“效用”。

下经开始讲“德”，就是讲道的用，以及他的现象。下面很多的话，看起来是一样，仔细研究起来，有很大的差别。因为上经讲“体”，下经讲“用”。旧的观念说，上经讲“道”，下经讲“德”。所以，同样的字句，从道的角度看，与德的角度看是不同的。

第三十八章

上德不德，是以有德，下德不失德，是以无德。上德无为而无以为，下德为之而有以为。上仁为之而无以为，上义为之而有以为。上礼为之而莫之应，则攘臂而扔之。故失道而后德，失德而后仁，失仁而后义，失义而后礼。夫礼者，忠信之薄而乱之首。前识者，道之华而愚之始。是以大丈夫处其厚，不居其薄，处其实，不居其华，故去彼取此。

上德下德　上仁上义上礼

“上德不德，是以有德”，真正上品的道德，以现在的观念而言，就是说一个真正有道德的人，一个大善人，并不以为善是了不起的好事，他做善事，只是他的普通行为，表面看不出是在做善事。如果让人看得出他是“善人”，是在做道德的事，这已经差太远了。

上古的文化，对于道德的行为，始终注重四个字，就是“阴功积德”。主张做好事要“阴”的一面，不是“阳”的一面，要使人看不见；为别人做了好事，别人并不知道，帮助了别人，受帮助的人也不知道。这就是阴德，这也就是“上德不德，是以有德”。

“下德不失德，是以无德”，以老子的观念来看，所谓“下德”，是不上品的道德。“不失德”就是已经被人看出来的德行，那是着了相，所以是“下德”。依佛家来讲，“着相”就不高明了，《金刚经》也是叫我们不着相。

“上德无为而无以为”，这句话是解释上品的道德行为，是说做了善事，看不出来他在做善事。“上德无为”是说上德的作用，是合于形而上的道体；“而无以为”是说他在发生作用的时候，是自然的，不会给人看出来，没有一个目标，也是很轻松地把一件事做了。

“下德为之而有以为”，等而下的“下德”，就差一点了，是有所作而有所为的，看起来孜孜为善，人人知道他是好人，又做好事。这是划分上德与下德的原则标准。

下面解释“德”字的无为，继续说到“仁”。“上仁为之而无以为”，这个仁字的说法，与德字一样，如果重复起来，亦有四句，这里就不重复了。“仁”字之后就是“义”，“上义为之而有以为”，解释这句话，与前面相同；上品的仁义，是看不出仁义，看得出来所做是仁义的事，已经差得多了，所以那是假货，是伪造的假药。

“上礼为之而莫之应，则攘臂而扔之。”仁义过了就是“礼”，真正的“礼”并不是代表礼貌，礼貌是中国文化“礼”的一种，“礼”字是我们国家民族文化的根本之一。过去中华民族是称为“礼义之邦”，并不是说中国人看到人就作揖叩头才叫作礼；那只是“礼仪”“礼貌”。真正的“礼”是高度的文化，以现在的观念而言，文化包括一切精神文明、物质文明、历史文化，乃至个人做人做事的原则规律等等。所谓政治、军事、教育、经济、社会等等一切都包括在内，这都是礼。

老子说：“上礼为之”，真正的大礼，所注重的文化究竟是什么？那是形而上的基础，那个最高处“而莫之应”，那是看不出形态的。所以，我们中国自己认为文化衰微的时候，会给自己粉饰门面，去把老子这句话解释成我们的文化没有衰微，“莫之应”，只是你们看不出来而已！

其实，真正的礼，看不出礼的作用，普通的人更是不懂，所以“攘臂而扔之”，膀子一举就把它丢掉了。大礼看起来好像是礼一样，其实真正的礼貌，在乡下偏僻的地方可以看到，人们表示欢迎的方法，不懂得叩头作揖，更不懂得握手鞠躬，只要一看到人就叫：“哦！客人来了……”这就是礼。可是我们都市中讲究礼貌的人，看到这种礼“攘臂而扔之”，挥手丢之，认为乡下人没有受过教育，不懂礼貌。其实，那才是对的，那是至诚自然的礼。甚至他只说一声：“嘿！你来了！”真不晓得有多么亲切！那是真正的礼。只不过我们在都市社会搞惯了，看到这个情境“攘臂而扔之”，觉得自己倒霉，碰到这个没有教养的人。这都是因为我们没有真正懂得礼的原故。

这一篇文字虽然很浅，意义却颇深，因为老子讲到了道、德、仁、义、礼等五个阶段。上经已经讲过了“道”，这里不再讲了。这一篇他究竟说些什么呢？这与《易经》的系传一样，就是一篇对“人类文化进化史”的描述，也可以说是对人类文化进化史的感叹。严格地说，他是感叹人类文化的退步。站在东方道德文化的立场来看，乃至从西方宗教文化的道德角度来看，人类没有进步，只有退步；也就是，物质文明是越来越进步，精神道德的文明越来越退步，越衰弱。假使我们不仔细留意去读，会觉得老子这些文章没有什么道理，何必啰嗦！实际上，这里老子所说的，等于《礼运·大同篇》孔子感叹人类文明的退化一样。

德仁义礼失后该若何

“故失道而后德”，上古的人个个有道，只要讲到道，大家都是有道之士。时代向前，“道”渐行消失，才产生了“德”，用德作为行为的标准。“失德而后仁”，时代更向前走，到了孔子的阶段，拼命提倡“仁”；到了孟子战国时代，“仁”又靠不住了，又提倡“义”。每个时代产生的思想主张，所表达号召的都不同，所以说“失仁而后义，失义而后礼”。到了礼这个阶段，包括有了法制，礼与法是连在一起的，因为社会人心坏了，所以在文化教养方面，希望个个有礼。

礼是属于教化方面的，教育亦难成功，人长大后进入社会，竞争使彼此相互伤害。所以，只好构成法律，就是礼而后有“法”，法没有效用之后而有刑，不守法的人，只好把他抓来用刑了。若连刑都不起警吓作用时，那就无法讲了。所以说，老子这里是一种感叹。

“夫礼者，忠信之薄而乱之首”，在老子的时代，社会已经退步到提倡“礼”的阶段。我们要如何读老子的书呢？我们看人类社会，整个世界科学文明的发展，在工商业发达的国家，教育跟着也普及了。照说，教育越普及，人应该越好啊！可是，事实上天下思想反而越乱，社会的犯罪行为越多。反转来看乡野的地方，乡野之人没有受过教育，他却不敢犯罪，行为比较朴实。所以说人类缺乏忠信才需要礼，“夫礼者，忠信之薄而乱之首”就是这个道理。

我们一生从事教育的，深深感觉到所谓教育，不知究竟是过还是功，教育的确是一个值得探讨的问题。人读书是为了多得知识，不过，是有知识好呢，还是没有知识好？在我个人来说，现在深深感到，当年如果不读书，现在不晓得多舒服！很后悔自己年少的时候，为什么要读书，为什么不去学耕田；春天种田多舒服啊！知识越多痛苦越深，学问越渊博，烦恼越大。所以很多人对道德学问的观念，极为担忧，不但忧国忧民，学了佛的人，还要担忧众生。你说，这个知识对我们有好处吗？

“前识者，道之华而愚之始”，“前识”就是预知，等于西方宗教说的“先知”，东方称之为“神通”，也就是未卜先知。一个人坐在那里打坐，希望能晓得明天的事，晓得前世的事，可是老子说：“前识者，道之华而愚之始”，有了神通的人，最后家也丢了，都变成了精神病。不要以为有神通就有好处，其实有了神通，智慧越大，痛苦越大；没有智慧的人，还只是担忧明天怎么吃饭；有了智慧的人，要担忧未来的世界怎么变，又要忧愁社会怎么变，也就是担心这芸芸众生要怎么变。自己肚子都度不了，还要度众生，这就是“前识者，道之华而愚之始”。

从老子这个论点看来，他好像是一个笨人，而且越来越笨。但是，不必先骤下断语，再看他下面的说法。

“是以大丈夫处其厚，不居其薄，处其实，不居其华，故去彼取此。”老子说真正的大丈夫，走实在的路子，只有修道。道是什么？“无为”。依照佛家来讲，就是“万缘放下”，大丈夫不走微末的路子，要走实在的路子。道就是把所有的知识，一切统统丢开了，聪明智慧都丢掉，回归到朴实无华。“去彼取此”，去掉那些外表的华丽知识，找回自己生命本来的朴实。老子的榜样是什么呢？就是“专气致柔能婴儿乎”！回归到在妈妈怀抱时期那个状态，什么都不知道。你骂他时是笑笑，那多好啊！骂与赞扬都差不多，没有分别。牛奶与剩菜混在一起，他也不分别，那都是“朴”，回到那个“朴实”的身心。

第三十九章

昔之得一者，天得一以清，地得一以宁，神得一以灵，谷得一以盈，万物得一以生，侯王得一以为天下贞。其致之，天无以清将恐裂，地无以宁将恐发，神无以灵将恐歇，谷无以盈将恐竭，万物无以生将恐灭，侯王无以贵高将恐蹶。故贵以贱为本，高以下为基。是以侯王自谓孤、寡、不谷，此非以贱为本邪？非乎！故致数舆无舆。不欲琭琭如玉，珞珞如石。

得一与不二

古本的《老子》一书，只是标明章数，每章之前没有题目。万一要作标题的话，每章的第一句或第一字，就是最好的题目。以现代人著书的观念来看，好像老子这本书没有列纲领，很不科学。实际上，它科学得很，第一句话就是它的纲领，就是它的科学。你不相信的话，去翻阅一下很多章的第一句话，孤伶伶地站在那里，好像与后面文章含义合不拢来，而这第一句话就是全章的纲领。像这里要讲的第三十九章，就是讲"得一"的重要。

"一"的道理，在上经讲"道"的时候已经讲到过，现在再加以解释。后世学道的人，不传"道"而传你"得一"，得一就是"守窍"。有些是叫你守丹田，有些是叫你守海底，有些是叫你守心窝，有些是叫你守背脊骨后面的某个骨节，各种花样都有。

曾经有一个人，当年身体不好，老师告诉他守一个地方，他成功了，便拿着鸡毛当令箭。这些实在都不是“一”。“一”也是个代名词，专一是无处所的。所以，佛家讲修定，定在哪里？定在专一；道家讲的是静，静在哪里？静在专一。“一”在哪里？一在零那里，那个零就是“一”；零又是空的，清静无为，那才是“一”，你有个“一”可守的话，那就是二。你想想看，打起坐来还去守一个“一”，那不是成了“二”吗？孔子说：“吾道一以贯之”，曾子出来又说：“夫子之道忠恕而已矣！”不就又变成三了吗？佛学说学空，你盘起腿来找“空”，那早就是“有”了。空不一定要盘腿，所以，有一个地方可以守，那早就是“二”了。

道家讲一，佛家讲不二法门，什么叫不二？不二就是一，本来很简单一句话，一玩弄文字就看不懂了。所谓“不二法门”，一个叫作“一”，一个叫作“不二”，“不二就是一”，难怪庄子讲了一个故事笑一切世人。庄子说，有一个养猴子的老头子，养了一群猴子，每天早饭给猴子三个芋头，晚饭四个。有一天老头子忽然改变生活方式，早上给四个，晚上给三个，猴子很生气，抢着要来揍那个老头子。老头子说，不要吵，明天还是照旧早晨三个芋头，晚上四个，仍然是一天七个，不多也不少。这就是描写人们生活方式改变，他就发疯了。所以，“得一”也好，“不二”也好，都是一个东西，都是一个零，这里头有很多道理，发挥起来就很多了。

“天得一以清”，天气不一当然不清，天气往往是“东边日出西边雨，道是无情却有情”，就叫作阴阳怪气的天气。人生一辈子难得看到几次天清气爽，万里无云，那才舒服。“地得一以宁”，像我们新时代的建筑，马路一天都不宁静，这里挖一个坑，那里掘一个洞，所以，都不宁静。

“神得一以灵”，一般人打坐修道，佛家叫修心，道家叫炼神，所谓“炼精化气，炼气化神”，神是什么？就是人天生本来的，人只要能专一，就神灵了，灵敏就通了，叫作神通，神而通之。有人问学神通有什么方法？假如学神通还有一个方法，那就不叫神通而叫鬼通，叫乱通。很多人偏要去学通灵，这些人叫作自找烦恼。一个人不好好的学做人，非要去学做鬼、学神明、求神通，那是不想做人了！所以，神真得一,一定就宁静。孔孟之教，大学之道的“知止而后有定，定而后能静，静而后能安，安而后能虑，虑而后能得”，就是走这个路线。

“谷得一以盈”，山谷里头得什么“一”？山谷中一样东西都没有，空空洞洞；不过，真正的空空洞洞，就充满了一切的功能，有无比的价值。你懂了老子的道理就懂了道，真正空的地方，才是真正的充满。

“万物得一以生”，天地万物就是得道的功能，生生不息，做事业的帝王们，“得一”就统一天下，就天下太平。

“侯王得一以为天下贞。其致之”，在做人做事方面，必须达到这个程度，“其致”，就是做到了就成功了。下面正反两面的解说，只要念过就懂了。

以低下为基础的高贵

“天无以清将恐裂”，太空永远是清净的，人类现在用自己的聪明，科学的发明，扰乱太空；但太空力量大，扰乱再多都会拨回转来。如果扰乱太空过分厉害的话，人类也只有毁灭自己了。

“地无以宁将恐发”，我们生活居住的这个大地，本来应该是平静安宁的，可是地球不断遭到人类的侵入，挖石油、采煤矿等，使“地无以宁”。大地不能安宁，“将恐发”，就难免发生地震洪水各种灾难了。

“神无以灵将恐歇”，人的思想每天要做到清静无为，尤其现在工业时代，大家忙碌得喘不过气来，一天之中，应尽可能休息几次，所谓养养神。以现在名词，脑筋多几次时间休息，让脑筋空空洞洞的，什么都不要想，智慧才会出来，才能更灵敏。如果精神每天不收敛一下，不做到灵敏，那么“将恐歇”，最后昏头昏脑，头脑会崩溃了。

“谷无以盈将恐竭，万物无以生将恐灭”，前面说“谷得一以盈”，空灵中充满功能，这个宇宙生生不息，如果没有功能充盈，万物不再生，恐怕一切就灭绝了。

“侯王无以贵高将恐蹶”，过去做领导的人，不可思议，所以皇帝的位置崇高无比，为“九重天子”，形容其高贵。《汉书》有“千金之子不垂堂”，九重天子是不轻易出现的。侯王为什么高贵呢？不高贵就会跌倒，那岂不就完了！

这是个相反的说法，也就是说，现在把“一”当作形而下的讲。刚才讲它是个“空”，是个零，现在形而下讲“一”，不是空，而是有一个一定的原则、一定的戒条。如果做人做事，违反了这个基本戒条，就会造成错误，终归会导致失败。这是天地之常理，也是没有办法改变的。

又进一步说明，真正的贵，“故贵以贱为本，高以下为基”，人为什么会高贵起来？比如一个人，穷光蛋出身，打赤脚到城市来，努力工作十年二十年后，到了掌控社会经济的位置，变成大富翁了。由富而贵，这个贵是在贫贱的基础上，经过不断的努力而成功的。就像十二层的高楼，那么伟大崇高，也是从平地泥土开始的。所以，贵以贱为本，人不可以忘本，“高以下为基”，没有下面的基础，就不会有上面的崇高。

中国的文化，从上古以来就晓得这个道理。“是以侯王自谓孤、寡、不谷”，中国上古的文化，当皇帝的人常自称“寡人”，认为称孤道寡，又称孤家，就是自认德行不够的意思。以现在的语言讲，就是“我太浅薄了，我自己德行不够”。如果我们把现代语翻成古代的话，那么现在假如有一个皇帝，应该称为“浅薄”，将来老百姓就不敢自称差劲了，因为那个称号是只能给皇帝用的。

“自谓孤、寡、不谷”，这句话严格来讲，不谷更难听，意思是没有吃饭的资格，对自己薄到这种地步。外国人常说，中国的古代帝王很专制。我很不同意这种说法，因为上古时候的帝王，不专制，真民主；西方的文化是假民主，真专制。你只看中国古代老祖宗记载下来的事项就会发现，一个当领袖的人多么可怜，又最诚恳；帝王的话中有：“万方有罪，罪在朕躬”，意思是说，有好处是你们大家努力来的，有错误的话，是我当领导人的罪过。中国古代当领导人的非常痛苦，所以，尧舜时代，个个不肯出来当皇帝，谁愿意挑这个重担呢！何况又是一个痛苦的担子。所以说，上古皇帝的至诚自称“孤寡不谷”，不就是“以贱为本”吗！所以自己要随时警告自己，不要忘记了根本。

“故致数舆无舆”，“舆”为古代的车子，或车子上有座位的轿子，就是轿车。以现在生活来解释，一个人拥有的太多了，等于没有，因为要出门时，虽有好几个司机，李司机认为是江司机载你，江司机又认为王司机载你，结果，几个司机都溜掉了。老板要出门，司机一个都不在。“数舆无舆”的道理扩大来看，就像好多人生了一大堆儿子，最后到自己又老又病的时候，儿子都不在旁边，所以说，数子就是无子。同样的，你们看到从前老一辈的人，讨了好几个太太，临终住到医院，几个太太都不在身边，任何一个太太都认为反正另外的太太会管，认为丈夫爱的是别的太太，自己不必去管。结果一个都不去，他最后临死时，身边一个太太也没有。这就是“数舆无舆”，数妻无妻的道理。

所以人生“不欲琭琭如玉，珞珞如石”，玉是石头中心的精华，把整片大石敲挖，说不定有一个如指头大小的宝石。变成宝石就没有用处了，宁可还是原始那一块石头才好。所以，人生变成高贵，也就是无用了。人类世界是很有趣的，金刚钻有什么用啊？有一样用处，切割玻璃可以用，其他没有多大用处，不能吃也不能穿。可是金刚钻很贵啊！玉石大家都抢着买，那能做什么用呢？既不能拿来盖房子，也不能修桥补路，所以，人生搞不清楚道理。

“琭琭如玉”，形容玉的圆润漂亮，“珞珞如石”，好的石头雕刻起来，极为可爱，虽然可爱，又高贵又值钱，却是废物一个，没有任何用处。人生不要把自己变成废物，还是恢复原始的本来才是真实。这些是讲道之用。

老子的学说，后来成为帝王学，甚至于许多人读道家的著作，在为人处世修道方面，所能得益之处，大部分都在老子的下半部。只不过，下半部的文章反而太容易明了。虽如此，在下半部讨论形而下用的时候，才表达出“道”的意义。总结来讲，上下两部是要合起来研究才对。

第四十章

反者道之动，弱者道之用。天下万物生于有，有生于无。

反者道之动　弱者道之用

在上篇开始的前两章，说了“有无相生”“此二者同出而异名”两句话，后世的人，拼命在上面作注解说道理；其实只用这一段来注解，不就清楚了吗！这叫作以经注经，不需要我们再去加上自己的意见，他本身就已经注解得很明白了。

读了《老子》有一个好处，尤其现在对学佛修道做功夫的人，像这句话“反者道之动”就很关键。因为打坐做功夫，有时越坐越差劲，许多人就不愿继续修了；殊不知，快要进步发动的时候，反而会有相反的状况。做事也一样，做生意也一样。所以做生意稍稍失败，就要熬得住，熬得过去，下一步就会成功赚钱了。这也就是天地物理相对的一面，有去就有回，有动就有静。这个道理，自己要多多去体会才能领悟。做领导的人更要懂得“反者道之动”的原理，根本不怕别人有反对的意见，相反的意见正是“道之动”。换句话说，有反对才有新的启发，才有进步。

“弱者道之用”，有许多人打坐做功夫，到了某一阶段，总觉得自己一点力气都没有，很怕会走火入魔。如果这样，那你就不要修道了；既想求长生，又怕早死去，这样没有信心定力是无法修道的。老子说：要大丈夫才能修道，既然是大丈夫，又何必修道呢？例如“弱者道之用”这句话，真修道成功的人，骨头也软了，有时候功夫到了，连一张纸都拿不起来，会弱到如此程度。如果不懂老子这个弱的道理，会吓坏了；懂得的人，就知道这是“弱者道之用”，正是进步的象征。再进一步更厉害，就要发出“用”了，这时纵然重如泰山，只要用一个指头，都可以把它推翻。所以大家做功夫要注意，对于这个原则，千万要把握得住。

最后的结论告诉我们：“天下万物生于有，有生于无”。我们普通人看天下万物，生生不息，一代代的生都是生于“有”，“有”从哪里有呢？“有”生于那个“无”，是从空来的，空能生万有，这与佛家的“缘起性空”是同一道理。

第四十一章

上士闻道，勤而行之；中士闻道，若存若亡；下士闻道，大笑之。不笑，不足以为道。故建言有之，明道若昧，进道若退，夷道若颣。上德若谷，大白若辱，广德若不足，建德若偷，质真若渝。大方无隅，大器晚成，大音希声，大象无形。道隐无名，夫唯道，善贷且成。

三品闻道的人

这一章，是与上篇道经相互辉映、互为注解的。

“上士闻道，勤而行之”，上善的人，一听到“道”，他就晓得修道了。这也就像是禅宗，释迦牟尼佛一拈花，不用说话，大迦叶尊者就开悟了。这就是“上士闻道，勤而行之”。

“中士闻道，若存若亡”，另有些人，一听到哪里在论“道”，不管什么人讲，都跑去听；如果叫他修道的话，他又要把事情都做好了再来；然而他太太的事办完了，又有儿子的事来了，了了儿子的事，女儿又生了孩子，又有外孙的事了，如此便永远完不了。如果说他不修道，任何修道的地方，都看得到他；若是说他修道，空的地方都没有他，有的地方他都在。这就是“中士闻道，若存若亡”，有时候不阴不阳，半像修道的，半像入世的，讲不出来他究竟是什么。世界上，像中士这一类的人非常之多。

“下士闻道，大笑之”，有些人听到大家聚集一堂研究道、听经，听讲《老子》，他认为像是一群神经病，他哈哈大笑就跑掉了。老子说："不笑，不足以为道"，你越笑，我这个道越高。看起来老子是自吹，但是，讲句老实话，世界上最高的东西，是很难讲清楚的；最世俗的东西，反而是大家最喜欢的。

我经常说，你只要看钞票，就懂得世间的道了。世界上哪一种钞票最走运，那种钞票就又脏又臭，虽然快要破了，还是一天到晚走运得很。用这样的钞票买菜，菜贩收到以后，又赶快把它用出去，因为它又脏又臭。如果是一张新的钞票，就包好存放，舍不得用出去。所以，一个人要想得志，就赶快学做那一张脏钞票，一身都脏，就像那一张在市场上满天飞的钞票一样。如果把自己搞得太干净了，一定给人家包起来，放在抽屉里不用，最后更锁进铁柜里去了。悟到了这个道理的人，便会前途无量了。老子讲的也就是这个道理。

下面开始从正反的论辩，说明道之用。所谓正反的论辩，看起来是讲正反的相对，也就是阴阳的相对；其实是四个现象：正面、反面、正面的反面、反面的正面。这就要各人自己去体会了。

黎明前的黑暗

他下面又说："故建言有之，明道若昧"，老子每一句话的文字都很明白，你仔细研究道理，都非常深奥。什么叫建言？用现在的话，就是"格言"。老子说我们老祖宗的文化，是有格言的，格言如何讲呢？不晓得是几千万年前，老祖宗讲的："明道若昧"，真正的大道，光明的大道是看不见的。所以，你不要认为白天才叫作光明，真正的光明就像黑夜，所以现在太空发现有黑洞。这宇宙的黑洞，现在还不晓得是怎么一回事，所有宇宙的光明，一进入黑洞就变黑了，这个里头是什么东西不知道。现在的科学家在怀疑，是否整个的宇宙是从黑洞中放出来的？西方人现在才发现，我们老祖宗，也就是上古的道家，早就知道。《道藏》中说“明道若昧”，大光明里头等于黑暗，黑暗是真正大光明的根本。

“明道若昧，进道若退”，老子文章的写作方法，是楚国的文化，现在说是南方的文化，都是有韵脚的，每一句都是押韵的韵文，很好听。“明道”，真正的大明之道“若昧”，“昧”不是完全黑暗，是有一点模糊，有一点不明，就是我们现在一句通俗的话：“天亮以前，有一段黑暗。”这一段黑暗，文学专门的名称叫作“昧爽”，就是要亮而未亮之间，也就是现在常说的黎明。这种“昧”是自然物理的现象，也说明了道的作用。

这个“明道若昧”的道理，引申到为人处事方面，就是事情在成功以前，常有很艰苦的一段。在科学研究工作上，要发明一项东西时，研究到最后近乎绝望，当自己将要放弃时，忽然一个灵光来临，发明成功了。这就是“明道若昧”。打坐修道的人，也许修了几十年，一点影子都没有，毫无进步。但在毫无进步当中，绝不要放弃！这一句话可以给自己当作一个安慰，也许快要悟道了，因为“明道若昧”，自己越来越笨了。这虽然听起来像笑话，但的确有这样的一个现象过程。

“进道若退”，学任何一样东西，做任何一件事情，进步到一个程度，成果快要出现的时候，你反而觉得是退步。比如说写毛笔字，开始写的三天，越看写得越有味道，越写越漂亮，自己也赞叹自己快要变成书法家了。到了第四天越写越难看，第五六天自己都不想练了，越看越不成样子。在这个时候，千万不要放弃，写的字虽然越看越难看，那正是你书法上的进步过程。

学拳也是一样，不管太极拳、少林拳，学了半月就想打人，觉得自己的武功天下第一，好像都可以飞檐走壁了。三个月后慢慢发懒了，半年以后，所学的通通丢光。所以，在进步以前就有这个现象，人情物理都是如此。古人只是拿人世间的经验，以及物理的状况，加以说明而已。

“夷道若颣”，“夷”就是平坦的道路，例如我们开辟一条新的马路，像建造横贯公路，未开辟以前有种种困难。“颣”就是堆积起来，没有办法开发；及至开好以后，就是平坦的大道了。换句话说，在平坦的大道快要完成以前，我们会感到工程十分困难。

上面老子引用这些话，都是中国的上古文化，老子称之为“建言”，引用古代的格言，借以讲到人的修养品德方面。

真正有修养的人

“上德若谷”，真正有修养的人，所谓道德的完成，反而太像是空空洞洞的，什么都没有；也就是我们俗话说的，“满罐子不响，半罐子响叮当”。学问真正充实的人，反而觉得自己像是一无是处。所以一个真正的有道德之士，不会表示自己有道德，或者表示自己有功夫。这就是“上德若谷”的道理。一个人真到了虚怀若谷，才能够包罗万象。学问的道理，人品的修养，都是同一个原则。

“大白若辱”，“白”是明白的意思。我们读历史，经常发现有人一辈子受冤枉，甚至把冤枉带到棺材里去，生前没有办法洗雪清楚的。这还不可怜，更可怜的是，历史上不少人物，一生的冤枉留存千秋万代，永远是个冤枉。但是，在一个有道之士看来，也无所谓冤枉；因为“大白若辱”，明白与冤枉差不多，没有什么了不起。比如我们大家所熟知的宋代的岳飞，如今我们知道是忠臣，可是在岳飞这件冤案发生之际，他硬是被处死了。在那个时候，他虽蒙不白之冤，但是万代千秋之后，不但成为清清白白的一个人，而且成为一个神，这就是“大白若辱”。白居易诗中说：

> 周公恐惧流言日，王莽谦恭下士时。
> 若使当时身便死，一生真伪有谁知。

我们的历史上，有周公辅助成王的故事。周武王死时，他的儿子成王只有十二岁，就继承王位当皇帝，全靠叔叔周公的辅助。因为成王是个小孩，还有很多不懂事的地方，这个叔叔就把他软禁起来。周公身为辅相，权力很大，在家庭的地位是皇帝的叔叔，但在政治体制上，他是这个侄子皇帝的部下、宰相。现在他把皇帝软禁起来，让小皇帝去读书学习，致使天下人议论纷纷，认为周公企图自己接掌王位，所以把侄子都关起来了。最后证明不是那么一回事，当他把成王教育成功后，还是把权力交还给了成王。

所以白居易说：“周公恐惧流言日”，当时被众人误解，以及汉朝王莽篡位以前“礼贤下士”的时候，都看不出来他们内心真正的想法。“若使当时身便死”，假使这两个人当时死了的话，“一生真伪有谁知”，他们这一生是真好人或者是假好人，有谁知道呢！

中国有句名言，说明人的一生很难评论，所谓“盖棺论定”，棺材盖起来的时候，这个人是好是坏，才可以下一个定论。不过，我加上几十年的读书以及做人经验，并不太相信这些话，有时盖棺还不能论定。因为，对人下一个定论很难，尤其读多了历史，更觉得在爱恶是非之间，是很难对人下断语的。所以老子告诉我们“大白若辱”，青年人了解这个道理，要做一番事业，就要忍得住。佛学有个名称，叫作“忍辱”，人能够忍得住才行。因为一个人要做一番真正对国家社会有贡献的事业，其间被人误解，以及各方面的坏话，最难听最痛苦的，你都要受得了；受不了这个辱，就不必指望成功。

“广德若不足”与“上德若谷”的道理一样，“上德”就是崇高远大的升华，“广德”就是广博宽大，一个人的好德性是宽大的，普遍照应了万方。以佛家的话来说，就是所谓无量无边。真正有这样厚德的人，反而觉得自己不够广德，所以真有道德修养的人，就是这种胸襟。

“建德若偷”，这个偷不是做小偷，是奸巧的意思。真正建立一个德业时，也就像刚才譬喻写毛笔字一样，一写到进步的时候，反而觉得退步了。有时候旁人看起来，好像偷工减料，因为人多半是看成果的，在成果没有出来以前，似乎是偷工减料，使用奸巧。

“质真若渝”，一个东西本来是好的质地，无任何污点，但看起来好像变质，像是假的。所以，世界上物质的东西，好与不好很难鉴定；真好的东西，我们往往把它看成假的。其实人类用的东西多半是假东西，又把假东西看得非常宝贵；佛学的道理，说这是“众生颠倒”，众生就是那么颠倒。做人做事也是一样，对人非常诚恳的人，往往会被人家怀疑：“这个家伙干什么呢？难道？是什么意思？……”这就是人情的现象。

大器晚成　小时了了

“大方无隅”，什么叫“大方”？这个地球，东南西北四方，你看大不大？这个不算大，比不上虚空那么大。那么虚空有没有东南西北呢？虚空根本没有东南西北；所谓东南西北是人为的，人类自己假定的。“大方无隅”，虚空也没有方隅，也没有转角的地方，任何一面都是虚空，当然就没有东南西北。

“大器晚成”，这一句话，青年同学可以拿来安慰自己了。书读不好的人，事业是做不成功的，自认为是“大器晚成”，自认将来一定会成功的。其实“大器晚成”这句话，是以物理来讲人生，一个大的建筑物，不会建造得那么快。我们现在喜欢用西方的一句话做比喻：“罗马不是一天造成的”。其实，万里长城也不是一天造成的，人类的历史，更不是一天构成的。古代的教育，时常引用这句话，不过，现在家庭教育要注意，因为现代的孩子太聪明了，真是叹为观止。几十年前，在我们幼小的时候，笨得不得了，什么也没有看过，泥巴是第一等的玩具。几十年后的现在，那么多玩具，是我们小的时候做梦也想不到的，所以小孩子都变得特别的聪明了。

但是我发现另外一句古人说的话，似乎也有道理，就是“小时了了，大未必佳”。很多小孩子，看起来非常聪明，等到读大学的时候就差了。我教大学的时候，教得连我也烦起来了，因为发现学生比我还笨。打听之下，这些学生在儿童时期，都是聪明绝顶，长大了却有问题，实在颠倒了。所以我现在发现，“大器”未必“晚成”，这在教育上一定要正当才对。

我经常告诉朋友们，你的孩子太聪明了，教育上要小心。现在许多家庭的父母，看见自己的孩子聪明，便高兴得很，拼命去培养。实际上，教育孩子和种一棵好花一样；一棵好的花苗，如果肥料用得太多，浇水过勤，反而害了这个好花苗。教育的道理，也和用兵一样，“置之死地而后生”，要经过艰难困苦，他才能站得起来；在好的环境中长大，成绩单上的分数非常好看，但这在将来的事业上等于零。幼年的聪明和成绩单，并不等于能做事，能创业。所以千万要注意，大器固然晚成，到底成个什么！就看小时候的教育了。

声音　形象　见道

“大音希声”，最大的声音反而不能听见，我们人类对极大的声音是听不见的，倒是有许多小昆虫，可以听到大声音。蚂蚁比我们听力好，它听得见的我们听不见。比如科学上都晓得，银河系统昼夜都有声音，声音其大无比，除非通过科学的仪器，我们的听力是承受不了的。人类所听见的不是真正的大音，像宇宙有自然的音声，非常的大，大得我们却听不见，所以觉得宇宙很宁静。尤其到了高山顶上，感觉一点声音都没有，非常宁静。什么人可以听见大音呢？只有入定的人可以听见，这用科学仪器可以测验出来。

“大象无形”，大的现象是没有形象的。比如佛家讲“法身”，成了佛的人，另有一个身体，永远不生不死，叫作法身，法身是无相无形的。又比如说虚空，一般人绝不会承认有虚空，但是，虚空一定是有的；不过，虚空无形，我们眼睛里所看到的虚空，不是虚空，而是天空，那只是空间罢了。严格地讲，虚空是无相无形的，这些话暂时放在这里，因为文字很容易懂，如果深入去探讨，想求得究竟的话，那又可以做成哲学的论文了。像这样的学术论文，包含的内容非常多，正反两面它都说了，因为正反两面都是道的“用”，而道的体却看不见。

道起用以后，有好就有坏，有善就有恶，有是就有非，有轻就有重，有白就有黑，有正就有反。我们要留意这个道理，了解这个人生并不是偶然的，万物万事必然会变去；当你正面摆下来的时候，反面的力量，也在你正面摆下了。所以，一个人到成功的时候，就要晓得今天的成功正是失败的开始。如果说你永远不想失败，那就不要把今天的成功当作成功。要没有今天，只有明天，永远只有明天，永远只有向前走，这样，或者有一点希望。所以，不要把成功当成是真实的，套用老子的一句话“大成无功”，要想大成，就要做到看不见功效才对。

最后，他为这一章做了一个结论：“道隐无名，夫唯道，善贷且成”，道的功能看不见，要如何去了解呢？要在人世间一切的作用上去体会那个“体”，在现象上来体会那个“体”。所以，道的体是隐，是“无名”，它是没有名相可见的。因此，叫它道也可以，叫它佛也可以，叫它“哈不咙咚”，或别的什么都可以。因为它本身无名、无相、无形、无体之故。

欲想了解道，该怎么去见呢？“夫唯道，善贷且成”。古文“夫唯”二字，就是现在白话文的“那么这个道”。“善贷”是善于假借一个东西，假托一个东西去表达出来。换言之，就是通过它的作用，透过了现象，才可以看到这个体。“且成”，姑且马马虎虎可以看出它的成效来。所以，要修道先要了解这个道，只有在用与相上去见体，光是找道体是看不见的，因为体是通过相与用，表达出来的。

从这一章的结论就知道，“上士闻道，勤而行之；中士闻道，若存若亡”，我们既然想学老子，一定想做上士，上士要如何做呢？先要把中间这许多都弄懂了，“明道若昧，进道若退，夷道若颣……大音希声，大象无形”，这些原则都懂了，在做人做事上去体会，在很平实的人生中，才能体会到形而上不可知、不可见的道，那你就修成功了。假使你不在行为现象上去修，去体会，你想直接了解形而上的道，那是做不到的，也是不可能的。所以，不管是道家、佛家或者任何一家，都没有办法，只有通过“善贷”——假借行为现象的修持，才能到达形而上的道。“道”就是这么一个道理。

第四十二章

道生一，一生二，二生三，三生万物。万物负阴而抱阳，冲气以为和。人之所恶，唯孤寡不谷，而王公以为称。故物或损之而益，或益之而损。人之所教，我亦教之。强梁者不得其死，吾将以为教父。

一二三的奥秘

这是数字的哲学，数字的基本是三个，即一、二、三，这从人的生理上，就可以知道。以前在大学教老庄哲学课的时候，曾说了一个笑话，“道生一”，父母生你一；“一生二”，你讨了老婆，或嫁了丈夫，一个变两个；你们两个人又生一个孩子，“二生三”，两个变三个。这就是“道生一，一生二，二生三，三生万物”。说不定你还生五六个孩子呢！不过基本上三个。其实这也不完全是笑话，前面已经说过，“道”即“一”，由一到三，然后八卦、五行、十天干、十二地支，都是从这个“道即一”衍化出来，而生万物的。

如果研究生理学或医学，人体上的细胞，一个分裂为两个再分裂为四个，就是这样的分裂。一个细胞，乃至于形成人身的精虫的生命，一个可以变成几亿个。

但是“道”本身就是一，一就是道，所以你不能把它变成“道生一，一生二，二生三”，结果变成四个道，那就不对了。“道生一”是变成两个，“一生二”，“二生三”，一直到八，所以《易经》的卦成为八个卦。就是这样的套法，你爱怎么套都可以，也可以套成五行，“五”也是在这个思想上的配合，并不是呆板的。老子讲的一点也没有错，宇宙道体只有一个。

一提到“一”，本身就是两个，也就是正反两个。正反两个的代号就是阴阳；阴阳本身就在变，阴中有阳，阳中有阴，所以变成三个。这并不是说到了三个就停止，“三生万物”，天地万物都是三个三个来的，再不能加，加下去就太多了。三个是阳数的阶段，所以，《易经》伏羲的先天卦，只画三爻，三个阶段；后天的六十四卦，变成六爻，六是它的用。先天代表了生成，只有三个阶段，这是数理的次序，在这里不多加研究，因为牵涉《老子》以外的东西太多了。

万物的变化有三,一般人每说这和辩证法相同，也等于这个原理产生了辩证法的正反合，由此产生了生生不息。

自身阴阳须调和

万物的生命，“负阴而抱阳，冲气以为和”，负是背上背着，抱是前面怀中抱着。一个东西都分为阴阳两股力量，人也好，细胞也好，动物也好，植物也好，矿物也好，天地间任何一个东西，都是阴阳两股力量，“负阴而抱阳”。“道生一”，它又分了阴阳两股力量的作用。“一生二”，另外还有一个东西，光是阴阳两股力量，没有一股中间力量去调和是不行的；这个调和的力量叫作“冲气”，冲也就是所谓的中和，也就是“冲气”，老子是用“冲气”表达。所以，密宗、道家讲人修持做功夫说到中脉，也叫“冲脉”。

“冲气以为和”，就是有一个调和阴阳的作用，生命的功能，就是这么一个现象。许多学佛修道、打坐做功夫的人，懂了这个道理，自己就明白了，不需要去问人。自己用功时，这两天很清静，过两天又不清静，说不定更烦；但烦过了，再用功一段时间，又会很清静，就是反复在那里做周期性的旋转。这个旋转的现象，佛家叫作轮回，也就是那样转圈圈。修行的人要想把握住，既不散乱，又不昏沉，既不痛苦，也无欢乐，就要知道如何“冲气以为和”，怎么样达到中和。所以生命的奥妙、修持的方法，也都在这个地方；心理的调整，做功夫上路，也是在这个地方。这是一个非常奥妙的关键。宇宙的法则，就在这里，把这个道理搞通了，所谓学佛修道，以及人事，就都能够把握在手里了。

不但“万物负阴而抱阳”，任何一个人，本身就有阴阳。以道家的标准，是用阳来代表男人，其实男人全身都是阴，阴到了极点，只有一点点阳。女性的代表符号是阴，外表看起来似阴，但是女性里头有一点阳，那才是真阳。男性是假阳，中间有至阴。

讲起来男女本身都有阴阳，每人的生命都是“负阴而抱阳”。自己体会到生命的这项功能，就可以自己把握住永远不老，永远不死。理论上这是非常准确的。不过几千年来，到底哪一个实验成功了，我们并不知道；也许有人办到了，但他不来看我们，就跑到另外一个世界去了。老子这一段话，理论上是绝对可能的，而且是一个生命自然的物理科学，并没有什么稀奇，也不是神秘，问题是如何能把握冲气的发动，调和好阴阳。

到了不阴不阳的阶段，那就严重了。对一个普通人而言，如果一个修成功得“道”的人，跳出三界外，不在五行中，那就是孔子在《易经系传》中说的：“阴阳不测之谓神”，这人是到了神化的境界了。这是老子讲经的方式，他刚刚露了一点苗头，下面又讲到别的方面去了。

刚才老子告诉我们一个原则，要把握住“道生一，一生二，二生三，三生万物”，所以，生生不已。但是如果达不到阴阳二气之和，则不能生生不已。万物的本身就有阴阳，不需要向外求，只要把握到“冲气以为和”，就可以把自己的生命掌握在自己的手里。

好恶与损益

接下来他转了方向，“人之所恶，唯孤寡不谷”。一般人最讨厌的是什么呢？就是最后只剩自己一个人，成为孤寡。儿女、太太乃至丈夫，都不在了，父母也不在了，亲人都没有了。谁愿意成为孤寡啊？“孤寡”还好一点，“不谷”就更讨厌了，就是不吃人饭。不谷有两种，第一是死了才不吃人饭；第二除非是神仙，不食人间烟火，或者修神仙修到“休粮绝谷”，五谷这些都不需要了。如果要他吃，等于是给他毒药，就害了他。所以，“不谷”有好与坏两种。

人世间最讨厌的事情是“孤寡不谷”，这是最低贱的事。但是，中国传统文化，天下第一人的皇帝，就自称“寡人”“孤家”，自称“不谷”。上古帝王，为什么用人世间最低下的名称称呼自己呢？“而王公以为称”，这是什么道理？这是一个哲学问题。比如我们中国乡下的老习惯，家里没有孩子，一旦生了一个孩子，就当作宝贝一样，但要替他取一个最低贱的名字，叫“阿猫、阿狗”之类的。再不然抱到庙子上给和尚、尼姑们当“干儿子”，这样孩子才能养大成人。从这种风俗的传统，我们看出一个哲学的道理，世界上最高明的，就是最平淡的，最平淡的也就是最高明的。这不仅是一个哲学的道理，更告诉我们一个物理的道理。

“故物或损之而益，或益之而损”，先讲这个物理的道理，拿一棵树来比喻，把这棵树加以修剪砍锯，这棵树便能长成一种新的形态，所以“损之”是利益之，使它成器。我们经常听到教育孩子的话——“溺爱他就是害他”，对孩子严格管教，目前给孩子吃一点苦，将来他会感激你，他觉得爸爸是个好爸爸，妈妈是个好妈妈。不然孩子长大会怨恨你，这就是“物或损之而益”的道理。又如人生了病，医生诊断非开刀不可，你不能说医生可恶，结果他在你身上开刀，你不但不告他，还要谢谢他，这就是“损之而益”。

“益之而损”，这是相反的道理，人越要求好，反而样样做不好，做人要想做到面面都好，就完全错误了。世界上没有任何人可以面面都好，越是想做到面面都好，结果是面面都糟。一件事情的处理，往往顾了这一面，无法顾那一面，是相对的，有因果的，所以是“益之而损，损之而益”。也就是我们前面讲到的“大白若辱”，你只能顾到一样，不能顾到两样，想一下子面面周到的人，结果是面面都得罪了。

前面老子说：“冲气以为和”，老子是把老实话告诉我们。他的原则方法，就在这个原理中。所以做功夫也好，修道也好，有时候看到是退步，“进道若退”，实际上，常常是“损之而益”。有时破坏了一点，但过了这一点破坏，下一步发展成长得更快，又向前进了一步。相反的，天天求进步，天天增加，结果“益之而损”，反而不能成功。等于现在有些人，尤其是美国的朋友们，喜欢吃补药，各种维他命吃得太多了，补多了，病来得更多更快，这就是“益之而损”的道理。

培养花草也是如此，花草树木长到某一繁茂情况时，要剪枝去叶，将来花才开得更美，果实才结得更硕大，这也是“损之而益”。如果不加修剪，拼命加肥料，结果，不但开不出好花，结不了好果，反而因肥料太多，整棵树都被肥料烧死了，这是“益之而损”。所以要“冲气以为和”，使阴阳调和，损益适当，才能真正欣欣向荣。

“人之所教，我亦教之”，老子说，人类效法什么呢？效法天地，也了解自然的物理。“物或损之而益”，比如秋天，万物凋零，只剩了一点种子，把这个种子留下来，还用灰土埋起来，在这个时候，这种子好像没有什么作用，到了春天再种到地下，它自然又生长起来，这就是损益的道理。所以，人类要效法天地物理的法则，把握自己的生命，培养自己的生命，不衰老，要长存，并且不随现象而变化。如果把握住这个，就是效法天地自然的道理。

过刚则易折

因此，他又明白地说一句：“强梁者不得其死”，一个东西，不能过分地强壮，过分地强壮，不得其好死。水果也好，蔬菜也好，乃至鸡、猪家禽家畜，勉强给它打针，加饲料，希望培养到最好，结果反而招致快一点死亡。所以中国人过去所讲的养生之道，知道人不能求无病，一点病痛都没有的人，有时候死得很快。因为这种人，自己不晓得病的可怕、死的可怕，平常不晓得保养，所以一下就倒了。我们看神仙的传记，可以研究道家的人；看到那些高僧的传记，可以研究佛家的人，他们十之七八都是年高、体弱、多病。带病可以延年，因为本身体弱，所以时常注意保养。他们胆子也小，也研究医学，后来变成大名医，不但活得长久，还能够医治别人。年轻人身体强壮，希望他研究重视这些养生、医学之类，他绝对不干，结果“强梁者不得其死”。

于是“吾将以为教父”。懂得了人生的道理，就是最好的教育，也就是我们要效法的最高原则。最高的原则就是“损之而益，益之而损”，用之于人生的道理，则是“祸福相倚”。觉得很倒霉时，何尝不是塞翁失马，焉知非福呢？倒霉还可以睡大觉呢！不倒霉连睡觉都没时间了。所以一件事是好是不好，全在自己的运用。善于运用与否，仍是在于自己个人，这个就是“冲气以为和”了。

如何去综合调整，也是做功夫要注意的。有些修道家的人，天天要打通任督二脉，天天在运转河车，督脉转到任脉，任脉转到督脉。有些修道人说自己奇经八脉都通了，我说，那很好，那等于电力公司，电线都会炸了。也有的说，自己现在河车的运转如何如何，我说那你要转到几时为止呢？如果河车永远运转下去，可不要把自己转昏了头哦！这是个问题。很多修道的人，最后弄得高血压、脑充血，平常自己好像夏天不怕冷气，冬天不怕太阳似的，这种样子，就是“强梁者不得其死”。所以打通气脉，运转河车，并不是这个道理。

这一章与上经第十章配合起来研究，会发现“载营魄抱一，能无离乎！专气致柔，能婴儿乎”就是这个道理的说明，就会明了“万物负阴而抱阳，冲气以为和”的道理。

第四十三章

天下之至柔，驰骋天下之至坚。无有入无闲，吾是以知无为之有益。不言之教，无为之益，天下希及之。

柔　水　空　无坚不摧

天下最软的东西，克服了最坚固的东西，老子经常比喻天下最软的就是水。水是没有骨头的，如果把它挡住，它只有转弯过去；如果筑一道堤防，水则一声不响慢慢等，等到水涨满了，又从堤防上漫出去了。就是屋檐的水，从高处向下滴，滴一千年一万年，连地球都可以滴穿。所以，“天下之至柔，驰骋天下之至坚”，像战场上的马匹一样，冲锋陷阵，冲破最坚韧的东西。我们中国对女性的教育是温柔、温和、缓慢，这样可以溶化一切。不管男人是土做的也好，石头做的也好，温柔的文火慢慢地炖，石头都可以软化了。所以不管多坚强的人，对温柔都没有办法，只好投降。这就是“天下之至柔，驰骋天下之至坚”。

“无有入无闲”，古代的“间”“闲”是通用的。无有就是空，所以无有进入到任何地方，都没有间隔；没有间隔也就是空。或者说墙壁阻碍了空间，其实空是隔离不住的，乍看起来，墙壁好像隔离了虚空，但是只要挖一个洞，那个洞就有虚空。只要挖就有虚空，如果不挖呢？仍然是虚空包围了你，也包围了墙壁。一座大山在那里，好像妨碍了虚空，其实大山是被虚空所包围的，山如果打通了，虚空就进到了山里去，虚空这东西，无坚而不摧。所以，佛家把空的修法，作为最高的修法，因为无坚而不摧。道家的观念，是用至柔之阴，也是无坚而不摧的道理。

做人与做事，遇到难处，天天在想这件事如何解决，却永远解决不了，越想越糟，最后钻到牛角尖里去，处理得还是一塌糊涂。这时最好把一切放弃不管，让它完蛋；但是真让它完蛋，那个蛋偏偏不完。为什么？因为“无有入无闲”，“天下之至柔，驰骋天下之至坚”。

老子说，由此原理，可以知道无为之有益，一切有为法如梦幻泡影，靠不住，真正的真空则无为，无往而不利。教育的道理也是这样。

老子本来不想说话，骑一条青牛跑掉算了，不料被他一个徒弟，函谷关上的关吏——尹喜拦住了，要求他说法，否则不放他出关。老子也不能叫青牛腾空，像现代的直升机一样飞过去，同时尹喜这样诚恳要求，也不好意思拒绝，只好坐下来写《老子》这本书。本来他主张天下行“不言之教”，不必说话，与佛讲“不可思议”的境界——没有话说是一样的。结果，他自己犯了自己的戒条，却又写了这本五千字的书，还是做了言教；虽然他在言语上讲“不言之教，无为之益”。

像现在这个时代，我们中国上古的文化，所谓《老子》《易经》、太极拳、禅，在世界各国各地区、各民族，都非常流行。最近有一位老太太从美国写信告诉我，隔壁那些美国人好怪，孩子跌倒在地，并不去搀扶，尤其犹太人，绝不搀扶。这是老子的无为之道，一定要等孩子自己爬起来，这样孩子自己将来才会站起来。这是很有道理的，也是引用老子《道德经》说的。那位老太太觉得很奇怪，她说：“原来这就是中国老子的无为之教啊！”

第四十四章

名与身孰亲，身与货孰多，得与亡孰病，是故甚爱必大费，多藏必厚亡。知足不辱，知止不殆，可以长久。

人生最重要的是什么

上面这一段话，是老子要我们看通人生的道理。世界上的人，就是为了名与利。我们仔细研究人生，从哲学的观点看，有时候觉得人生非常可笑，有很多非常虚假的东西。像名叫张三或李四的，只是一个代号，可是他名叫张三以后，你要骂一声张三混蛋，那他非要与你打架不可。事实上，那个虚名，与他本身毫不相干，连人的身体也是不相干的，人最后死的时候，身体也不会跟着走啊！

“利”也同样是假的，不过一般人不了解，只想到没有钱如何吃饭！拿这个理由来孜孜为利。古人有两句名诗：“名利本为浮世重，世间能有几人抛”。名利在世界上是最严重的，世界上能有几个人抛去不顾呢！

“名与身孰亲”，他要我们了解“名”就是假的，比起身体来，当然爱自己的身体。如果有人对你说，你最好不要出名，你出名我杀了你；那你宁可不出名，因为还是身体重要。

“身与货孰多”，身体与物品比较，你手里拿了五百万钞票，遇到强盗，用刀逼着你说：“把你的钱放下给我，不给我就杀了你。”这时你一定会放下那五百万元，因为身体更重要。人对于生命当然看得更重要。

“得与亡孰病”，得与失哪一样是毛病？当然我们一定说，得到比较好。但是，一个人又有名，又有利，那就忙得非生病不可；你说穷了再生病，连看病都没有医药费怎么办？这就涉及空与有的问题了。前面两句，“名与身”相比，“身与货”相比，我们一定说身体重要，货是物质当然其次。其实这一句“得与亡孰病”，就解释清楚前面那两句了。老子对这些问题并没有讲哪个对哪个不对，两头都对也都不对。名固然是虚名，与身体没有关系，但是虚名有时候可以养身，没有虚名这个人还活不下去呢！虚名本身不能养身，是间接的养身。身与货、身与名，两个互相为用，得与失两个也是互相为用。

这个道理，后来道家的庄子也曾引用。在《庄子》杂篇之《让王》中，当时韩国遭遇了魏国的骚扰，打了败仗，要求韩国割地，韩国实在不愿意，痛苦极了。有子华子者劝韩王割掉算了，现在让了地将来还可以反攻拿回来。他问韩王，名利权位与身体比，哪一个重要？韩王说当然身体重要。再问他，身体与膀子比较，哪一个重要？韩王说，当然身体重要。所以就劝他，现在你等于生了病，两个膀子非砍不可了；你砍了膀子以后仍有天下，有权位，你愿意要权位呢，还是愿意要膀子呢？韩王说，我看还是命比膀子重要。这是有名的故事，后来禅宗的大师栯堂禅师有名的诗句“天下由来轻两臂，世间何故重连城”，就是由此而来的。

说到人的生命，一个当帝王的，天下都属于自己的，但是与自己生命相比的话，没有了生命，有天下又有何用？如果现在有人说，现在的天下还是属于汉高祖的，那汉高祖做鬼也会打你两记耳光，说，不要骗我了，与我根本不相干了嘛！可是活在人世间的人看不开，偏偏看重连城之璧玉。蔺相如见秦昭王拼命护璧，因为那块璧的价值，可以买到现在法国、德国连起来那么大的土地。“天下由来轻两臂”，这是庄子用老子的重点加以发挥。天下固然重，权位固然重，如果没有生命的话，权位有什么用？天下有什么用？可是，就实际情形看来，还是天下更重要，所谓“世间何故重连城”，人世间为了财富，为了虚名，忙碌一生，连命都拼进去，这又何苦来哉！

老子更进一步告诉我们，懂了这个道理——生命的重要，那么“是故甚爱必大费，多藏必厚亡”，你对一样东西爱得发疯了，最后你所爱的丢得更多，就是“爱别离苦”，这是佛说的“八苦”之一。“多藏必厚亡”，你藏的东西不管多么多，最后都是为别人所藏。

报纸上曾有两则新闻，说宜兰有一个人，一辈子讨饭，死了以后，在床下找出五六十万元来，这正是“多藏必厚亡”。同样的，美国有一个人也是如此，平常讨饭过日子，死的时候遗留了一百多万。这样的人生，不知道他是否也算看得很透；也许上帝的意旨要他这么做，真是不可思议啊！

因此老子教我们了解一个人生的道理，人生什么才是福气。“知足不辱”，真正的福气没有标准，福气只有一个自我的标准：自我的满足。今天天气很热，一杯冰激凌下肚，凉面半碗，然后坐在树荫底下，把上身衣服脱光了，一把扇子摇两下，好舒服！那个时候比用冷气、电风扇什么的都痛快。那是人生知足的享受，所以要把握现实。现实的享受就是真享受，如果坐在这里，脑子什么都不想，人很清醒，既无欢喜也无痛苦，就是定境最舒服的享受。

不知足，是说人的欲望永远没有停止，不会满足，所以永远在烦恼痛苦中。老子所讲的“辱”，与佛家讲的烦恼是同一个意义。

“知止不殆”，人生在恰到好处时，要晓得刹车止步，如果不刹车止步，车子滚下坡，整个完了。人生的历程就是这样，要在恰到好处时知止。所以老子说：“功成、名遂、身退”，这句话意味无穷，所以知止才不会有危险。这是告诉我们“知止”“知足”的重要，也不要被虚名所骗，更不要被情感得失蒙骗自己，这样才可以长久。

这一节是说人生“冲气以为和”的“中和”道理，也就是后来子思在《中庸》上所说的道理。下面的两章，再把这两章加以发挥。

第四十五章

大成若缺，其用不弊；大盈若冲，其用不穷。大直若屈，大巧若拙，大辩若讷。躁胜寒，静胜热，清静为天下正。

如何达到无为

“大成若缺，其用不弊”，我们宇宙的物理，大成功大圆满的东西，天然都存在着相当的缺陷。不过，有一点缺陷的话，反而永远不会坏；换一句话说，若求快一点圆满，就要快一点完蛋。道家的哲学始终是这个看法。很多名人懂得人生的道理，懂得了这个“道”，就像清朝中兴名将曾国藩，到晚年还标榜自己的书房叫“求阙斋”，求一点缺陷；不能把自己搞得太圆满，因为万事不可能太圆满，所以要保持有阙不足。

“大盈若冲，其用不穷”，大盈就是大满，真正的充满，如瀑布一样，不停地从山上流下来，天天都盈满流动，这就是冲的作用。活的东西是永远在流动的，所以其用无穷。最可叹的是，有人想把现成的享受、现成的东西，永远保住不动，认为是属于自己的，这就犯了前面所说“大费”的毛病，结果一定是“厚亡”。财富如此，权力也是一样，一切的东西，不能用之于私。如果不能“大盈若冲”，那就完了，要像河水一样流动才可以。

“大直若屈”，我们这个世界没有直线的，别的世界有没有不知道。你到太空去看，有些星球是横条的，有些星球是三条的，有些星球是椭圆的，只有我们这个星球——地球是圆圆的。我们这个世界，因为是个圆球，所以是圆圈曲线没有直线。“大直若屈”是说直线像是曲线的意思。懂了这个，就知道人生的道理。所谓的直，是把那个曲线切断，然后人为地校定叫作直，这是假的直；真懂得的话，“屈”的道理就是直。

“大巧若拙”，现在科学进步了，什么东西都是电器化，越来越精细，当然不是古董。这些精巧的东西，用完了就必须丢掉；但是，真正好的东西，并不那样巧妙，而是很笨拙的。

“大辩若讷”，真正会讲话的，就像是笨笨的那样，好像一句话都讲不出来——“若讷”，在历史文献上经常提到的成功人物，多半如此，非常有趣。这些人物不一定读过《老子》，但他们表现出来的智慧，吻合了老子这句话。像宋太祖赵匡胤，当了皇帝以后，当时江南的南唐李后主李煜，还没有投降。李后主的文学修养很高，比诗词的话，赵匡胤一定比不上的。可是，如果两个人考试比赛当皇帝，一定录取赵匡胤，不会录取李后主。李的诗词歌赋样样好，他的大臣们，如宰相徐铉，文学也是非常之好。

有一天，李后主派了这位宰相徐铉出使北宋，赵匡胤听说这位宰相学问很好，特别召开了一个御前会议，研究派哪一位饱学之士来接待这位来自南唐的使臣。这个人学问一定要比得上徐铉，才不会被南唐藐视。可是宋朝一个偌大的朝廷，却选不出一个人来，最后赵匡胤就从自己的卫士中，找到一位相貌堂堂、一个大字也不认识的人，担任接待大使的任务。徐铉到后，为了表露自己的才华，天文、地理、国际、政治，高谈阔论。可是这位接待大臣，什么都不懂，只是哼哼哈哈，请上坐，请喝茶，如此这般搞了三天。徐铉心里想，赵匡胤手下有学问的人太高了，我说了半天他都不置可否，也没有赞叹或认可，对于赵匡胤的政权，感觉颇为莫测高深。

这正是赵匡胤的高明，对付这些满口谈学问的学者，只派一个老土与他接触，反正你讲什么他都不懂，以木讷相对就成功了。这是很妙的“大辩若讷”。

“躁胜寒，静胜热，清静为天下正。”夏天的气候，到了中午，气温会热得令人发躁，“躁胜寒”，燥热的气一来，把寒气冰水化掉了。但是，你不要被老子的文章骗过去哦！反过来说就是“寒胜躁”；太阳的热能，照到北极冰山就起不了太大的作用，只是稍稍温暖一点罢了，好像少穿一件皮袍而已，都是正反相合的。

“静胜热”，我们都晓得心静自然凉，一静下去就不会热了。反过来说，就是“热胜静”，热也会造成清静，不然的话，学佛修道成功，那个三昧真火一来，既不冷，也不热，能克服一切。所以，老子引用的都是相对的，主要在说明这些都是两边的观念，只有“清静为天下正”。能够真正清静，才能有无为的境界。反过来说，无为又是清静的原则、道的原则；无为达到的境界就变成清静，这就是“清静为天下正”的道理。

第四十六章

天下有道，却走马以粪；天下无道，戎马生于郊。祸莫大于不知足，咎莫大于欲得。故知足之足，常足矣。

欲望造成祸乱

这一章讲的完全是历史哲学。人造成了一段历史，所谓英雄造时势；历史也产生了一个时代的人物，此之谓时势造英雄。但是，历史哲学是人为的，历来的战争，需要好的武器，好的武器也很简单，一个人手里一把好刀，可以用几辈子，一支好枪也可以用好几代。最难得的是交通工具——良马，“天下有道，却走马以粪”，天下真正太平的时候，马闲放着没有用，因为不必训练战马了，这时马便像粪土一样没有价值；等到天下无道的时候，又要训练战马。这个“道”指人文文化，当文化衰弱了，社会就变乱，思想的错误造成了战争。人类永远在战争中，历史上很少有二三十年的太平，不是东边冒火，就是西边冒烟。人类整个的历史，都常在战乱中，所以做不到“走马以粪”。

“天下无道，戎马生于郊”，以老子的历史哲学观点看人类，在天下无道的时候，人类的欲望不能停止，所以战马又要活动了。“祸莫大于不知足，咎莫大于欲得”，人类最大的罪恶就是想占有，英雄要占有天下，也就是占有权力；男人想占有女人，女人想占有男人；人想占有钱，钱反正不说话，随你们办，这就是“欲得”。

“故知足之足，常足矣”，要人类社会真正和平，必须人人反省，人人都能够知足。虽然老子写了五千言，孔子和释迦牟尼佛，以及几千年来的圣人，还有黄帝等几个上古的圣人，都在教化人应该知足，可是人就是不知足。

第四十七章

不出户，知天下；不窥牖，见天道。其出弥远，其知弥少。是以圣人不行而知，不见而名，不为而成。

智慧的成就

这一章为另一个阶段的转折，有一个大原则我们必须把握住，老子下经讲德、讲用，不是讲体；但是用不离体。这里四十七章与上经讲“道”的第十八章、十九章，有彼此互相解释的作用。换句话说，下经这一章讲德用的本身，就是对上经第十八、十九章所谓道体的一个注解。我曾经不止一次指出，我们研究任何一种经典，最好的方法是以经注经，用它本身来做注解就清楚了。

《老子》下经讲用，在“用”的道理上，这是真正智慧之学，也就是真正大谋略之学。“不出户，知天下”，也就是我们中国人经常说的一句老话，“秀才不出门，能知天下事”。但是，能做到的必须是秀才，这个“才”必须是真“秀”才行；如果是笨才，那就不行。所谓“秀才”，不是指秀丽的人，也不是指科举时代的秀才，而是借科举考中的“秀才”之名，比喻绝顶聪明的人。能够知天下事，是有智慧的人，智慧到了最高处，就是真正的神通；神通并不是稀奇的事，而是真实智慧的成就。一个智慧真正成就了的人，不必出门，就会知道天下的事。

“不窥牖，见天道”，牖就是窗子，用不着开窗就看到天道，就能够晓得外面的事物。天道可以是抽象的，形而上的天道，也可以指实际天文的天体。理论上讲，如果有真智慧修养的人，用不着到外面实际经历，就可以了解事实的究竟。一个真正修道的人，是有这个境界的。“不出户”，“不窥牖”，这些都是用的形容词。

比如，一个真正修养到达无为清净的人，那就是神而通之的境界。刚才说过，神通并不是稀奇的事，不要把神通看成稀奇古怪，神通就是智慧的成就。坐在房间里，甚至于坐在山洞里，或者在空谷的地方，宁静地神凝气聚的时候，没有物质的障碍，没有房子的障碍，也没有山河大地的障碍，这时假使看天体的星球，自己在定静中就看得非常清楚，而且不会受风雨气候的阻碍。不过，这是一种高深的修养之学，一般人很喜欢追求这一方面，如果因追求而走错了路，往往变成武侠小说里头的“走火入魔”了。进入魔境界的人，也说会看到什么，但那只是意识的偏差，不是正常现象。

老子并没有主张走哪一条路线，也没有主张修养得到神通。这个道理，在上经已讲过，现在下经也慢慢会提到。所以，下面他引申这个理论，讲人的修养，“其出弥远，其知弥少”，走得越远，就知道得越少了。这个“远”，并不是完全表示距离遥远，如果这样解释的话，等于说许多人出国远游，一二十年没有回来，所以这些人是“其出弥远，其知弥少”，对国内的事情越来越不了解了。这种说法，也算是一个道理，但这只是一个通常的道理而已。

“其出弥远”的“出”字，并不一定讲偶尔出远门，其实是指知识越多，越愚钝；换言之，知识学问越好，烦恼越深。因为普通的常识越多，真智慧反而被蒙蔽了。所以“出”字并不是指出外之出，而是付出去，我们在精神生命上，在脑力上，付出得太多，真正的智慧当然就越来越低了。因此，圣人之道是做内省功夫的，“是以圣人不行而知，不见而名”。

最后，老子给我们一句结论，也可以说是学问的修养，也可以说是功夫，否则大家听了前面的话，可能认为人不出门，躺在家中床上，就能知天下事，那多好！最好连黄金美钞也掉下来更好。人如有这样的欲望就不行了，什么都会有阻碍了，所以他下面的结论是，如何做到“不为而成”。并不是说，万事都不要做就成功，而是要真正做到无欲，没有任何的欲求。想修道也是有欲的，为什么要修道？因为想求长生不老，或者想求了脱生死，或者想求成佛，要求达到一个更高远的目标，因此放弃了世间的一切。看起来这个人好像清心寡欲，没有欲望，其实，他的欲望比平常人还要大，违反了老子所讲的无为清净之道。所以，最后的结论是，如何能够修养到“不为而成”的境界，达到真正的清净无为。接着下面第四十八章，再说明“不为而成”的道理。

第四十八章

> 为学日益，为道日损，损之又损，以至于无为，无为而无不为。取天下常以无事，及其有事，不足以取天下。

为学要加　修道要减

这一章分开来研究，与上经第二十章和第廿九章都有连带关系。第二十章告诉我们，学问之道就是“绝学无忧”，一切都放弃，把所有的知识、所有的观念等等都放下，丢得干干净净，进入无为之道的境界。理由就在这一章里，说得很清楚：“为学日益，为道日损，损之又损，以至于无为，无为而无不为。”刚才第四十七章提到，这一种修养，可以做到秀才不出门能知天下事。修道的人，光是能知天下事太不够了，要超越一切形而下的境界，必须先要做到“清净无为”。

“为学日益”，什么叫学问？学问是靠知识、读书、经验，一点一滴慢慢累积起来的。今天懂一点，明天再懂一点，后天又懂一点，多一分努力就多一分的收获，这就是做学问。人为的学问是有为法，是有为之道，要慢慢累积增加起来，不是一步登天。

“为道日损”，学道与做学问相反，是要丢掉，“日损”就是今天丢一点，明天再丢一点，什么都要放下丢掉。修道的人，经常笑自己，一方面有欲望学道，一方面又不肯放弃读书，爱读书就是最大的欲望。

清朝有名的历史学家，也是诗人的赵翼，讲作诗作文章的道理，他说“穷而后工”，如果希望诗文作得好，必须是经历过苦难倒霉。环境越穷，文章诗词越好，千古的文人，好的文学家都是倒霉人。这并不是运气的关系，而是人到了功名富贵没有、人际关系也淡薄的时候，复杂的事情就少了，坐在那里也没有别的事情做，专想那些尖酸刻薄的词句，诗文当然就会好。等到得志以后，一切情绪境界改变，文章也写不出来了。就算偶尔有个意境来，刚提笔要写，部属又来请示，他喊了一声报告，又把那个意境赶跑了。所以，文章学问，的确是“穷而后工”，这是中国千古的名言。

清人赵翼，吹牛说自己诗文好，留下了两句诗：“熊鱼自笑贪心甚，既要工诗又怕穷。”这是引用《孟子》的典故，说熊掌与鱼二者不可兼得的意思，两样好菜不能同时来。赵翼借用《孟子》这两句话，描写自己又想学问文章好，又喜欢钱多官位大。结果，他说自己一辈子，文章也没有写好，官也没有做大，钱也没有赚够，一辈子不上不下，悬在半空之中。这是他的客气话，实际上，他的学问非常了不起，在三百年的文化历史中，也算是一个了不起的人。

总之，求学问是一点点累积起来的，愈加愈多，知识也愈加愈多；修道是把所有的知识学问，以及一切心中所有的，慢慢地减少。所以学问是加法，修道是减法；做学问是吃补药，修道是吃泻药，什么都要空掉，这两者相反。

“*损之又损，以至于无为*”，一切都空，空到了最后连空也把它空掉，空到一无所有；然后无所不有，一切皆知，一切皆有。就是这么个简单的道理。文字很简单，意义也很简单，一说就明白了。问题是，做起来很难！如何能够把自己损之又损，放弃了又放弃，放到了一无所有之处，到达无所不知无所不有的境界？

一般学道的人，都是求有，自己实际上都在加。本来道理上知道是空，而在做功夫的方法上，自己都是在加。有的人学佛学道，有一个功利目的的思想；对世间的事情失意了，失败了，或者看不惯了，或者自己不合适了，就跑来修道。心中想，也许这方面可以超越，学会了比别人好，学会了可以解脱生死，可以跑到太空去玩……这种思想都是功利主义的思想，是“为学日益”的思想和动机，与“为道日损”完全背道而驰，也就是修道不可能成功的。

老子在这里清楚地告诉我们，人生在世能够学问成就，或修道成就，就要有两种能力：“提得起”是做学问要“为学日益”；“放得下”是修道要“为道日损”，一切放下。但是普通一个人，能够具备这两种能力、两种智慧、两种勇气，所谓智勇双全，就太难了。普通的人，叫他做学问，才用功读了一个礼拜的书，便觉得很累，就停下来去玩了，为学不能日益。去修道做功夫的话，放不下，刚打坐几天，又觉得一天到晚坐着，淡而无味，浪费时间，也要跑出去玩玩，所以“为道日损”也做不到。因此，一般人多半都在为学未益、为道未损的情况下，提也提不起，放也放不下，就那样过了一生。这就是我们读了《老子》以后，自己应该反省的地方。

前面说修道与做学问，是两个分别不同的方法，下面再说道的作用。

圣人以道德行为得天下

“取天下常以无事，及其有事，不足以取天下。”老子说，以无事而取天下是最高的道德，做事业也要以最高道德为标准。这也就是最高的政治哲学，也是最高的谋略。

中国的历史，是讲究无事取天下的，尧舜禹可以说是如此，禹以后商汤、文、武、周公、孔子，历代的圣王，差不多都是如此。说到孔子，虽然他没有取天下，不过他取了另一个天下，就是空的天下，所以被称为素王。素王是没有土地的皇帝，换言之，他是文化王国的帝王，在文化王国中，他号令数千年，甚至可以号令万代。这样取天下，是历史上取天下的标准，也就是以无事来取天下。

“无事”就是只要求自己行为的功德成就，道德的成就；不是以谋略，不是以手段，不是以有为的功业来取天下。所要求的，仅是自己内在的圣人之道。虽众望之所归，那是余事，不是本事；本事就是本份的事，就是学道，学习如何完成一个圣人之道。

所谓学道，学圣人之道，当然不是我们现在打坐的修道；打坐修道是修道的一种而已。而修圣人之道，则是道德行为内外的成就。

“及其有事，不足以取天下”，以力量功业打下来的天下，是有事取得的天下。所以，就秦汉以后的中国历史而言，都是有事取天下。因此，我们在历史哲学上，可以用两个观点来看，三代以上所谓的公天下，是以道德治天下，不是以战功取天下。秦汉以后必须有功在人间，尤其是战功，这也就是以武功取天下。所以，秦汉以后取天下，就是老子所讲的有事取天下。

有事取得了天下，也是成功，当时也有了天下，但是老子为什么又说这样是“不足以取天下”呢？这就是我们中国历史哲学的特点，正如孟子所提过的“以德服人者王，以力服人者霸”。到秦汉以后，以战功而统一国家天下的，都不是以德服人，表面上以王道做号召，实际上是霸道。“以力服人者霸”，就是以战功使人不能不服从。同样两个服字，意义完全不同。老子所讲的道理，加以引申，提出一个王道，就是道德政治的哲学，也就是政治道德。

第四十九章

圣人无常心，以百姓心为心。善者吾善之，不善者吾亦善之，德善。信者吾信之，不信者吾亦信之，德信。圣人在天下歙歙，为天下浑其心，圣人皆孩之。

圣人的菩萨心肠

第四十八和第四十九章，都是第二十章的扩充引申。“圣人无常心，以百姓心为心。善者吾善之，不善者吾亦善之，德善。”这一节特别注意。我们回去看第二十章，从“绝学无忧”开始，接着就讲一个人修道成就的境界，由此再看一切众生。他这里不用众生，而说众人，这是人对于道的修养境界的解说。到了第四十八、第四十九两章，是讲道所发生的“用”，他说真正有道的圣人，是用无常心治天下的。所谓“无常心”就是没有主观的成见，没有我见，没有主见。那么有道的圣人，以什么为心呢？“以百姓心为心”。一切人的需要，一切人的心理思想，就是他的心理思想，这就是现代所谓民主自由的真正道德精神。这也就是以大家的意志为意志，以大家的需要为需要，而替大家完成。要真正做到这些，才是“以百姓心为心”，才够得上是真正的圣人。

他又说“善者吾善之”，善人有好的意见，令人特别地高兴，对好人也会特别喜欢。“不善者，吾亦善之”，坏人所持反对的意见也是意见，只不过他这个意见与善人的意见相反而已。一个圣人，爱一切的善人，也爱一切的坏人，因为坏人更应该要救，更要帮助他们。信我者得救，不信我者更要救。中国人所讲圣人之心，不是说信我者得救，不信我者就滚开；中国的圣人没有说不救坏人这个事，这是“德善”。一个得道的人，他在行为道德上必然是如此，做到至善的境界。对于好的人固然觉得可爱，值得钦佩；不好的人更值得怜悯，更值得同情。

“信者吾信之，不信者吾亦信之，德信。”这个人有道德，相信道德，他当然是我所信的，我也会对他更好；反对道德的那些坏人，我一样信他。信他什么呢？相信人性本善，有一天他会自己觉悟的，会走上道德这条路的。

所以“圣人在天下歙歙，为天下浑其心，圣人皆孩之”。歙歙就是包含的意思，像一个东西合拢来，扇子一样合拢来。一个得道的人，始终是包容一切的。

“为天下浑其心”，我们讲到道德，很难做到这个“浑”字，浑字等于混账之混，真的混账就是圣人；真的圣人才能做一个大混账。其实这个混的形态，是浑厚，是好坏一切都包容了；浑也就是阴阳浑厚，善恶是非平等。在他的心中，平等到什么程度呢？善人可敬，坏人也令人可怜，可怜与可敬，只是两个方向的不同表达，而爱人的仁慈之心是一样的。这样对于善恶是非才能浑厚，非常厚道地包容。真正的圣人，他的道德修养就到这个境界，所以他能代表天地之心。这个天地生成万物，生了补药，同时也生了毒药；生了好看的花，也生了很难看的草；不论好坏，都是在他的涵容化育之中。所以人的道德修养，是要效法天地之心，才能够达到浑然、浑厚。

结论一句“圣人皆孩之”，从圣人境界的角度，看世界上一切众生都是小孩，圣人永远爱护着他们，永远教化他们，不会与他们对立。换句话说，圣人看天下任何一个人，甚至上帝，也都看成小孩，得道不得道都一样。所谓圣人之心以天地为心，拿人道来讲，圣人之道是以父母为心。等于他就是一切人的父母，他看天下一切人，如自己的子女一般。子女有好有坏，老大很好，老二很坏，不论好坏，总是自己的子女，一样要教养他们感化他们。这个就是对第二十章的发挥。

第五十章

出生入死，生之徒十有三，死之徒十有三。人之生，动之死地亦十有三。夫何故，以其生生之厚。

盖闻善摄生者，陆行不遇兕虎，入军不被甲兵。兕无所投其角，虎无所措其爪，兵无所容其刃。夫何故，以其无死地。

生死是什么

这第五十章是上经第二十一章的引申。

“出生入死”，出来就叫作生，进去就叫作死，在文字上解释出生入死，就是这个意思。后来用之于兵法，打仗时在敌人的阵地进进出出，称做出生入死。文字很清楚，道理就是中国远古的哲学源流，对于生死的看法，对于生死的一种观念。所谓生死问题，在其他的宗教，包括佛教在内，或为重大的问题；但在我们中国文化中，自上古几千年以前所流传下来的观念，对生死不看成问题。所以尧舜跟大禹王都认为是“生者寄也，死者归也”。人生在这个世界上，是做客人寄住的，像住旅馆一样，所以在文学上有李白的“夫天地者万物之逆旅也，光阴者百代之过客，浮生若梦，为欢几何”的名句，都是来自这种思想。人生下来是寄住在这世间，死掉就是回去了。所以是“生者寄也，死者归也”。

由这个古老观念流传下来，孔子在《易经》上也提到这类的话。《周易》的系传上说：“原始反终，故知生死之说”，只要观察宇宙物理自然的变化，了解了白天同夜里的道理，那就了解了生死。白天生活在这里，也像花开的时候一样；死了没有什么可怕，只是回去了，如夜里休息，应该睡觉一样。睡醒了如花开又清醒，所以孔子在《易经》上又说“明乎昼夜之道而知”。我们可以连起他的上文，给他加两个字，“明乎昼夜之道而知生死”。

老子从另外一个角度说，“出生”就是通乎昼夜之道，可以说就是“生者寄也，死者归也”同样的道理。“出”就是生，“入”进去了，等于演话剧一样，从后台到了前台，就看到有几个人在那里演起戏来，等他演完了这一幕进去了，台上还是空空的。其实人并没有死，不过是进去了而已，人生境界就是如此。

老子非常简单地说明了“出生入死”，就是在一进一出之间，也是一增一减，一来一去，所以没有什么严重。

谁掌握生命的去留

我们先了解这个前提，然后再看他算细账。“生之徒十有三”，徒就是途，人活在这个世界上，有十分之三的把握是可以活下去的。“死之徒亦十有三”，从死这一面看世界上，有十分之三的机会是会死的。所以，死的机会也是十分之三，活的机会也有十分之三。这个十分之三，就是生命活着的那个生的力量。

“人之生，动之死地亦十有三”，一个人生活在世界上，总要有规律地活动；由于在动，就可以向死的这一面搭配，也可以向生的这一面搭配。可是人的活动，常因为自己的知识聪明而乱动，反而使自己的生命走到死之途了。如果我们动之“生”地，生命的活动有益于生的话，那生的机会便增为十分之六。如果把三样加起来，十分之三的机会是生，十分之三的机会是死掉，十分之三的机会都在动中，一共是十分之九了，还剩一分。

剩下的一分老子不谈，因为这是生命的本有，这个本有就是老子在上经说的“载营魄抱一，能无离乎”。这是道，是生命的根源，他的代号就叫作“一”。

这一段是讲生命之源，也告诉我们人出是生进去是死。昨天下午接到好几位老朋友的电话，都是八十多岁的人，有些老人眼睛看不见了，老伴也没有了，儿女也大了，电影、电视也看不见，什么也不能看了，坐在家里，无聊得好可怜，只好拿起电话到处跟人聊天。作为一个人，自己该有一个人生境界，人老了就怕没有一个内在的精神修养，无依皈之处，那么活着的时候，便“动之死地亦十有三”，拼命地向死路上去消耗，而美其名为人生的责任。其实到了某一个时候，责任不责任没有什么多大关系，反正是对自己的兴趣没有放弃，仍然“动之死地”而已。可惜的是，忘记了生命是可以自己把握的。

这一节就是说修道的问题，也就是修丹经、修神仙的基本理论与功夫。生命是自己可以把握的，如果一个人情绪崩溃、萎靡，这种种都是自找烦恼。

“夫何故”，他说什么理由呢？“以其生生之厚”，天地宇宙给予人生命，给予万物生命，生的力量比死的力量大。生死两头各自的力量各占十分之三，另有十分之三则在动。但是动的方向，或向生的方向动，或向死的方向动，要看各人自己。这中间有一分，这一分最重要，是你自己可以做主的。“盖闻善摄生者”，摄生这个名称要注意，这是老子最先提出来的一个道理。

什么叫“摄生”？我经常讲这有两方面的观念。我国近代翻译西方过来的一个名词叫作“卫生”，意思是保卫这个生命。保卫生命好像是消极一点，只是防御而已；道家则讲“养生”，“养生”应该比“卫生”好，是有积极意义的。但是老子的道理远不止养生，更要“摄生”，“摄”字是自己把握住，这就不止养生了。所以，成仙成佛完全操之在我，自己可以做主。这个“摄生”的名词，就是说明修道的人，把握得住自己的生命，也做得了主。因此善于摄生的人，就是后世道家所讲的神仙境界，这些人修道能够修养身心性命，达到神仙的境界。

“陆行不遇兕虎，入军不被甲兵。兕无所投其角，虎无所措其爪，兵无所容其刃。”这就是说懂得摄生修道有成就的人，在山里走路，不怕猛兽。老虎是要吃人的，“兕”是头上有角的一种猛兽，后世说就是犀牛。在非洲出产最多的大犀牛，头上有角，遇到这种猛兽，人多半难逃一死。在上古的社会，因为野兽横行，人随时可以被野兽伤害，而一个修道的人，后世佛家也说能降龙伏虎。小说《封神演义》上所描写的，很多天人的坐骑，都是兽类。有的骑麒麟，有的骑老虎，骑什么都有，只有姜子牙骑个怪东西名叫“四不像”。不过“四不像”的确有这种动物，清朝的时候，乾隆及咸丰年间，在北方曾把“四不像”运到宫廷里养了很多年。

善于摄生的神仙

“四不像”就是四不像，老虎不像老虎，鹿不像鹿，什么都不像，可是灵性很大，所以有道的人，可以入山林，驱野兽。像兕虎这些猛兽，角牴触不到它，利爪抓不到它，打仗的时候，刀也砍不进，这就叫作神仙境界。人如何能做得到呢？人在死去之后，跟着死亡的只是生命本能的物质作用而已，而生命内在的本能并没有发动，所以一个人可以自己发动内在本能，再创生命的奇迹。这是道家所说的，在理论上是可以长生不死的，但是，只有善于摄生的人，才有这个本事。

下面他做个结论，“夫何故”，为什么人有这个修养，可以到达这个境界呢？“以其无死地”，也就是后来禅宗所讲了了生死，是说人根本就不可能有死的。再如《神仙体道通鉴》上说，老子根本就没有死；在周朝以前，舜禹时候他就是广成子，后来的彭祖也是他，他在任何一代都是了不起的人物。他同汉武帝也见过面，只是另外化了一个名字。反正每一代他都出现，看看是否能收一个两个徒弟，后来因为找不到，他又走了。

有关老子的传言，愈说愈玄。看了道家《神仙传》这一方面的资料，不但说老子没有死，连墨子也没有死；墨子一直到汉武帝的时候还出来过，也是表演了一下就走了。神仙传里这些怪事很多，反正都属于“事出有因，查无实据”罢了。不管怎么说，老子的理论认为，一个人可以把握自己生命的死生，所以修养到家的人，“以其无死地”，他已经把死的那个过程消除了，把“动之死地亦十有三”也去掉了，所以他生命存在的机会，就永远把握在手里了。

这不是故意开玩笑的，而是真正如此；这也可以叫作“中国的存在主义”，人的生命可以永远存在的。真正的存在是“长生不死”，这就是老子的理论。

第五十一章

> 道生之，德畜之，物形之，势成之，是以万物莫不尊道而贵德。道之尊，德之贵，夫莫之命而常自然。故道生之，德畜之，长之育之，亭之毒之，养之覆之。生而不有，为而不恃，长而不宰，是谓元德。

在这一章，老子回过来说明“以其无死地”，而能够自己把握生命的生死，使自己永远存在的道理。同时本章的说明，也就是对上经第二十一章的发挥。

摄生处世之道　四两拨千斤

“道生之，德畜之，物形之，势成之”，这四个阶段，是宇宙万物生命的根本，生生不已。中国道家的思想文化，把这个生命的根本叫作道。在西方哲学上可以说是形而上的那个本体，宗教家叫他是上帝，或者是主宰，或叫作神，叫作如来、真如、佛，很多的代名词。中国文化中的代名有两种，一种叫它道或者天，还有一种用数理的代名叫作易，实际上都是同一个东西。

“道生之”，道为体，有体必有用，就是本身具备了这个生命的功能。但必须要加上德，德是用来保养他、培养他的，即所谓“德畜之”。有道没有德来保养，这个道就不可能修成。我们看佛家以及其他比较宗教的书，讲到道时，都要注重行为的道德；没有行为的道德，道是修不成功的。换句话说，我们一个人打坐修道，除了坐而言之，坐而定之，还要起而行之。所以道德行为是修道的基础。子思在《中庸》上说，“苟无其德，不敢作礼乐焉”，没有真正的善行，没有道德的成就，那个“道”是修不成的，所以“道生之，德畜之”。道便是生命“生”的力量，等于有了动力能源；但是这个能源，如果没有相当的工具去好好把握它，就会被浪费掉。要想把这个能源用得适当，就是“德畜之”。

体和用两方面何时起作用呢？“物形之，势成之”，宇宙万有的这些物质，是道与德形成的形象而已，有其第三种功用，所以有体有用，然后生出了万物的形象。形成万有形象以后，就构成了“势”，那是一股力量，形成了一种生命，完成一个生命的所需。比如一颗种子，种在泥土里，这是“道生之”，但是必须要得到日光、空气、水来培养它，这就是“德畜之”。慢慢这颗种子由泥土中抽芽，开花而结果，最后我们可以吃到果实如苹果、芒果等，是为“物形之”。但是今天种下一颗种子，不是明天就得到果实，必须要有一个力量形成，那就是“势成之”。慢慢地形成，慢慢地成长，所以在其用上，“势”有极重要的地位。

老子这一个道理是说明宇宙万物生存的势，由本体的功能开始，而培养其“德”。在人的行为方面，就是道德成长起来，才会有一个成果；这个成果的构成过程中，最重要的就是时间与空间的力量。

讲到“势”，中国文化中，讲得最好的是《孙子兵法》，主张用势。这个道理，可以说是由道家思想而来，也就是从老子这里发展出来的。多年前跟美国一个海军将领聊天，因为是朋友谈天说笑，他谈起《孙子兵法》来，我说现在你们西方各国的军事思想，只讲究力，不懂势的妙用。你们只讲有多少力，多少制造兵器的工厂，多少钢铁，多少物资原料，有几颗原子弹，都是用力来算计胜负。假如胜负真的只靠这些来决定，那么我们中国就惨了，我们什么都没有，只有一个咸鸭蛋。中国的《孙子兵法》讲“势”，不是比力的，是所谓“四两拨千斤”。一个四两重的东西，可以把一千斤重的东西转动、推开。这就是“势”，以寡击众，一个人打垮了几百万人！

《孙子兵法》阐述势的道理很有意思，孙子对于势的形容只有一句话，“如转圆石于千仞之山者”，其余什么都不讲。孙子的秘诀就是这一句话，转动一块圆的石头在“千仞之山”。古人的度量衡，七尺就等于一仞高，约等于现在的一丈高；“千仞之山”等于现在一万尺的高空山上，有一块石头，重不过五十斤，但方向不定呼呼地转。这一来，所有下面每一个地方都要发警报，人人都要准备躲起来了，因为每人都有被打中致死的可能。“转圆石于千仞之山”是一个势，但等到这个石头一掉到地上，只不过五十斤重，那会有什么大力量呢？小孩子走累了，就在上面撒泡尿，用脚来踢它滚一滚，这石头一点威风也没有了。但是当这五十斤石头在半空中一转，那个势一旦形成，百千万人都要跑掉。所以孙子这么一句话，就说明势的道理，四两可以拨千斤。

“势成之”，生命的力量形成为势，懂得这个道理才会懂得修道。所以要把握住那股势，不管打坐、学佛、练功夫；甚至身上气脉动了的时候，只要把握住那个势，生命的力量就可挽回。比如中国的医学，有时候对病人也有起死回生的功效，真正最高明的医生，利用病人本身生理上最后一点点微细的势，还存在的生命力量，药下去刚巧把他生命的力量调动上来，就把他救了。医道到达这个程度，差不多近乎道了。虽然只是医学上的一种技术，却都是高度的智慧，这不是一般读了几本医书的中医所可以了解的。所以说，万物的形象，万有的形成，跟生命力量的形成，都与势有关系的。因此，把握势这股力量非常重要。另外，所谓时势造英雄，英雄造时势，时间也是一种重要的势。

庄子说“飓风起于萍末”，台风刚刚起来时，海里河里看到一片浮萍叶子漂在水面上，忽然浮萍摇动起来，从浮萍的底下冒出了一个水泡，立刻感到风起来了。最初只是那么一点，然后愈摇愈大，逐渐扩大成台风，可以把山岳吹垮。台风的中心也愈转愈大，台风中心是空的，叫作台风眼，里面闷极了，热极了，没有风，也没有雨，是由一个势形成的一股力量。

生命的功能也是这样，有些人打坐时有了内热的情形，身体内部的力量起来了，也就是台风起来的道理。学道学佛的修持功夫，如果不懂物理医理，不懂这些哲学上的道理，就没有办法进步。在修持过程中，每一个境界，每一个情况的出现，都要晓得它的道理，晓得运用那个势，而后成之，才可以得到长生不老的效果；否则，反而修成短命缩年，那就很冤枉了。

“道生之，德畜之，物形之，势成之”四个程序，就是物理世界由幻有而形成的原则，也就是摄生之道，同时又是我们为人处世之道、成功事业之道的一个大原则。这四个程序要发挥起来，含义非常深远，也非常多，这要我们自己慢慢去体会去了解了。

道之尊　德之贵　不是乡愿

“是以万物莫不尊道而贵德”，这是老子指出道与德的重要。当然在老子的时代，对道德两个字的观念，并不是我们后世现代的观念。现代一般人以为，对人对事温温笨笨的态度就是道德；其实那个样子不是道德，而是乡愿，是很坏的行为。道德是对善恶是非有正确的认定，而且有所作为，不是一般人所讲的中庸。

一般所认定的中庸，并不是真正的中庸含义，那只是乡愿的马虎、含糊、是非不分、善恶不明。孔子说："乡愿者德之贼也"，这种所谓乡愿的人，从表面上看起来，好像很有道德，实际上为善不能，为恶也不敢，根本谈不上道德。一个乡愿之人，在乡巴佬眼里看起来，是个滥好人，如此而已。可叹的是，后世道德的观念，差不多都属于乡愿的范围。

把道当成道德，也是错误的；道德的真正解释，在老子的学说就是四个字，也可以说是六个字，那就是"道生之，德畜之"。所谓"道"给人生命，给人安全，是生生不已。"德"能够养育万物，养育众生，所以"万物莫不尊道而贵德"。"尊道"是尊重他的体，"贵德"是注重他的用。这是老子指出来的体与用的重要性。

他又强调："道之尊，德之贵，夫莫之命而常自然。"他说这个道为什么那么可尊呢？尊者尊重也，高也。这个道是那么高远，那么伟大，那么了不起！"德"是由"道"发出来的用，又是那样的宝贵。这一切是谁做主的？上帝吗，菩萨吗？还是阿拉吗？到底哪个做主？"夫莫之命"，其中生命的根源，不可说不可明！不能用人世间功利思想的看法解释。那是自己本身的一个力量，是至善"而常自然"的。

千万要注意，所谓自然，不是近一百年来所谓自然科学的那个"自然"，现代自然科学的"自然"，只是借用了老子的自然名词，而叫作"自然科学"。在老子时代，根本没有什么"自然科学"这些名词。老子的自然，是他所创的一个名词，含义就是：本身当然如此，也是必然如此，不需要另加解释的，就叫作"自然"。所以他说"道之尊，德之贵，夫莫之命而常自然"，没有另外一个人做主，没有另外一个力量，没有谁的命令，是道本身有如此的功能。

天地自然的道德功效

观察宇宙万有的现状，“道生之”，就是一个生命，“德畜之”，其功能生生不息。刚才我们比方“道”像种子，“德”比为土地肥料等，“长之育之”，让它生长，好好养育它；“亭之毒之”，亭是个形容，站起来亭亭玉立。“毒之”不是把他毒死，古代的毒字就是治的意思，是政治的那个治字，有治理、修理的意思，是自然而然修理。到一个原始森林里去看，那些高大的树木，遍布山上，进去以后，暗无天日。从开天辟地以来，没有人修理过，可是树与树之间的枝叶，自然修理得好好的，相互避开不重叠。我要生长，它也要生长，所以两不妨碍，相互让路，这个就是“亭之毒之”。

“养之覆之”，保护它，养育它。天地万有生下来，自然蓄育了很多东西，一只鸟，一条虫，都自然地活下去，各有自己的生命功能。不是上帝帮忙，而是那么自然地活下去，也是自然的道理。

但是最后归到形而上的道体，我们看这个天地道体，“生而不有，为而不恃”，这个天地宇宙，生了万有，都没有将任何一样东西收为己有。一切自然地生起来，又全部交给天地，并不一定交给我们人类，不过人类自私把它占有了。人类自认为是万物之灵，猪嘛，该给我们吃的；牛嘛，笨笨的也应该是给我们吃的，所以人类很坏。天地虽生万有，并没有想占有任何一点东西。

“为而不恃”，这个伟大的天地，生长了万有，那么大的功劳，他没有傲慢，没有认为功劳很大，你们都得听我的；也没有说，上帝来传道，拿把刀对人说信则得救，不信就杀了你。这一套不是天道，虽然天地万有这么大的功德，自己没有自恃的心理，没有自傲的心理。

“长而不宰”，他只帮助万物的成长，不做万物中任何一物的主宰，他不出主意，而让你自己生，灭掉死掉也是自灭，他也没有害你。他希望你能够生长，可惜的是人找不出自己生命的道理。虽然你自生自灭，以后他又会再把你生出来，永远这样生生不息。

“是谓元德”，这个“元”就是“玄”，原来古书就是玄德，三国时蜀汉的刘备号叫玄德，就是从老子这句话里来的。古人取名字很费心思的，需要很多书本上的学问。刘备的备字，就是取自老子这一篇，意思是万物具备，他的别号就取“玄德”两字。取这样的名字，等于告诉刘备，在这一生中，随时要了解自然物理“道”与“德”的功效，要时时刻刻自勉自励，处理自己的人生，同时要自己修身养性，自己的生命就可以把握得住了。

第五十二章

天下有始，以为天下母。既得其母，以知其子；既知其子，复守其母，没身不殆。塞其兑，闭其门，终身不勤；开其兑，济其事，终身不救。见小曰明，守柔曰强。用其光，复归其明，无遗身殃。是谓习常。

回归宇宙的根源——天下母

本章等于上经第二十二章的结论。第二十二章最后说，“诚全而归之”，就是全归，归到那里。同时第二十章曾说：“我独异于人而贵食母”，假如依文释义，“食母”翻译成白话为“吃母亲”，人怎么可以吃母亲呢？世界上有一种鸟，还有一种兽、一种昆虫，生下来就会把母亲吃掉，人骂它们是坏东西。其实人也吃母亲！生下来就吃母亲的奶水才长大的。现代有些母亲没有奶水，拿牛奶来替代，反正这还是母亲喂，还是食母。

老子要我们了解“食母”的重要，母亲这个母，还是有形象的，我们生命本来的母，就是来源的意思，后来禅宗就叫作本来面目。你要把这个生命本来的根源找到，才算是找到了食母，那就可以长生不死了。所以第二十章有食母的作用，第二十五章里也有“可以为天下母”这句话，就是母亲这个母。在佛法里也有关于佛母的说法，如准提佛母。所谓母，并不是说这位佛菩萨是女的，而是生命的根本，是指来源、根源，因为万物都是由母体而生。

我们先了解了母字的意思，再说明老子这一章。“天下有始，以为天下母”，这段文字也很难解说，它的意思也不易懂，他说“天下”——这个宇宙间，就有一个根源，万有本身最初的那个东西，就是形而上的本体。本体发动了，就是“有始”，这个生命的根源，老子给它取一个名字叫作“天下母”，万有都是他所生出来的。所以先要把这个根源找到。“既得其母”，找到了根源，“以知其子”，就认识他的儿子了，儿子是妈妈生的，找到他妈妈，自然就认识他的儿子。换言之，先找到根本，把生命根本找到之后，就可以了解自己现有的生命，以及生命成长的这股力量，这也就是他的子。

后来道家所谓的炼精化气、炼气化神，就是由子而修到母，把后天的生命恢复到先天，修到神仙长生不死的境界。所以说“既知其子，复守其母”，回转来修到原始那个根源的地方。后代学道家的人，有一句名言：“若要人不死，除非死个人。”这多厉害！除非死个人，死掉的是什么人？是死掉自己。所以道家同时有两句话，“未死先学死”，没有死以前先学会死；“有生即杀生”，有一点生机你要把它杀掉。什么是未死先学死？因为修道的人就是死不了后天的心念，大家打坐呀用功呀，都是刚才说过的以功利主义求效果，赶快求一个成绩出来，自己快得神通，快得智慧，要赶快怎么样怎么样。自己认为已经修了三年了、五年了……像这样心念不死，便永远修不成功。所以“若要人不死，除非死个人”，要把现在自己活着时的心念死掉，连修道求道之心，都清净下来，才可能找到生命的那个本来。至少要像老子所告诉我们的，不找妈妈找儿子也可以。

上经说过要回到婴儿状态，所谓“专气致柔能婴儿乎”，老子下面也讲到“骨弱筋柔而握固”。换句话说，就是身体柔软到像没有骨头一样。如果用指头去捏，太用力都会捏碎的。婴儿筋骨柔软，跌在地下也不会受伤，因为他全身上下内外柔软，没有抗拒，纵损一点皮肉，也不像成年人或年老的人，跌倒了非住医院不可！因为精气神，多半已经消散了。“既知其子”，再回过来观察婴儿，他没有是非观念，没有好坏观念，没有善恶观念，也没有苦乐观念。他肚子饿了会哭，一边笑，一边哭，一边吃，三件事一起来，没有用心，一切都是自然的。

至于“母”，婴儿在母胎里的情形，浑然一体，即老子所讲的浑然。大家拼命打坐修道，能不能做到浑然？“复守其母”就是这个道理，能够知其子，又能够“复守其母，没身不殆”，终身到老都没有问题，没有危险了。换句话说，就是不可能有死。

如何减少生命的消耗

假如做不到怎么办呢？老子在这里告诉我们一个修道的方法；“塞其兑，闭其门，终身不勤”。兑（☱）是《易经》上的卦名，“兑上缺”，下面两横，上面一横的中间断缺为二，这是兑卦。“兑为泽”是水，代表海洋，在人体是嘴巴，是有漏洞有缺口的地方。老子说打坐修道的时候，嘴巴闭起来，不要讲话。人身上不止一个缺口，共有九个缺口、漏洞，所以全身都要把它严密关闭起来，就是不要漏气的意思。道家有两句话，“开口神气散，意动火工寒”，一个道家的修行人，常沉默寡言，因为他要保守元气！“塞其兑”，实际上“兑”也并不完全指身上的开口处，也指心理上的渗漏。不管是生理或心理上的渗漏，都要把它圆满起来，眼睛耳朵都要全都封闭起来。

“终身不勤”，从文字表面上解释，偷懒的青少年们，似乎可以把这句话拿给父母看，推说这是学老子的“终身不勤”，所以不必读书做事了。“终身不勤”并不是勤快的勤，而是形容一辈子不会忙忙碌碌，始终是从容不迫的；也就是《大学》《中庸》

所讲的中庸之道，为人处世从容中道的“终身不勤”。

“开其兑”，一个人活着时，拼命消耗自己的生命，九窍漏洞统统打开，“济其事”，整天忙忙碌碌，一辈子为人世间事务忙。这样一来这个人就“终身不救”，救不了啦！消耗到完了为止。

“见小曰明，守柔曰强”，一个人真正要恢复自己的本来，发展自己的生命，就不要把自己的精神消耗在后天的世事之中。我们这个身体的生命，像节干电池一样，充电并不多却消耗得很快，一下子就干涸了。“见小”是如何减少耗用，“曰明”是保养得好，慢慢就变成了一个大的光明。要用得吝啬一点、减省一点，才能保持这个身体的长远存在。宇宙给你的生命就是充电，抓得住，慢慢充了电，光明就大起来。修道以前，虽然看起来光明很小，最后成就了，能用出来的则无比的大。“守柔曰强”，保持“守柔”的结果，一切柔软，脾气情绪都平复下去，达到所谓温柔的境界。“守柔”到极点就是坚强，这个生命就永远持续下去了。

“用其光，复归其明”，说到光，就要谈到我们人的眼睛。我经常说，现在的灯光太过强烈，老在这种强烈的灯光下读书，两个眼睛鼓起来像电灯泡一样盯在书本上，每个人眼睛都读坏了，会成为高度的近视。我们当年读书哪有什么电灯！最初电灯来的时候，乡下人还拿个火柴去点火，奇怪怎么点不亮！那时都是点清油灯，后来点煤油灯，叫洋油灯。小小的洋油灯那一种光度，和现在牛排馆、咖啡馆所用的蜡烛一样这么一点点，所以现在看到这种灯特别亲切。在这种灯下面看书，或者看小说，眼睛并没看坏。现在年轻人眼睛是看书看坏了，因为不会“用其光”。

我经常告诉大家，看书不要盯着书看，要把书放到前面，用眼睛把书的字拉回，在脑子里面反应过来。比如自己就是个录影机，最后把书一合，这句话在哪一页、第几行，那个印象就已留在脑中了。所以读书最重要的是“用其光”。就算现在已经近视了，如果晓得用光，眼睛看东西时，用意念把物象拉回来，近视就会减轻。眼光愈向前面直射，愈会伤害眼睛。

许多戴眼镜的近视朋友，看起来很吃力。眼睛鼓得好大，像个探照灯一样外射，这个眼睛当然愈来愈坏。正确的看法，像看电影时，眼睛半开半闭，让电影的画面影像进来，看完了也就晓得了；充其量，爱哭的跟着电影哭一场，可笑的就笑一笑，过去就算了。所以，不要把眼睛瞪着，眼神投到银幕上去盯住看，那个物理的电波光波的刺激，会把眼神经都破坏了，脑子也不灵光了，思想也不灵光了，反应也笨。戴眼镜的人，反应都是这样迟钝，这就是告诉你们“用其光”的道理，是要把这个光返照，回转来照到自己里头去。

“复归其明”，这是真实的，把老子的这句话紧紧把握住，认真去做，近视眼的同学听我说《老子》也听了几个月，不能白听啊！这个方法不妨试试看。只有几个字“用其光”，看东西尽量少像探照灯一样直射出去，要把物的形象收回来，把一切光芒的影像吸收到自己的眼神经里去，慢慢你的视力、脑力、聪明、智慧会恢复过来，这样才会“复归其明”。

“无遗身殃”，如果不晓得用其光，那是跟自己找麻烦，制造痛苦；如果用其光，不但眼睛好了，而且还可以修到长生不老之道。“是为习常”，老子上面定了一个名称，叫作“玄德”，现在他又定一个名称叫“习常”，就是经常练习的意思。练习什么呢？练习复归那个永恒生命的本来。

第五十三章

使我介然有知，行于大道，惟施是畏。大道甚夷，而民好径。朝甚除，田甚芜，仓甚虚。服文彩，带利剑，厌饮食，财货有余，是谓盗夸，非道也哉。

接受布施的严重性

本章也是上经第二十三章的道理。第二十三章中有一句，“飘风不终朝，骤雨不终日”，飘风就是狂风，来得快去得也快，狂风、台风，不会整天整夜地吹。狂风往往到了中午就停止一阵，就减弱了，所以狂风来时不会终朝，这是势也。因此人要懂得人生，当你发财的时候，连续发上几年财，就要赶快收手，金盆洗手还可以享受一辈子。倘使企图永远发财，那么“飘风不终朝”，这社会的钱都给你赚了，别人怎么办？世事就是旋转性的，所以说“飘风不终朝”。

“骤雨不终日”，夏天的雷雨是骤雨，不会下一整天的，一两个小时就过去了，否则就变成了水灾。这是第二十三章所讲的道理，也就是物理正反的必然道理。

懂了第二十三章的这一道理，于是“使我介然有知，行于大道，惟施是畏。”什么叫介？中国字“人”字下面一直为“个”字，两直为“介”字，就是一个人站在那里的两只脚立正的姿势，顶天立地，上顶天下通地。他说要想介然顶天立地地站住，真正的智慧是“行于大道”，做一个光明磊落正直无私于天下的人。但是“惟施是畏”，施是布施，要知道布施是可怕的。为什么可怕？因为天地生成了万物，布施给我们；换句话说，人是靠天地万物，靠国家社会，靠大家的布施而生存。尤其现代都市的青年们，有几个人下田种过一颗米？却嫌电锅煮的饭不好吃；有几个人做过一件衣服呢？还嫌衣服穿得不舒服。吃穿都是人类众生给我们的恩惠，我们接受了一切的布施，而我们并没有还报，这就是可怕的道理。

所以说真正的道德是付出，不希望收受进来；可是人之所以没有道德，是因为他们相反的想法，不能介于天地，不能给天地什么，只是接受。人都是接受父母的、家庭的、社会的、国家的，自己的生命才能活着。我们自己反省有何德何能！给社会、给国家、给别人的是什么？什么都没有！所以“惟施是畏”，要警觉这个道理，随时有恐惧之心，检查自己生命的意义何在。

爱抄小路取巧自利的人们

下面讲历史哲学，包括社会人类的通病。“大道甚夷，而民好径”，大道非常平坦宽阔，但是人却不喜欢走大道，偏爱走小路。过马路不愿到路口人行道，觉得太远了，要走捷径。看看两头，就从快车道跑过去了，算不定被车子撞死了。都市如此，农村也是一样；上山有条大路很平，而登山的人，偏偏喜欢另走一条小路，所以常常发生山难。

这句话的意思，是说人们都喜欢用小聪明，就拿写文章来讲，大文章写不出来，小文章人人都写得好。一些人往往批评别人的文章“不过如此”“狗屁不通”；如果让他自己来写写看，半句也写不出来，都是眼高手低。看到别人做任何事都不好，好像自己做得最好，真让他做又真不行。许多人批评炒菜也是一样，大师傅做的菜什么都不好，不是酱油多，就说盐少了，而他自己连炒个蛋也炒不好。所以“大道甚夷，而民好径”，人们就是喜欢玩小聪明，喜欢走这个小道，反而妨碍了自己去了解真正的大道。

历史上有些地区社会，“朝甚除”，朝是指朝廷，官府扫除的甚为洁净，但人民生活不上轨道；结果“田甚芜”，田地没有人耕种，土地荒芜了；“仓甚虚”，财政贫乏，国库空虚，人都没有饭吃，没有衣穿。

以现在的社会来讲，我们一般人只接受国家社会给我们的好处，没有贡献什么给社会，没有办法帮助别人。假使到乡下偏僻的农村去看看，就会发现非常严重的问题，没有人愿意久留农村。很多青年从乡下出来，读到大专毕业，如果要他们回乡，他才不干！乡下已变成“田甚芜，仓甚虚”，只有几个老人在农村，连割稻子也请不到人。

至于那些青年人，在都市中“服文彩”，穿的衣服漂漂亮亮，牛仔裤马仔帽，戴上鸡脚的手套；“带利剑”，还有些人带把扁钻，准备跟人打架；“厌饮食”，好吃的都吃得讨厌了；“财货有余”，有钱的总归有钱，“是谓盗夸”。他说，这个是真正的土匪，剥削了自然的道德，违反了道德原则，“非道也哉”，这不是“道”的道路。因此道家的思想同佛家的思想一样，要布施出去，不是要社会帮助我们，而是希望我们能帮助社会；不要人家贡献我们，而是希望我们能贡献给人家，这就是道德。

第五十四章

善建者不拔，善抱者不脱，子孙以祭祀不辍。修之于身，其德乃真；修之于家，其德乃余；修之于乡，其德乃长；修之于国，其德乃丰；修之于天下，其德乃普。故以身观身，以家观家，以乡观乡，以国观国，以天下观天下。吾何以知天下然哉？以此。

善于把握生命的中心则不辍

这一章的每句话，如果发挥起来，都有很多历史的资料为例证，也是很多做人做事的榜样，我们这里只讲原则。

"善建者不拔"，一个真正会建筑的人，插一个棍子在地下，别人也拔不掉。依我看来，除了老天爷建了一座山在地上，别人永远拔不掉之外，世界上没有拔不掉的建筑物，当然也没有善建者。真正能够建立而动摇不了的，那是一句话，它包括思想方面、道德方面、精神方面的一项真正的学问，一个真理。像老子本身就是"善建者不拔"，他的道德思想，后世经千万年不衰。多少人研究他，多少人企图推翻他，但是推翻不了，也动摇不了。

孔子也是一样，建立了一个道德的基础标准，摇撼不动。所以只有他可以称做圣人，只有他可以与天地并存，就像天地建起来了一座喜马拉雅山，建筑了一座阿里山，没有人可以拔动这个物理世界。所以，只有道德文章的建立，不是别人能够动摇的，这就是"善建者不拔"的道理。用之于做人做事，用之于创业，就要有高度的智慧，能建立一个东西，绝非他人所能动摇得了的，这也是“善建者不拔”的道理。

“善抱者不脱”，真会抱的人，把东西箍住了，怎么样都脱不了身。那是什么样的善抱？爱情就是“善抱者不脱”，感情这个东西就是善抱的，把你抱住了，你一点办法都没有，因为你解脱不了；真能解脱的话，那就成仙成佛了。从另一个角度来看，老子也告诉我们，对于一个道德观念，一个真正的真理，就要牢牢抱住，绝对不要放弃。如果对于道德的真理，热心一阵子又休息一阵子，有时懒有时又反感，那是因为自己没有真正把握到道德的真理，当然就不是“善抱者”。

“子孙以祭祀不辍”，懂了“善建者不拔，善抱者不脱”这句话，好比懂得了一个秘诀，把这秘诀用之于做学问、修德业，或随便做什么，都会受用无穷，可以立万世之功，建千秋之业，即所谓“子孙以祭祀不辍”，永远留之于后世。我们以几位宗教的教主来讲，老子、孔子、释迦牟尼佛、耶稣、穆罕默德等这些人，都是“善建者不拔”。他建立了一个东西，一个道德的规范、思想的标准，可与太阳同存，除非太阳爆炸毁坏，否则他们的教化永远存在。

我常告诉青年同学们，一个人的事业，有的甚至是终身事业很成功，一生有钱、有声名、有地位、有权力，但是，最多十年二十年，过去就没有了，最后连人都看不见了。比如说，我们随便提一个问题，唐太宗的姓名是什么？如果在电视节目里问，观众立刻作答，也许三分之二以上可以答出来，至少有三分之一已经把他的姓名忘记了，而他当时却威风了几十年。

再看另外这几个人就很不同了，那是释迦牟尼、孔子、老子、耶稣等人，放弃了这一世的一切，建立千秋万代的事业，只要地球、月亮、太阳这三个在运转，他们的事业就永远存在，这是“善建者不拔，善抱者不脱”，谁也没有办法摆脱他们建立的规范。随便你讲了多少道理，他们的影响力始终存在。即使是反对他们的学说，看了就不喜欢，实际上反对者已经受了他们的影响。这个就是“子孙以祭祀不辍”的道理，千秋万代永远不朽。

佛家经常用的两个字“解脱”，千秋万世求“解脱”，可是一般人永远解脱不了。老子为什么特别提出来“善建者不拔，善抱者不脱”呢？这是同上经第二十三章差不多的道理。单独来看，第一个观念是“善建”，就是说，一个东西造得坚固之极时，就永不能改变，永远不会动摇。第二个是“善抱”，前面已经提到过，“天地万物，负阴而抱阳”，宇宙间只有阴阳是两个正反的力量，彼此互相在摩荡，互相在关连；这两个力量和向心力离心力一样，也像手背手心一样，永远箍在一起。

由这两句话，也使我们了解到，要把生命的中心把握住，才能不生不死。讲到负阴而抱阳，以我们一般人本身的阴阳来说，像气与血、精神与肉体，这都是阴与阳。我们平常不能互相抱元归一，都是因为阴阳不均衡、不调和，因而慢慢消散，消散就导致死亡。如果阴阳相互均衡，平常稳定不变，便可以脱离生死的变异现状，即所谓长生，也就是“子孙以祭祀不辍”这句话。把握住了“善建”与“善抱”这两样事，则后代的子孙永远延续下去，也就是生生世世生命绵延不休。

绵延不辍的道理老子没有说明，究竟是讲心理行为道德，还是身心做功夫的行为，老子没有明说；但也可以说这两方面都有关系，含义很多。下面再加以引申解释。

修身　修家　修乡　修国　修天下

“修之于身，其德乃真”，要使自己这个生命能够永远存在，必须懂得“善建者不拔，善抱者不脱”。怎么样是“善抱”？“负阴而抱阳”。怎么样是“善建”？这个我们要去研究了。任何的建立，没有不被破坏的；例如建造一幢坚固的房子，终究还是要毁坏的，物理世界没有任何东西能保持永远的，抱住的东西最后一定也要放开。什么是破坏不了的？什么是抱住解脱不开的？只有“无为之道”，清净无为，这就是道体。道体永远是不拔的，永远在那里不动。

打坐修行，学佛修道就是修身，“修之于身，其德乃真”。但是，修身不是建立一个东西，所以在观念上，不能认为做功夫打坐就有道，不打坐就没有道。如果坐就有，不坐就没有的话，这是建立了一个东西，所以不算是修身，“其德乃真”是道体合一，在佛家而言，就是如如不动，本来如此的。

“修之于家，其德乃余”，这个道理发展到做人做事，乃至修身齐家，老子的本意，也是以道治，而不是绝对的无为。

西方亦颇有人研究道家文化，尤其是《老子》及《易经》的思想，目前在欧美正流行。不过他们最多只是“依文释义”地了解，未必就真正懂得老子道家的精神。曾经有人来信告诉我，说犹太人看见孩子打架，跌倒在地上，绝不去拉开打架的孩子，也不抱起跌倒的孩子，因为他们学老子的“无为”之道。表面上看来，道理似乎也没有错，但是犹太人这样的“无为”，实际上是有为；两个孩子已经打架了，已经跌倒了，早就有为了。什么是“无为”？“无为”是讲事情现象发生之前，不是讲发生之后；在已经有所行动时，就不能说是无为，因为已进入有为中了。老子的“有为”的道理，是要回归到“无为”，那才是老子之道。

说到治家之道，我们中国人过去是不增不减，保持着祖德阴功；对于祖先的德泽，不敢随便有所变动。这样的观念习俗，使我们的文化几千年来固定在一个形态上。以现代的理论而言，这也是我们几千年来没有进步、没有发展的重要原因。凡事有利就有弊，以老子的观念来看，与其求进步，而于进步后再去修正那些负面效应，还不如永远没有毛病，也不需要修正，所以它永远是固定，永远是常态。

表面上看起来，这同社会进化的现象相反，实际上原理是一样的，因为进步是渐变，不是突变，是慢的进步，可以减少负面作用的产生。

所以他说“修之于家，其德乃余”，以这个无为之治，“善建者不拔，善抱者不脱”的精神与原理，来修身齐家，家庭自然得幸，这个道德行为的结果是“乃余”。这个“余”字，要特别注意，我们中国很多古老的家庭，在厅堂或大门前悬挂的匾额是“家有余庆”。还有一些地方的习俗，在除夕或喜宴时，最后一道菜一定是鱼。此时客人酒尽席散，绝不吃那个鱼，意思是要留给主人，表示主人喜庆有余（鱼与余同音）。那是以前的事，当然现在一定把鱼吃光了再说。

这个古老的风俗，是一项重要的居家之道，目的在教育后代，如何把这个精神道德建立起来，传给后代的子孙。因为道德积余比财产积余价值超过千万倍；道德的余庆，才是真正的“家有余庆”。余庆就是剩余下来可庆的道德阴功，但是如果求有余，就必须省用少用；与其省用少用，更不如不用，都给后人。所以说无为之道，就是“善建者不拔，善抱者不脱”。

这个道理扩充下来，就是“修之于身，其德乃真；修之于家，其德乃余；修之于乡，其德乃长，修之于国，其德乃丰，修之于天下，其德乃普”。这几句的真、余、长、丰、普，字虽不同，道理都是一样，也就是修身、齐家、治国乃至平天下。由扩充个人的道德修养，影响到家庭乡里以及社会；更提升社会道德，影响到国家，使这个国家欣欣向荣；再以这个道德精神修之于天下，整个世界才可能进入普遍道德的和谐。

由这些发现一个事实，儒道两家分家是秦汉以后的事，在秦汉以前的历史纪录、学说著作中，儒家是讲修身、齐家、治国、平天下；现在我们读了老子这一章，发现也是同样的观念。所以儒道在秦汉以前本来是同样的路线，只不过所表达的方式不同而已。这里就是告诉我们如何修身，如何齐家，如何治国，如何平天下。接着，老子在下面从另一个角度，说到人的智慧，以及观察一件事情，该从什么地方入手。

以观身到观天下

“故以身观身，以家观家，以乡观乡，以国观国，以天下观天下。”读《老子》是读活的书，上古人们的智慧，是从生活经验来的。生命的道理是“以身观身”，从自己身体里面的道理，来观察自己，找出一个真理。所以重要的在一个观字。

这个“观”，在《老子》上经第一章、第十六章及第廿六章都曾提到；特别是第廿六章“虽有荣观，燕处超然”。这个“观”字，读音近于“灌”。我们中国字有两个很妙的，一个是“寺”，佛家称出家人住的庙为寺；另一个是“观”，道教的庙子叫“观”。实际上“寺”与“观”这两种地方，在中国上古文化中，是政府机构的所在地。佛教在汉明帝时传入中国，当时有两个印度和尚前来，汉朝的政府把他们安置在白马寺。那时白马寺并不是和尚庙，而是政府机关，像现在的国防部，或联勤总部或外交部所属的一个招待所。直到清朝，政府机构中还有“光禄寺”与光禄寺卿这类名称的官职。因为汉朝最初安置印度和尚住在白马寺，后来沿用下来，和尚住的地方便称做寺，道家的庙宇称做观。唐朝开始有了道教，道教的寺庙便称为观。

古代的一种建筑叫作观，我们读《礼记》，都知道其中有《礼运·大同篇》，这是孔子在参加一次重大祭典后所产生的。祭祀就是在这个“观”的建筑物里举行。大典后，孔子对于历史发生很大的感叹，于是他在这观的走廊中，产生了大同思想。《老子》上经第廿六章所讲的“虽有荣观，燕处超然”，是说生在最好的环境时，不要被环境所惑，要超脱于环境之外；纵然有功名富贵，生活优裕，居华屋，多财富，但不可被这些物质所困。这就是“虽有荣观，燕处超然”的道理，“燕处”就是平常都要有一种超于物外的心情。

现在讲到“以身观身”，这个观不是荣观，荣观之观和这个观身之观是不同的。观身是观察的观，是省察的意思，身体怎么能够观呢？我们看到学佛学道的人讲究打坐，要眼观鼻，鼻观心，这又是怎么个观呢？所谓眼睛看着鼻子，看着鼻尖，集中两眼的视线在鼻尖这一点上，久了有些人会变成斗鸡眼，血压也高了，神经也搞坏了。至于鼻观心，鼻子没有眼睛怎么去观心？除非打坐把头埋到胸口，鼻子才观得到心；如果这样，那就糟了。道家所说眼观鼻，鼻观心，是一种影像，这个“观”字，意思是“贯注”，一种在意识上的贯注，由眼睛下来对着鼻子，鼻子对着心窝，一直贯注而已。并不是打起坐来弯腰驼背，闭上眼睛，自认为这样叫打坐，就是老僧入定。那是非常错误的，所以对于这个观字要特别注意。

这里所讲的观，照佛学方面的解释，就是“观照”的观。道家修道的书上有一句话，“内照形躯”，是注重内照的意思。所以说道家的修道方法，不能说完全不对，不必为门户之见，把他人否定。

修道的四个字，就是“收视返听”，把我们向外面看的视线收回来。现代的青年学生们，为了应付联考拼命读书，读成近视眼，因为两眼睛张开，像手电筒一样，往外放射，注意书本，结果书没有读通，眼睛都读坏了。读书要有“收视”的观念，把精神从视线中收回来。“返听”，耳朵不向外听，把声音像录音机一样收录回到里面来，也就是说只收听外面的声音，其余的声音听不见。普通一个人，一定把耳朵对着外面去听别人讲话，修道的人则不是，而是使别人的话音，自然回入耳内。看光的道理也一样，是使外面的光线自然回到自己的眼睛里。“收视返听”的修道功夫，就是这个原则。各家各派的打坐修道，佛家叫作“观”或“照”，也就是道家这个“收视返听”的道理。

“以身观身”就是收视返听，如果能够做到收视返听，自然会“内照形躯”。所以有许多静坐很好的人，眼睛一闭眼光向内照。所谓内照，就是精神内敛，精神收敛时，身体内部血液流行，自己都看得清楚；内部哪一点有了毛病，或没有毛病，也看得很清楚。当然很少有人能够做到这样，但做到这样也不是了不起，不过是静坐的初步，也就是“内照形躯”的初步而已。

生命如何走向结局

做到能够“以身观身”，就可以发现自己的生命是如何走向衰老，如何走向死亡，看得很清楚。所以由自己个人以身来观身，发现了生命修养的原则，然后再观另外的人，观天下的人。天下人真可悲，因为天下人多数都把生命无尽的功能，急速地消耗，莫名其妙地去做无谓的牺牲，无谓的消耗。所以，人要能够真正“以身观身”，接触生活的实际，才可以找到生命的本源。

“以家观家”，要了解家之道，如何可以齐家，要观察自己家庭本身兴衰之道，洞察先机；再观察社会上每一个家庭，每家人的道德行为，就会发现都有必然的因果律。

同样的道理，“以乡观乡，以国观国，以天下观天下。”有大智慧的人，对天下国家的未来，究竟怎么样变，不需要迷信去问什么鬼神，只要用智慧去观察，“以天下观天下”就很清楚了。

另外是道家老子之后的庄子，也讲过一句话“藏舟于壑”，船本来在河海中航行，以为把它藏在山谷，这条船便永远保存住了。但藏在山谷还是靠不住，因为“有力者负之而走”，有一个巨大的力量，可以把船搬走。他说最好的是“藏天下于天下”，就等于说，把虚空藏在虚空里，就永远不会被人偷走了。但是把天下、把地球藏在虚空里，你认为藏得很好，假使地球是由一个造物主造出来的，仍是有力者负之而走，说明这个地球始终有另外一股力量在转动，没有任何东西可以把它固定不动。比方说，你把钞票藏在铁柜里头，好像藏得很好了，抢匪连铁柜都一起搬走了。世界上的东西都是这样，你把一个东西藏得极好，另外有一个不可知的力量，在你藏好后，整个的拿走了。

这个力量是什么？是生命的本源。所以我们现在讲到“以天下观天下”，以天下事情观察天下，才能够懂天下；以家庭来看家庭，也才能够懂得家庭；以生命来研究生命，才能真懂得自己真正的生命。老子讲到这里，又说“吾何以知天下然哉”？我怎么会明白天下的道理，何以知道一切所以然呢？他说我没有其他的巧妙，只有一句话“以此”，此就是用这个，用什么呢？就是前面所说的，“以身观身，以家观家，以国观国，以天下观天下”。统统观察清楚以后，真正的生命自己才会有把握。能够做到的人，都怕建立一个东西，因为能建就会坏，把握住一个东西、抱住一个东西就会失掉，这都是人生通常的情况。

可是人很可悲，总希望有一个东西可以抱住不掉，建立起来不会毁坏，可是找不到这么一个东西。这是什么？老子没有直接讲出来，不过刚才已经提过什么是无为之道，就是不建。不建立就不怕拆掉，不把握它，它永远站在这里。他又反过来告诉我们，这个又不建立、又不把握而永远存在的，到底在哪里呢？是在你生命本身本就具备的，只是你找不到。怎么样去找它呢？“以身观身，以乡观乡，以国观国，以天下观天下。”你的生命的本位，就具备了无比的功能、无上的道；道不是向外求，而是在于你本身。这就是“吾何以知天下然哉”？我怎么晓得天下有这么一个必然的道理呢？就是用本身看本身这个方法，就找出来这个真理了。

本身观察这个本身，好像没有什么了不起，可是我们仔细一想，却发现真的很了不起。有很多修道、学佛、打坐、做功夫的人，试问到底在那里干什么？都没有返转来找自己；如果向自己里头去找，禅宗所讲的豁然而大悟，就完全贯通了。老子也就是说明这个道理。

下章接着再发挥以身观身的道理。

第五十五章

含德之厚，比于赤子。蜂虿虺蛇不螫，猛兽不据，攫鸟不搏。骨弱筋柔而握固，未知牝牡之合而全（朘）作，精之至也。终日号而不嗄，和之至也。知和曰常，知常曰明，益生曰祥。心使气曰强，物壮则老，谓之不道，不道早已。

纯厚自然的赤子

这一章也就是上经第廿五章的引申说明。上经第廿五章说了一个原理，说“人法地，地法天，天法道，道法自然”。但道所效法的是什么“自然”呢？这是由“以身观身”而来的，但“以身观身”，又是如何呢？

“含德之厚，比于赤子。蜂虿虺蛇不螫，猛兽不据，攫鸟不搏”，这就是“以身观身”。以人的生命而言，上经第十章讲过“专气致柔，能婴儿乎”。后来练太极拳的人，大家也用过这两句话标榜，不过，要真正练到“专气”，那是一股先天的元气，是混然一体的。

人的元气不是有形之气，可是现在练拳的人，拼命把空气吸进来，好像轮胎灌气一样，那是大错特错。所以有些人太极拳练得不阴不阳，云里雾里的，练得毫无道理。真正的“专气致柔”，是先天之气充满了，最后达到了忘身，只有一股气团；那个气团柔软到极点，真正的筋骨软了，像软面团一样。实际上，筋骨摸上去仍是硬得很。有些练拳的人，故意装得软软的，好像要睡觉那个样子，就叫作“醉八仙”或“罗汉塔”，像是喝醉了酒一样，但那根本不是元气。

老子所说的专气致柔，柔到什么程度呢？天下最柔的人体，就是刚刚生下来的婴儿，古书上叫作“赤子”。为什么叫“赤子”呢？刚出生的婴儿，全身是红通通的赤色，所以叫赤子。赤子全身都是血色，使人感到不敢抱，练过拳的人更不敢抱，因为赤子像是一堆豆腐一样，生怕会碰破他。“含德之厚”，讲道德修养做功夫，就像是做到赤子这个境界。佛家说入定的人，是不能叫他的，也不准碰他，更不能拉他，古代有很多这方面的记载。真正的入定，并不是打坐时闭起眼睛睡觉，而是像赤子一样，如果拉他的手，可以把他的手拉出很长，他自己并不觉得奇怪，骨节的柔软会到这个程度。但是把他的手放了，又会慢慢地缩回去。不过出定以后，他的手一定酸痛，而且还要再修炼才能恢复。

“含德之厚，比于赤子”，一般婴儿的心理，是没有是非观念，没有善恶观念，没有好坏观念，没有香臭观念的。不论坏人好人来逗他时，他一样都笑，因为婴儿没有后天的分别意识。对于赤子，据老子说“蜂虿虺蛇不螫”，这些毒蛇猛兽，像蝎子、蜜蜂、四脚蛇、毒蛇等，爬到婴儿身边，也不会咬，只有极少的例外。如果婴儿动一下，有些小动物，受惊吓才反攻，虽然婴儿的动是无心的，小动物因害怕就螫人反攻。像蜜蜂飞到我们脸上，停着不动，你不打它，也不赶它，它也不会螫人；蜜蜂之所以螫人，是因为人先有怕它的心理作用。

我曾经在山中走路时试验过，对蝴蝶说：“来！来！”它就飞到我手上站着，还跟着走了半天路，然后对它说：“走吧！走吧！飞走吧！”它就飞走了。那就是感应，生物跟人一样，具备了慈悲、爱心，没有侵害心。其实也无所谓爱心，就是一个自然的生命，与人无争，与其他生物没有利害关系。当小孩子身上停了蜜蜂，便叫孩子不要动，人不动它就没有关系。蜜蜂停在人身上是在做工，希望找到一点汗汁，它只要沾一点汗就飞走了，因为蜜蜂把百花的蜜采来了以后，没有一滴人的汗渗进去，蜜就冻不拢来。像我们做豆腐一样，不放一点石膏下去，煮好的豆汁就冻不拢来。如果蜜蜂来了，你不去打它，它也不会螫你，所以对于婴儿，老子说蛇蝎不会螫他。

其实，吃人的猛兽，对于在它面前的婴儿，也不一定会去吃的。古书上也有记载，婴儿丢在旷野，许多猛兽或者豺狼、老虎，乃至于万兽之王的狮子，有将这婴儿抱回去喂奶养大的事例。可是一个婴儿的尸体丢在那里，猛兽就会吃掉他。

"攫鸟不搏"，空中飞的老鹰，会捉跑得快的兔子，并不来抓婴儿。像西北高原那种红嘴老鹰，专门吃肉的，尤其在四川、西藏一带的高原上，你手提一块肉，如果不用两个碗盖起来，说不定从天上冲下一只大鸟，呼一声就把肉给叼走了。但是鸟绝不抓活人。他说唯有婴儿，"攫鸟不搏"。

婴儿的精之至

"骨弱筋柔而握固"，婴儿的骨头是柔软的，筋也是软绵绵的，什么是"握固"？在佛教密宗叫作手印，道家叫作掐诀。婴儿的手握拳，把大拇指捏在掌心，叫作"握固"。道家有的人打坐就是这个样子，把大拇指握起来，所谓学握固。婴儿生下来手就是这样握着，好像要抓一个东西。为什么那么抓？详细研究起来，问题就大了，可以写一本专论，探讨人的生理医理。

婴儿生下来就握固，手总是那么握，一旦到年老临死的时候，便放开了，表示对这个世界抓不住了。那个时候，"善抱者不脱”，不善抱的就脱了，知道抓不住了。

“未知牝牡之合而全（朘）作”（有的版本用朘），婴儿没有男女的欲念，也没有男女的性别观念，生理的机能是自然发展，而“精之至也”，精是自然出生的。很多学佛、学道、学打坐的人，拼命“炼精化气，炼气化神，炼神还虚”。生命上有限的精虫卵脏之精，虽然也叫作精，但并不是炼精化气的精。许多人做错了功夫，一望而知，这些人不管他学佛学道，理解都不对。从表面上看，不是一脸黑气，就是看得见红光，或者是红中带乌，乌中发亮，亮中发黑。这种情形非常严重，是一种大病相。实际上，这种修行都是在玩弄，给自己找麻烦。因为在身体有形的精虫卵脏上做功夫，再加上用气脉搬来搬去，结果没有不出毛病的。这不是道，这也不是功夫。

什么是精？这一章给我们讲得很清楚，也说到要炼精化气，心理、生理的修养等，首先要看你能不能做到这个婴儿境界。婴儿没有是非心，没有善恶心，不管你喂他什么，他分别不出来香与臭。你说他没有思想，没有感受，其实他知道，只是没有分别的观念，就是佛家常说的“无分别心”，这就是说明婴儿境界的状况。

有人或者说，自己现在空空洞洞，没有分别心。问他是真的吗？他说：“是呀！我现在没有分别心。”这其中早已分别了。分别个什么呢？分别一个“没有分别心”，那也就是分别心了。这是很逻辑的事，可是大家不知道，真到了无分别心，是浑然一体的。老子的话说得很清楚，到了这个境界，才真正是所谓精充满了，这是精神之精。至于什么炼精化气，炼气化神都不谈了，都在精之内，可以祛病延年，长生不死了。只不过，我们人就是太过聪明，做不到如婴儿的境界。

在第五十四章中，老子提出来“以身观身”的修身之道，后世演变为道家的修神仙、长生不老、祛病延年的方法。换句话说，这种修仙的方法，是从这个原理发展出来的。刚才讲到什么是本身的精，也就是精神之精的状况；下面是讲气，人的生命包括了精气神，这三个要分开来研究。

保持气的平和

“终日号而不嗄，和之至也”，号就是哭，这是婴儿的境界，若哭起来，那不是真正的哭。婴儿哭起来很可爱，有时蛮好听，因为那是号，没有真正从喉咙里哭，没有把声音哭哑了。这个嗄字，是声音沙哑了。人老了以后，或者有病，声音就变了。一般小孩子唱出来的是所谓童声，但是童声还不是婴儿的声音，婴儿“号而不嗄”，这是说明婴儿气的充沛。气的充沛就是精神充沛，气保持着平和，没有情绪激动，没有动妄想，心境永远是平和的。所以叫作“和之至也”，就是《中庸》上说的“致中和”。

“知和曰常，知常曰明，益生曰祥”，这个是神的境界。第一节讲精，第二节讲气，拿婴儿来做比喻。一个真正修道的人，修养本身，是“以身观身”来修持的。第三节是有关养神，这个就很难解说了，也涉及婴儿的心理，除非利用科学的仪器，但也不大容易准确。婴儿的境界，到底有知还是无知呢？绝对有知。但是他的知没有第六意识，这个道理我们只好借用佛家的观念来解释。

生命来之不易

佛家讲三世因果，这个生命光是靠精虫卵脏结合也不会成胎的。成胎要三缘和合，就是三个缘凑合在一起，也就是三个因素：男性的精虫，女性的卵子，加上我们普通所说的灵魂，佛家叫作“阿赖耶识”的种性（种子）。这三个因缘合拢来才构成胎儿。入胎以后呢？这要研究现代的生理学了，因为女性每月只有一两个卵子排出，到了更年期月经停止不再排卵，就是老年了。所谓老年，就是不再能怀胎生育。佛经上经常有一句话：“人身难得，有如大海中盲龟遇浮木”。意思是说，在茫茫大海中很多乌龟，在海中乱游瞎闯，忽然遇到一块浮木，木上有一个洞眼，这盲龟一抬头，刚好把头伸进这个洞里。我们得到一个人身，也就像盲龟遇浮木这样的难得。

现在医学也晓得，一次的精虫排泄，差不多有几亿，只有一个精虫刚刚碰上这个卵子，也就如海上盲龟一样，撞进了洞眼。所以，一个人生下来真是非常幸运，几亿的兄弟姊妹们都失败了，自己幸运成功。我们要认识得到生命之不易，所以要尊重珍惜自己的人生，爱惜自己的生命。

三缘和合入胎以后，在娘胎里的成长，七天一个变化。第一个七天等于是浆糊一样，像一滴豆浆，还没成形。第二个七天才开始生出中间脊髓的神经，由背脊骨开始，像现代医学的精确分析一样。释迦牟尼佛在两千多年前，就讲了人的生命发生过程，七天一个变化，三十八个七天，共二百六十六天，然后胎脏有一股气流，把胎儿倒转来才生下。

欲界下层天的人，头是倒转来向下生的，上层天天人的出生是上升，是从男性的肩膀或头顶上生出来。佛怎么会知道呢？你说他是幻想吗？这个幻想的蓝图太伟大了，据我所研究的，古今中外没有一个学术超过他的范围；而且科学一步一步证明，他的话都是实在的、真实的。

先来后去的生命之灵

至于道家对生命的界定，娘胎以前，以及娘胎在这十个月怀胎中，都属于先天的范围；因为胎儿时期，是靠脐带吸收母体的营养。

胎儿在胎里头，有没有意识呢？没有意识。这个灵魂入胎，叫作第八阿赖耶识，相当于心理状况精神部分，这个生命是由此而来的。佛经所讲第八的“阿赖耶识”，翻译成中文为“含藏识”，含藏过去、现在、未来一切的种性——种子的个性。他这个种子对于生命来说，是“去后来先做主公”的。“来先”，生命开始时最先来，有它即成胎；“去后”，死的时候最后走，所以说是“去后来先做主公”。

我们一般认为生命做主的就是这个东西，但并不是道的究竟，这个就是我们平常所说的“灵魂”。

以人来说，所谓死亡，一般指这个人的呼吸完全停止了，就是断了气，脉搏也停止了。但死亡的情况每人不同，有些人，全身都冰冷了，心窝子还温温的；照佛家的道理，这个人是人中再来，还要来投生变人。有一些人全身都冷却了，但头顶心或稍前的地方，仍是热的，佛家认为会升天。所谓升天，是有宗教信仰的人，或者虽无宗教信仰，一生是好人做好事的善人。

不过宗教也有方便说法，有人虽然上部最后冷却，但是死时面带愤怒，或者眼睛不闭，有愤怒之相，这在天人之中属于“阿修罗道”。所谓神道、魔道之流，也许上升，但上升又有好坏的差别。至于向下面走的，所谓到畜生道、饿鬼道、地狱道的，死后现象都不同。

中国文化依据《礼记》，人死亡了，古礼几千年来的习惯，叫作“寿终正寝”，所谓“正寝”，是家庭中最长辈所住的主要卧室。当人去世以后，要把遗体抬到大厅上停放，这个叫寿终正寝。现在的人，多半死在医院，不算是寿终正寝，应该是寿终某某医院。讣文上写“寿终正寝”是不对的，这也就是我们今天文化的矛盾。在今日许多应酬性的社交文件中，这一类不合理或闹笑话的地方很多很多，这是顺便提到的。

中国《礼记》一书，迄今已几千年，仍极具价值，因为它非常科学。例如人在寿终正寝以后停放三天才可入殓，第一二天当中不准移动。因为有一种病叫作假死，如果三天之内不再活过来，才可确定死亡。有人死亡两三天又活转来，古今中外都有这种事例，有人说这是死后“还阳”，其实不是还阳，而是没有真死。

照佛家的道理，也是这样，被认为死了的人，阿赖耶识尚未完全离开，在全身没有完全冷却之前，不可以移动，也不准碰他的身体，因为这个时候，他虽不知，但是仍有“感受”的。换言之，就是“知觉”的部分没有了，“感觉”的部分仍然存在，还会不舒服、难过。这个叫作“去后来先”的投胎。

婴儿生下来，现在医学很昌明，助产士把脐带一剪断，立即用戴着手套的手，把婴儿嘴里的秽物先挖出来。那个东西叫作胎毒，泥巴一样的气味不好，要全部挖干净，否则婴儿哇一声哭出来，这团东西就吞下去了。许多人身体生来就不好，就是因为口中没有挖干净的关系，这是在胎儿时累积起来的毒垢。我的研究也有很多看法，许多中年人罹患癌症等疾病，与这个胎毒有些关系，这是顺便谈到一点养生的常识。

有许多人打坐做功夫，会觉得某一部分难过，又检查不出病源来。其实没有什么，只是这一点胎毒在里面作祟。做功夫想把胎毒完全排除干净是很难的，所以说，脱胎换骨很不容易。

中国人对于哭的描述有三种形态：有泪无声谓之泣，有声无泪谓之号，有泪有声谓之哭。婴儿那个哭就是有声无泪的，所以叫作号。初生婴儿这一声哭是很难过的，因为他在娘胎时，等于睡在温床里，太舒服了，一出娘胎接触到空气，全身千万毛孔像是十万根细针扎进来那么难过。只可惜婴儿当时不会讲话，后来也记不得，假使同我们现在一样，他一定高喊“唉哟！痛死我了！”婴儿刚出生，只有一点点大，等到脐带一剪断，“哇”地放声一哭，再受到空气的影响，就充沛起来，马上长大不少。

意识的形成

婴儿时期也没有分别意识，婴儿的头顶囟门还在蹦蹦跳的时候，不会说话；等到囟门这个地方长满了，开始说话的时候，后天的思想意识，亦即佛学上的第六意识才开始，分别思想也就慢慢地成长。等到长成像我们这样的老头子，那就是老顽固了，因为意识愈久愈顽固。于是自己意识中充满了“我认为如何”，“我读的书”，“我的思想怎么样……”这个“我”字愈来愈大，这一点我执的成见，就变成了种子。所谓“现行熏种子，种子生现行”，现在的行为思想变成未来的种子个性，而过去种子的个性，又形成自己现在个人的人生。

意识这一部分，在道家来说，是属于精的部分。在胎里的时候，肉体的成长和呼吸，就靠脐带与母亲相连，胎儿意识虽未成长，但“知”性是有的。所以现在医学的研究已经承认，中国几千年前就注重的胎教，是有道理的。人的教育，是应该从怀胎第一天就开始的，中国的古礼，在女性怀孕后，看的书都与一般人不同，看的颜色也不同，看的东西都不同，情绪也要平和，因为都会影响到胎儿。孕母如果心中想着害人，想要整人，那个胎儿已经在里头接受了这个教育，慢慢就形成了个性，所以胎教非常的重要。

胎儿是靠跟母亲相连的脐带呼吸，生下来“哇”一声，嘴巴张开才开始后天鼻子的呼吸。道家说打坐要达到胎息，打坐入定的人，会恢复胎息。但是，胎息并不是肚子呼吸。有些修道家法门的人，专门炼胎息，把肚子鼓气，那就不对了。老子所讲真的胎息是“绵绵若存”，永远像胎儿一样，有一个若存若亡，柔和、微弱的气。

那么婴儿有没有知呢？有知，但不是第六意识；这一部分就是我们现在讲的神。所以道家的分类，有“精、气、神”三个部分。

精气神消耗完的时候

道家后世的观念，认为生命可以自己修养到长生不老，但是要吃三种药，就是道家《高上玉皇胎息经》上说的：“上药三品，神与气精”。每个生命都有长生不老之药，就是精气神，所以要知道如何养精，如何养气，如何炼神，以达到长生不老，也就是老子所讲的“以身观身”。

老子这一章先用婴儿来比喻，先讲养精，修养到如婴儿时，就是“精之至也”，气的修养方面，能达到婴儿般的“终日号而不嗄”，则“和之至也”。神呢？“知和曰常”，就是有一个天然的灵知之性，这个“知”不是意识的知，而是神，神是永远的、恒常的。有时候说，修道明白了就是神，是灵感的发现，神灵的发现，才叫作明白，所以说“知常曰明”。要是真正懂得保养自己，便“益生曰祥”了，就是懂得自己的生命，以及这个精气神，而能祛病延年，也就是人生的大吉祥了。

精气神三个部分都解说明白了，再讲反面的状况：“心使气曰强”，这是我们普通人的现象。普通人为什么不能修到婴儿的境界？都是由于后天的心，强迫消耗自己的精气神，强迫自己变成表面看起来很强壮的样子，实际上是快速消耗自己的生命。强迫消耗精气神的结果，外表似乎精神强壮，但是老子告诉我们：

“物壮则老，谓之不道，不道早已。”天下万物由幼嫩变成强壮，由强壮再转趋衰老，衰老以后就是死亡。这是物理自然的原则。

“物壮则老”，所以生命一到中年，精神、体能、知识，到了高峰的时候，下一步就是下坡了。青年同学们长久不见，再见了面，我说：“忘记你几岁了！”他们都回答：“哦哟！三十八、四十了，马上要走下坡了。”人到了四十岁，这个生命就开始走下坡了。“不道早已”，“早已”翻译成白话，就是快要完了，用文言说来好听一点。老子要我们懂这个原理，如何使自己不要太早完蛋。

这一章连上一章，是说如何“以身观身”“内照形躯”，把握自己生命的精气神的修养，否则“物壮则老，老则不道，不道早已”。

第五十六章

知者不言，言者不知。塞其兑，闭其门，挫其锐，解其分，和其光，同其尘，是谓元同。故不可得而亲，不可得而疏，不可得而利，不可得而害，不可得而贵，不可得而贱，故为天下贵。

修养处世该如何

老子这人很有意思！自己一部五千言的巨著，经常把要紧的话先漏了一些，就如武侠小说一样，露一手，点到为止，又赶快收回去了。第五十五章正讲到要紧的地方，他话锋一转，在这章里自己又批评起自己来了。他说“知者不言，言者不知”，最高明的人，真正有智慧的人，是不说话的。本来不说而又说的人，才是笨蛋，他自己骂了自己。唐代的诗人白居易，作过一首诗：

言者不如智者默，此语我闻于老君。
若道老君是智者，如何自著五千文。

“言者不如智者默”，爱说话的人，宣扬文化，讲经说道，都是笨蛋，同我们一样。言者已经是没有真智慧，真的智者，则缄默不言。“此语我闻于老君”，这话是老子自己讲的嘛！我也是那么听来的。“若道老君是智者”，如果说老子本身真有智慧，“如何自著五千文”，他为什么又写了这本五千字的书呢？他到底是智人还是笨人？这是白居易对他的幽默表达。

现在也不管老子是智或笨，他仁慈地告诉我们修养的方法，“塞其兑”，兑是卦名，兑卦代表了嘴巴，上面有缺口的。老子说修道的人第一要不多说话，要含默不言。关于说话的道理，根据历史的记载，很多成功的人物，多为“沉默寡言”型。但是沉默寡言的人，不是完全不说话，而是少话；一说话就是中心点，很扼要又中肯，这是成功人物的一个特点。至于修道的人，多半完全不说话；所以老子告诉我们修养的方法，要“塞其兑”，就是不说话。

“闭其门”，把眼睛、耳朵，凡是张开的都收拢起来。“挫其锐，解其分”，有些版本中的这个“分”字，写成为纷扰的“纷”。

“挫其锐”，真正的修道，要把思想最尖锐的地方，磨炼成平和。比如有些青年人到长者那里谈道，既然是为道而往，应该说是未曾闻道，而他表示自己对于佛道已经有领悟了。他固然也非常聪明，可是他就犯了一个大忌，就是太尖锐了，聪明也是假聪明！一个真正有修养的人，就是达到“挫其锐”的程度，把尖锐的聪明棱角都磨下去了。“解其分”，这是指心里的妄念，要把分别妄想除掉。

“和其光”，把自己外露的光明收起来；“同其尘”，处世之道，不要显露特别之处，和平常人一样，很平凡，“是谓元同”，这才是修道人的榜样。元就是玄字，修道人必须要和光同尘。这一节和第五十五章都解释了第廿六章“虽有荣观，燕处超然”的道理。这一章主要的说明，不只是修道的经验，也是为人处事的道理。

我们中国文化有个好处，也有个坏处，好处是几千年来，教导后代的，都是叫我们少说话。“祸从口出，病从口入”，这是中国的古训名言。尤其夏天乱吃东西，都是从嘴巴吃进来的，这是

"病从口入"。至于"祸从口出"，就是由讲话产生的麻烦。这个道理，看起来是要培养最高尚的修养；但是从另一方面看，也养成了一个不关心别人的民族性，不管人家的闲事，不大肯帮忙别人。尽管讲仁义之道，在"祸从口出""各人自扫门前雪，休管他人瓦上霜"的教训下，却缺乏慈悲心、同情心。

我们的民族同其他民族相比，我们的民族虽然没有讲个人自由，可是那种自私的心态，比别的民族的个人主义还更厉害。这也就是这个教育修养所产生的流弊。老子在这一章里，告诉我们处世的道理，就是向这个路上走，尽量地不说话，为人处世，要把自己的聪明磨掉。尤其是青年人，聪明不要外露，再把思想上的纷杂去掉，最后和光同尘。

那么什么是做人最高的艺术呢？就是不高也不低，不好也不坏，非常平淡，"和其光，同其尘"，平安地过一生，最为幸福。他说这就叫"元同"。"元同"的道理，用一句简单的话来说明，就是"最平凡"。做人要想做到最平凡，也是不容易的，谁都不容易做到。假使一个人真做到了平凡，就是真正的成功，也是最高明的。

"不可得而亲，不可得而疏"，做到了最平凡处，有这样修养的人，想要特别亲近他，做不到；想跟他疏远也不可能。"不可得而利，不可得而害"，也没有特别的蒙利，也没有特别的受害。"不可得而贵，不可得而贱"，换句话说，没有亲疏，没有利害，没有得失贵贱，永远站在真正的中庸之道，"故为天下贵"。所以修道人的作为，永远是中庸之道，既不高明也不卑下，既不骄傲也没有自卑，没有了不起，起不了，永远是中和之道。

这是这一章的结论，下面他转了一个方向，还是讲道德之用。

第五十七章

以正治国，以奇用兵，以无事取天下。吾何以知其然哉？以此。天下多忌讳，而民弥贫。民多利器，国家滋昏。人多伎巧，奇物滋起。法令滋彰，盗贼多有。故圣人云：我无为而民自化，我好静而民自正，我无事而民自富，我无欲而民自朴。

以正治国　以奇用兵

前面专讲道德之用，而讲到这里，他忍不住，又讲起政治的高明道理来了。

“以正治国，以奇用兵，以无事取天下。”这是政治的三大原则。《老子》这部书的上半部道经，他是反对战争的。他曾说过：“大军之后，必有凶年”，“以道佐人主者，不以兵强天下”，“师之所处，荆棘生焉”，这些都是他在前面所说的反对战争的话。

但那是讲道，讲“本体”的道理，而现在讲到“用”的时候，他就主张在军事上，应该有充分的准备。譬如一个人，必须有一把刀，但永远不杀人。人需要自卫，而不是去伤害人，也不接受别人对自己的伤害。这就是前章说的，不高亦不卑，不贱亦不贵。所以他告诉我们，对于社会、国家、天下事，要以正道治国。真正的政治，就是“以正治国”，不能用权术，不能用手段，而是用真正诚恳的道德，不能虚诈，不能作假。

至于用兵，在军事哲学作战的运用上，《孙子兵法》曾经告诉我们“兵者，诡道也”。诡道是什么？就是“以奇用兵”，所以用兵要用奇兵。能用奇的，那是上将之才、大将之才。

我们研究历史，《汉书》上所说，陈平帮助汉高祖，六出奇计，助汉高祖统一了天下。当时，张良、陈平、萧何都有功劳，最后陈平功劳最大；所以萧何死后，陈平当宰相，封了侯爵。但据《史记》上的记载，陈平自己说：“吾多阴谋，是道家之所禁，吾世即发，亦已矣，终不复起，以吾多阴谋也。”奇计是用阴的，如四川话所说，是阴着干的，违反了道德。陈平说，我的后代，将来不会有好的果报，功业会被拦腰截断。后来果然如此，陈平自己位至侯王，但只传到孙子一代，功名富贵就结束了，这是陈平自己的预言。

这是历史上的例证，陈平毕竟是道家，学老庄之道的人物，他在人文文化上给我们一个运用上的教训。虽说为了国家天下，不能不出奇计，到底为道家所忌。所以人生在世，要行正道，正道就是诚；许多人学问好，头脑聪明，喜欢诡道、奇计，这就大错特错了。

这里，我们讲到老子的“以正治国，以奇用兵”，不一定是专指用兵，就是个人创业、做人的道理也是一样。我们也可以将老子这几句，稍微修改一下，引申到我们个人身上，“以正做人，以奇做事，以无事创业。”无事如何能创业？这就是真本领了。试看，一个人躺在床上睡觉，真正是无事，那会不会创业？

“以无事取天下”这句话，是老子学术思想的精华所在，要特别注意。有一种人，有道德，有学问，又无心于取天下，但他的道德修养，反为天下所归。我们中国上古史中有榜样，尧舜禹乃至于周朝的文王父子，尤其是文王，都是“以无事取天下”的。在文王的时代，三分天下有其二，天下一半以上是他的，他绝不想动，不想为天下第一人。后来他儿子起来革命，是另外一回事。所以历史上，始终赞誉文王之德。其实在殷商时代，文王已经三分天下有其二，是否是“以奇用兵”来取天下的？不是，而是天下归心，天下敬服于他的道德。如果以现代的观念及术语来说，那是他政治作战的成功；更贴切地说，这是他教化牧养百姓的成功。而最高的原则是道德，是无所求，对百姓毫无所求，这就是“以无事取天下”的道理。

一般人研究《老子》，读上半部“道经”，当他说“道”的体时，他曾说“以道佐人主者，不以兵强天下”，于是一般很轻易地认定，老子是反战主义者。这一观念似是而非，实际上，老子并不是绝对反战，是在不得已时才战。我们中国所有的兵家思想、军事哲学，以及《孙子兵法》《太公兵法》，也和老子这一思想一样。这是中国文化的特色，就是绝对不侵略他人，但是也绝对不接受别人的侵略。所以他并不是反战，相反的，认为军备一定要充足，因为有了足够的军事武力，才可以维持国际间的道德与和平。

给日本公民的一封公开信

十几年前，我在日本参加一个有关文化方面的会议，有很多大学校长以及名教授在座。那天开会进行到夜晚的十时余，有一位日本某名大学的校长，指定要我说话，我无法推辞，只好发表一些意见。这篇讲辞，后来曾以“给日本公民一封公开信”为题，在某日报发表。当时我说的内容要点是，一个国家有两件事情最可怕，一是“刀”，就是军事，一是“钱”，就是经济，家庭也是如此。我对他们说，在第二次世界大战以前，你们日本以为自己的军事力量强大，可以征服全世界，所以发动侵略中国的战争。这就等于一个人，认为自己手中的刀很锋利，于是就挥舞起来，结果伤害了自己，也伤害了中国，甚至伤害了全世界。这是一件非常错误、非常可悲的事。

当时，有几位台湾的年轻人，正好坐在我身边，他们轻轻扯我的衣襟，意思是希望我少说几句，因为我的话说得很率真，不太客气。

我继续告诉他们说，你们现在有一种思想，比军国主义的思想更厉害。你们现在以为自己有钱，是世界上的经济强国，要用钱来买通全世界；倘若不及时反省，将来所产生的错误，要比第二次世界大战的军事侵略所得的恶果，更为严重。

当时也有人问我对日本的观感，我答复他说，我平日深居简出，这次远行，感到一些疲倦，只在东京游览一圈，并不觉得有任何特别好的地方。任何一个国家，能有二十多年的长时期安定，都可以做到这样，甚至做得更好。日本人应该知道，今天日本经济的繁荣发展，是从何而来，那是中华民族三千万军民的血汗生命换来的；因为战后我们不索赔偿，让你们有修养生息的机会，我们这个以德报怨的精神，才使你们有今天。

他们那时正在举行东方文化会议，我告诉他们，你们没有东方文化，根本就是中国文化会议。假如你们要说东方文化，那看是站在哪一个立脚点，从哪一个角度而言。

以正为奇　天下归心

我今天提到十几年前在日本的这段往事，是用来说明，一种真正的仁道，真正良好的政治思想，是“不以兵强天下”。同时，老子在这里说到“用”时，提出了“以正治国，以奇用兵”的道理。而“以奇用兵”这句话，如果作为一个讲座的专题，可以研讨一两年的时间。因为这涉及中国几千年来的军事思想，用兵的谋略。凡是涉及用兵，涉及谋略等，总不外“出奇制胜”四字。不但用兵如此，连经商、创业，都要“出奇制胜”；就连青年学子参加联考，也要能“出奇制胜”，要猜题“出奇制胜”才行。换言之，要有个人的才具、本事、高度的智慧，才能出奇以制胜。

关于这个“奇”字，发挥起来，则千变万化，人莫能测。更有“以正为奇”，走很正的路子，就是至高的奇。我常告诉年轻人，不要玩弄自己的聪明，不要用手段，不要动歪脑筋。这一百年来，也可说近八十年来，世界的变化，国家的变化，社会的变化，训练得每一个青年的脑子都很厉害，各个人的本事都很大，人人都是诸葛亮。当然只是半个诸葛亮，只“亮”了一半，就是坏的那一半很“亮”。

所以，在这个时代，以聪明对聪明，以办法对办法，以手段对手段，是必然招致失败的。在未来的时代，只有不用聪明的聪明，不用办法的办法，不玩手段的手段，诚恳、老实，才会获致真正的成功。因此，应该“以正为奇”，走正道；不过在某一时间、某一社会、某一环境，尤其在一种非常愚笨的时期或社会中，是需要用一点智慧的，那是真正的奇，其实那也是正道。

奇是一个单数，是特别突然冒出的偏道。奇的道理太多，一切兵法、政治谋略，都包括在内。这里只是告诉大家一条“探奇”的路。我们中华文化的宝藏太丰富了，要大家自己去打开，如果古书读不懂就难了。现在是“洋学”盛，这把钥匙，就很难打开我们自己的这座老宝库了。

上次讲过“以无事取天下”，例如尧、舜、禹、文王、武王都是“以无事取天下”的榜样。“无事”并不是躺在那里睡觉，而是注重道德的政治，培养道德的政治，无心侵略别人，而天下自然归心。我们的历史上，给成功的皇帝下一句同样的评语，就是“天下归心”，这是非常难做到的。

接下来，他以这三句话的道理加以发挥，“吾何以知其然哉？以此。”他说，我为什么说这些政治哲学、军事哲学，以及立身处世哲学的基本原则，就是这三句话呢？因为年轻人将来要做事，就要“以无事取成功”，不去侵犯别人，也不去占有或夺取别人，而是以正道而得助，最终才能成功。像有些年轻朋友，到处跑，到处钻，结果一无所成。如果真正有修养，有本事，则成功自然是属于你的。

老子然后说，他为什么知道“以正治国，以奇用兵，以无事取天下”的这番道理呢？他说“以此”，就是以下的理由：人生的经验，历史的经验，累积古人的经验，再由他自己所观察的经验，才得以知道这些道理。

忌讳造成的影响

如果说老子的经验，不讲考据，而引用《神仙传》的说法，老子已经活了几千年了。《神仙传》中说，他在黄帝的时代就已经存在了，只是名字不同。据传说，那时他的名字叫作广成子；他还当过尧、舜、禹的老师，不过每一代的名字都不同，使人们不知道就是他。到了周朝他叫老子，所以他不只是从书本上得来的学问，而是他人生亲自累积的经验，才产生了老子的哲学原理。

“天下多忌讳，而民弥贫”，这是他经验的累积，以及历史的事实。“忌讳”一词，解释起来颇费周章；现在的解释，则是指某种事不能说，说了就是犯“忌讳”。而过去对于“忌讳”一词，则有多方面的用法，如对于帝王的名字，不可以直接称呼，否则就是犯忌讳，就要杀头。例如《老子》这本书第一章的文句，“同谓之玄，玄之又玄，众妙之门”；又如《千字文》的第一句“天地玄黄”。到了唐朝的时候，因为唐明皇李隆基的帝号为玄宗，于是这个“玄”字，为了避讳，就改为“元”字。而且，所有的书籍以及一切文字，都一律这样改，所以，唐朝以后，“玄”与“元”两字就通用了。又如孔子的名字“孔丘”，为了尊敬孔子，避他的名讳，我们早年读古书，读到他的名字孔丘时，就读作“孔某”或读作“孔乙己”；而姓丘的人，写自己的姓时，写作“邱”字，另有一些地方就写作“丘”字。

这就是忌讳，以现代语来直译，最接近原意义的就是顾虑、顾忌，或禁忌。如台湾的旅馆房间，没有四号，因为闽南语“四”与“死”同音，避免这种不吉的语言，就是忌讳。这是小而言之。

大而言之，“天下多忌讳”就是在政治上有太多的禁忌，这样也不能干，那样也不能做，这个名词不行，那个名词不对，动辄得咎。如《孟子》一书中说，齐宣王盖了一个方圆二十里的花园，老百姓都抱怨太大了，便问孟子，为什么以前文王的花园七十里，老百姓认为太小了，而现在我的较小，老百姓反而抱怨太大。孟子告诉他说，文王的花园人人都可以进去游玩，而你的花园如果有人不小心，伤害了一只小鹿，也要依杀人罪严惩。这样多的禁忌，等于在你的园内设下了陷阱，陷民于罪，老百姓怎么不抱怨呢！现在世界上很多国家，就有很多忌讳，老百姓不敢说心里的话，更不敢批评，知识高的用外国语，知识低的用隐语、暗语、耳语，以诉胸中积怨。

老子说，一个国家、一个社会，禁令愈多，人民什么都不敢做，不能做，于是物质上就愈贫穷，精神上也更贫穷，贫穷到痛苦的地步。这就是“天下忌讳，而民弥贫”的道理。

科技愈发达　精神愈昏扰

“民多利器，国家滋昏”这句话，以现代世界的情况来解释，很容易明白。精密科技越发达，利器越多。核子弹当然是利器，投下一颗，即可杀人无数，这是多么厉害！但所谓利器，不仅是指杀人的锋利武器，而是泛指利便之器。物质文明，科技愈发达，社会上人人因此而热昏了头。这一点，现代的年轻人体会不到，只有我们这些年纪大的人，回想到少年时期，生活在农业社会时那种安定、清闲、自然、舒适的味道，实在是一种享受。

现在的物质文明太发达了，“国家滋昏”，国家社会就会昏头，热昏就会肇乱。反过来说，历史的经验，时代到了变乱的时候，“民多利器”，大家都有权利，以利器支使天下，大家都可以造反，这个社会就非乱不可。这也是历史中有记载的许多事实。

“人多伎巧，奇物滋起”，就是我们现在这个时代，科技发达，人的头脑越来越灵光，物质的享受越来越高明，越来越奇特。例如冷气机，也许五年、十年以后，不必要这样一个大箱装挂在墙上，也许会像一份月历一样，在墙上一挂，就可以调节空气了。“奇物滋起”，人人好奇，都要研究，制造出来的东西就越奇怪，越便利。这个现象，大家称之为社会的进步。这所谓的进步，我常说，如果以文化的立场来看，从精神层面来探讨，并不一定会予以肯定。以物质文明的发展而言，历史愈往前进，物质文明生活愈便利；但以精神文化而言，人类文化反而越来越退步、退化。无论古今中外，人类文化思想是同源的，都觉得后来的人比较进步，后来的社会一定是在前面，所以说进步与退步的说法，应该有一个界线。因此，以现代看到的，所谓社会越进步，则“人多伎巧，奇物滋起”的情形越严重。

法令多　犯法的人更多

再说到“法令滋彰，盗贼多有”，这在政治历史上，也有很多经验，我们读了历史，看到每一个朝代，到了后来法令越来越多。例如汉高祖入关，法律只有三条——有名的约法三章。《史记·高祖本纪》："与父老约法三章耳，杀人者死，伤人及盗抵罪。"杀人抵命，偷盗剁手，就只如此而已，很简单。后来，不到一百年的时间，汉朝的法网就很严密了。

司马迁在写《史记》的时候，就把当时的官吏分作两类，一类叫作"循吏"，一类叫作"酷吏"。循吏是有道德的官吏，酷吏则是手段毒辣、严苛、残酷，只要犯了法，绝不宽容。酷吏使用各种令人痛苦的刑罚，杀人也用许多残忍的方法，这都是汉文帝以后的事。如果以社会学的观点来看，也会发现汉文帝以后的社会，越来越乱。

就政治方面而言，如汉武帝、汉景帝，都是很精明的领导人，但政治领导人越精于法令，法令就越多，社会也就越乱。这是一种无可变更的历史法则。从我们的生活经验来看，越懂得法令越会犯法，越会钻法令的漏洞。法网愈密，则可钻的漏洞愈多，愈容易钻。所以，中国的政治哲学，主张"法网恢恢，疏而不漏"。

老子说了这许多历史的经验，只是注解前面的一句话，"以无事取天下"。所以说，多忌讳、多利器、多伎巧、多法令，这一切都是有事，是有为法。有为法太过分了，社会就更乱，问题就更多；如果是无为法，就会清静、有道德，社会自然安定。

老子就是因为从历史经验中，知道了这个道理，所以告诉我们，应该"以正治国，以奇用兵，以无事取天下"。接下来，做了下面的结论。

无为　好静　无事　无欲

这一段是讲领导人如何使人民富强安乐。

"故圣人云：我无为而民自化，我好静而民自正，我无事而民自富，我无欲而民自朴。”这是老子引用古圣人所说的话，他所说的古圣人是谁，也没有说出来，姑且不去管他，只研究他所引述这几句话的道理。

“我无为而民自化”，一个真正好的政治领导人，做到了真正的无为而治，具有道德的成就，则不必要去管理，人民自然就被感化。

“我好静而民自正”，这里的好静，不是佛家的静坐，而是中国文化《大学》之道的“知止而后有定，定而后能静，静而后能安……”的静。这是行事的静定功夫，不是在座上打坐；打坐是小玩意，这是大定。这是说领导人有这样的静定，是为天下的大静，如果领导人真正的好静，则天下之民，自然受其感化，走上正道。

“我无事而民自富”，领导人真正无事，即无为而治，社会人民自然生活富裕。现在再引用一个故事，来试做诠释。

在明朝的时候，有一位年轻人考取了功名，出去做官，在上任之前，他去拜访他的一位老师。他这位老师，学问很好，过去做过很大的官，然后告老还乡，闲居林下。当他向老师请教，该如何把官做好时，这位老师告诉他说，你去好好做官，可千万不要“作怪”。做官的人，的确往往会作怪。

什么是作怪呢？例如，前任的人建立了一种制度，实施得很有成绩；而后任的人接任之后，为了要自我表现一下，要胜过前任，于是他作怪了，乱出主意，乱订办法。就像一栋房屋，本来好好的，他偏要拆掉，另行建造，这中间就出乱子了。

个人立身处世，做人也是这样，做人容易，切莫作怪。为政则是少玩花样，不要出什么新招，社会就自然富庶，天下太平。

“我无欲而民自朴”，我自己没有私欲，社会、国家、天下，受到这种无欲的影响，就自然走到纯朴、厚道的路上去了。

老子引用的这一段话中，每一句都用到一个“我”字，这个“我”是谁？就是老子说的“圣人”，那又是一个怎样的“圣人”呢？这就是庄子所说的“为人上者”，就是上面的人，也就是领导人。而领导人，不一定就是皇帝、君主，像学校的校长、军队中的班长，乃至于一个家庭中的家长，都是领导人，都要做到这几项原则。

第五十八章

其政闷闷，其民淳淳；其政察察，其民缺缺。祸兮福之所倚，福兮祸之所伏。孰知其极？其无正。正复为奇，善复为妖，人之迷，其日固久。是以圣人方而不割，廉而不刿，直而不肆，光而不耀。

对社会人民有益的领导

这一章，是老子继续引申前一章所说的道理。在文字上，似乎非常容易了解，看来没有什么冷僻深奥的语言词汇。但是，如果仅从文章的辞句，作文义上的诠释，所谓“依文解义”，那就很容易被文字导入歧途，产生错误的理解，与老子的原理就相左了。

这一章的主旨，仍然是无为而治的思想，代表了道家文化重要的政治理念。

“其政闷闷”，闷闷这两个字，是一个形容词，依现代文学的常用释义，如苦闷、烦闷、纳闷、心中发闷等。用这个“闷”字的含义，来解释“其政”，就是政治弄到闷闷的地步了，这有多么差劲！

倘使我们这样来诠释，那就是我刚才说的依文解义，容易误入歧途了。在这里，闷闷的意思，应该是现代白话所说的温吞吞的、温温的、温和老实的，而不是笨；凡事都是平和，慢慢渐进地，不玩弄聪明，不耍花招。所以“其民淳淳”，老百姓都纯朴安分。

“其政察察，其民缺缺”，这两句话所说的，我们不必要去从历史找诠释，以目前的情形来看，就可以明白。世界上有些国家，对于老百姓的事都“察察”，察看得很清楚，百姓不但没有行动自由，连他乡旅行也在为政者的控制之中。家中来了一个客人，谈了些什么话，行政当局都知道；家人父子相互监视，家中吃了一只鸡、一碗肉，也会被闻香队嗅到，而被斗争，没有一处不观察到的。这就是“其政察察”，而结果是“其民缺缺”。在这样的社会国家中，人民既缺德，也缺钱，更缺知识，贫困到极点。

于是，可以用这两句话，和前面的“其政闷闷，其民淳淳”做一个对照来说明，再引用历史上的事迹，来做具体的说明。

汉朝著名的盛世——儒家称道的文景之治，汉文帝与汉景帝刘恒、刘启两父子，这两位帝王，当时以老子的思想，作为政治哲学的最高指导原则。汉文帝自己个人的厚朴，就是受了老子“无为而治”思想原则的启发。经过几十年的时间，刑罚自然而然地停顿下来，不必施刑，监狱几乎完全空了，狱中没有犯罪的人，政治清明到了如此程度。“其民淳淳”，所谓“淳淳”，意指百姓们，不大喜欢外务，不管外面的事，所以社会安定，也无外务需要去管，大家都过得很安详了。

宋太祖的理想和作风

第二件显著的史迹是在宋朝，开国皇帝宋太祖赵匡胤，在位十六年，传位他的弟弟赵光义为宋太宗。太宗在位二十二年，他们兄弟在位三十八年的政绩，非常可观。

宋朝立国之前，南唐五代相侵，经过了约八十年的长期战乱，国家到了民穷财尽的地步。赵匡胤登了帝位，以儒家而近于道家的政治思想治国，经过了二三十年的经营，首都开封的百里内外，老百姓家中，挂窗帘的帘钩，都是金银铸造的，国家太富有了。当赵光义接了帝位以后，打开国库，发现财富之丰，为之吃惊。他笑说：我哥哥好笨，如许财富，没有利用，也未享受。其实，是他忘记了一件事，就是赵匡胤的伟大治国理念。

对于赵匡胤的伟大思想，研究历史的学人，是应该特别注意的。宋朝以后的一般史评家，往往批评宋太祖并未完全统一天下，宋朝自始以来，只拥有半壁江山。因为他领军平定长江以南地区以后，南方云南蒙舍这一带，宋朝的政治力量都未达到。云南有个南诏国，原来共有六诏，为少数民族的部落。在唐代时，最南的南诏，吞并了蒙舍等其他的五诏，而为南诏国，就是后来的大理国，后为段家所有，在西南称王数百年之久。其政治、文化，几可与中原抗衡。

在北方的燕云十六州，当时有位将领献上地图，请求进兵。宋太祖与宰相正在商量的时候，太祖拿起玉斧一挥，在地图上一划，就把半个中国切开了，暂时不管北方，不用兵去攻打。

赵匡胤为什么这么做？因为他的见识不同，他有他的苦衷，也可以说是一片仁心，欲行仁道；看见天下动乱了这么久，社会上民穷财尽，不想再用兵了，而打算累积财富，用钱将燕云十六州买过来。所以他才拼命节省，储蓄了满库的金银财宝。

这是宋朝开国之初的一个秘密政策，研究历史的学人，往往忘记这一点，而对宋代做不公正的批评。

宋太祖这一做法，可以说是做到了“其政闷闷”的境界，所以“其民淳淳”。我们到故宫博物院，看得到一幅著名的古画《清明上河图》，图中所描写的，就是宋朝在清明节的时候，首都开封的居民，出城沿着河水，到郊外去扫墓踏青的盛况。古代的踏青，就是我们现在的郊游，到郊外去做休闲活动。从图上可以看到当时社会的太平，生活的安详、富庶、自由的情况。

在更近的历史上，像清朝的康熙、雍正、乾隆这三朝的时代，一百多年之中，也差不多做到了“其政闷闷，其民淳淳”的境况。当时人民的生活，正如那诗人所吟咏的“长日唯消一局棋”的境界。因为日子过得休闲自在，无烦无恼无事，便觉得日子过得很慢，漫漫长日唯有下一盘棋打发了。在真正优哉游哉的日子里，承平之世的一些世家公子也说：“不为无聊之事，何以度此有涯之生。”如果不找些无聊的事去做做，这漫长的日子，实在打发不了。所以各种休闲的活动就多了，像《红楼梦》中的描写，那些公子小姐们的生活，连吃一顿饺子，也要想各种花样去制作，以消磨时间，真是“日长似岁闲方觉，事大如天醉亦休”。我们这一代人的生活经验，也曾享受过几年太平或假太平的日子，到了夏天，乘凉、看书、喝茶，吃几次点心，觉得一个暑假太长太长了。

铁面无私　包公又若何

这是从大的方面看，我们再从小的方面看，关于做官为政的道理，也以宋朝的史迹为例。

包拯是我们每个中国人所熟知的清官，小说《包公案》上，说他铁面无私。所谓铁面，是说一个人的脸色是铁青的，脸上的肌肉是硬绷绷、冷冰冰的，终日没有一丝笑容。像这样的一副面孔，谁会喜欢？在宋史中，包拯的传记也是这样记载，说他终日都没有笑容，所以说他如果笑一下，则黄河的水都会澄清。反过来说，要想包公笑一笑，比期待千万年浑浊的黄河澄澈见底还困难。包拯这张冷面孔，连他的家人都不敢和他说话，那真是阎王面孔。

以我个人的看法，此人为官，我会恭敬他，因为公正廉明，是一位极好的清官。可是，我绝对不愿和他做朋友，因为他一点风趣都没有，味道太差了，做人做到如此，真是不如去做阎王，不必做人了。

包拯的铁面无私，的确是了不起，铁面无私，清廉、刚直；但是，他能够做得这样好，还是有这个后台老板当靠山。他的靠山就是当时的皇帝宋仁宗赵祯。假使仁宗不支持他，那么他那张铁面孔是行不通的，是铁不起来的。

包拯的为官，就是“其政察察”，试看他那个时候，离奇的冤案破得越多，他衙门的官司打得越热闹，喊冤的人亦越多。

中国人的文化，老百姓是不愿打官司的，朱柏庐的《治家格言》说：“居家戒争讼，讼者终凶。”教我们平常不要与人相争打官司，凡是打官司的，输的一方固然是输，而赢的一方，实际上仍然是输。过去有两句民谚：“乡下人不颠，衙门里断火烟”，这两句话很有意思。所谓“癫”(颠)，就是发疯，患精神分裂的意思。这里所指的乡下人，不一定是居住在农村的农人，而是指遇事不容易想得通达，比较愚顽的人。所以他说，假如是愚顽的人，不发疯似地去和人争讼，打官司，衙门中就没有收入，恐怕衙门里连饭都没得吃了。这也反映了“其政察察，其民缺缺”的道理。

铁面御史　潇洒沐春风

另外，也是宋朝的一个人赵抃，是宋代的理学名臣，死后国家给他的谥号为“清献”，所以后世都尊称他为“赵清献”。官位高至太子少保、龙图阁大学士，一生非常清廉，有“铁面御史”的美誉。对于当时有权势或者皇帝宠幸的大臣，有不法之事者，照样弹劾不误。对于当时的宰相，也是毫不容情的。当他奉命出任知府，前往成都到任时，并不像一般的方面大员，所谓新官到任，一路的行色，威风、壮丽、阔绰；他连一匹马也买不起，只骑了一头小毛驴，带了一个年老的家仆，携一张古琴和他所喜爱的一只白鹤，姗姗地前往。当时成都大大小小官员，率领了三班六房，旌旗凉伞、仪队，浩浩荡荡出城，迎接这位新长官，却迎接不到。结果，他悄然进了衙门，大家这才发现，原来新任知府就是在城外茶亭歇脚喝茶的那个老头子。

他每到一个地方，民间都受他的感化，风气变成纯朴善良。没有人打官司了，在他的管治下，的确做到了牢狱没有犯人。

他的清高和包拯一样，是真正的清正，真正的廉洁。然而，他的作风不同，他既是儒家，又学佛家的禅宗；衙中无事，把衙门问案的大堂，改做了禅堂，他就在那里打坐。有一天，那是一个夏天，他在大堂上打坐时，忽然雷雨交加，霹雳一声，他的身体不自主地跳动了一下，于是他开悟了，就作了一个偈子：

静坐公堂虚隐几，心源不动湛如水。
一声霹雳顶门开，唤起从前自家底。

他明白了自己的本来面目，明心见性了。这个赵清献的故事，也说明了“其政闷闷，其民淳淳”的道理，他的作风就与包拯的迥然不同。到了晚年他告老还乡，常和乡下一些小时放牛的老朋友往来，聊聊天，谈谈道，也曾作了一首诗偈：

腰佩黄金已退藏，个中消息也寻常。
世人欲识高斋老，只是柯村赵四郎。

所谓腰佩黄金，是指做官时所用的官符印信，那是用黄铜铸造，名为“黄金印”。他的这首诗，把荣华富贵、高官显爵、权力名位，都说得如此平淡，这是值得我们现在青年们效法的。他一生中，功名富贵都经历过，曾经有那么大的权力在手，可是在他的心目中，又是如此的寻常与平淡。回到故乡，仍然是一个乡下人，一点也不像一个大官。他退休后所作的这首诗，也等于是他的自传，把一切功名、富贵、权力都放下来了。这些事情，如果能看清楚其中的道理，就会发现，一切功名富贵，实在没有什么了不起，都平凡得很！

他说，许多人因为我做过官，经历过荣华富贵，不知道我是怎样一个人，希望认识我。这个住在名为“高斋”屋子里的老人，我实实在在地告诉大家，我就是年轻时，人人所叫的那个赵四郎；如今的我，也还是以前的那个我，和以前的赵四郎并没有两样啊！

察见渊鱼的颜回

所以在做人方面也是如此，不必“察察”，也就是不要太精明了，如果聪明过分，太精明了，就会缺乏德性。我国的历史上《列子·说符》有两句话：“周谚有言：察见渊鱼者不祥，智料隐匿者有殃。”一个人的眼睛，如果能够看见深水下小鱼的游动，那就不吉利；智慧太高，太聪明，可以判断别人的隐私，对于眼睛所不能见的另一方面的事，都会知道，有这样能力的人，本身就会遭殃。

关于“察见渊鱼者不祥”这句话，还有一个历史故事。

有一次，孔子带了颜渊等一些弟子，到泰山上，看到鲁国的东门，突然有一条白线。孔子是有修养的，他当然看清楚了那条白线是什么。但是他问弟子们在东门有什么事？一般弟子们说未曾看见。孔子说，那里有一条白线。只有颜渊回答说，那不是一条白线，而是有一个人身穿白衣，骑了一匹白马，飞奔而过。

在这群弟子中，只有聪明的颜渊，才有如此的眼力。因此后世的人说，颜渊之所以短命，三十二岁即不幸而短命，就是由于用神过度及营养不良两个因素。其中用神过度，这件事可以为证。至于他的营养不良，孔子曾说他："贤哉回也！一箪食，一瓢饮，在陋巷，人不堪其忧，回也不改其乐。贤哉回也！"住在那个贫民区的违章建筑里，每天只吃一盒便当，喝点白开水，过那种一般人都感到忧苦的日子，虽然仍乐观，但证明颜回是营养不良的。

引申出来，我是说，一个人生存于天地之间，对人世的事情，如果看得太清楚了，则不吉利。为什么会不吉利？因为看得太清楚了，则烦恼增多；知识越多，烦恼越大。或说学问越多越好，但一个人吃饱了饭，除了做自己的事外，还要去忧国忧民，学佛的人，还要去度众生，为众生担忧，结果可能忧虑得连自己也度不了，又如何去度众生呢！

是偏是正　祸福相倚伏

再引申下去，事例很多，理由也很多，这里只是略举一些，告诉大家一个研究方向。我们继续看下面的原文："祸兮福之所倚，福兮祸之所伏。孰知其极？其无正。"这几句话很妙。

老子告诉我们一个道理，祸与福是互为因果的。一个人正在得意时，就要知道得意正是失意的开始；而失意，却正是得意的起端。对于人生得失的感受，在于各人的观点看法如何。这就是哲学问题。

常听人说某人有福，但福为"祸之所伏"，看来有福时，可能祸就快要来了。我们中国有句谚语，"人怕出名猪怕肥"，猪肥了算是有福，可快要被杀了。人发财以后出了名，大家都知道，同时麻烦也就来了。一个人官大、名大、钱大，只要三者有其一，也就麻烦大，痛苦多了。

所以“塞翁失马，焉知非福”，这一思想，就是从道家老子这句话来的。祸害到了极点，福便来了；福到了极点，跟着便是祸了。这两件事是互为因果，循环交替而来的。但是“孰知其极”，谁知道什么是祸的极点，什么又是福的极点？人的一生中，万事都要留一步，不要做到极点，享受也不要到极点，到了极点就完了。

例如今天有好的菜肴，因为好吃，便拼命地吃，吃得饱到十分，甚至饱到十二分；吃过了头一定要吃帮助消化的药，否则明天要看医生。这就是口福好了，享受极了，反而害了肠胃。如果省一点口福，少吃一点，或者肠胃受一点饿，受点委屈，可是身体会更健康，反而有福了。

知道了这个原理，则“其无正”，不要太正了，正到了极点，岂不就歪了吗！这也就是不要矫枉过正的意思。过正就是过分，就是会歪了。像前面所引述包拯的故事一样，照理他做阎王都太小了，应该做玉皇大帝；但是他做人做得太正了，结果一点生气都没有。

为什么做人不要做得太正呢？“正复为奇，善复为妖”，一个东西偏了，要把它扶正，扶得过分了，又偏向了另一边。就以享受而言，古人的享受就与我们现代的不同，如果古人看到我们现在的所谓享受方法与内容，一定要说我们现代的人是一群群的疯子。而现代的年轻人，跳霹雳舞，唱热门歌，看到我们在这里研究两三千年前的老子思想，也会说我们是神经有问题。

问题在于各人的观念、看法有所不同，身心的享受不同。至于说哪一种享受、哪一种生活方式是对的，并没有绝对的标准。

一切唯心，在于各人自己的看法，矫枉过正了，正也是歪的。

令人生厌的修行人

假如一定说打坐、学佛、学道，清净无为就是好的，可是许多年轻人，一天到晚跑寺庙，学佛打坐，而事实上，他们一点也不清净，一点也不无为，更谈不到空。那是自找麻烦，把腿子也搞坏了，不但佛没有学好，道没有学好，连做人也没有做好，学得稀奇古怪。这就是“正复为奇”，学正道学成了神经，就糟了。

“善复为妖”，人相信宗教本来是好事，信得过度了，反而是问题。所以我的老师禅宗大师盐亭老人袁焕仙先生就说过，世间任何魔都不可怕，只有一个魔最可怕，就是“佛魔”。有的人看起来，一脸的“佛样”，一身的“佛气”，一开口就是佛言佛语，这最可怕，所以不要轻易去碰这些人。

袁老师说这些话是什么道理？意思就是“正复为奇，善复为妖”，凡事太过就错了。“过”与“不及”都是毛病。不聪明固然不好，而聪明太过的人，那属于“善复为妖”，就变成妖怪了。

所以老子感叹，“人之迷，其日固久”，他说人们迷信得太久了，没有醒悟这些道理，而且迷信太坚固、太长久了。所以“圣人方而不割，廉而不刿”，一个人做人要方正，但“方而不割”，不要因为方正，而割舍其他一切；人方正到割裂其他的时候，就变成不能容物了。为人要清廉，可是不要廉得像刀割一样，连肉也削掉了。

“直而不肆，光而不耀”，做人要直爽，讲直话当然很对，但是如果太直了，就会放肆。例如看到一个人无礼，就立即对他说：“你胡作非为！”这就是太直，成为放肆，也不对。人不但要聪明，也要有志气，也要有光亮；就是现代所流行的要有知名度，有才华，要放光，知名度要高。但是，不要放光放得太光亮了，太光亮就看不见了，因为刺到别人的眼睛，在别人的视觉上，这光就变成灰暗了。

所以，道家的清净无为，在表面上看起来，好像教我们无所为，一切放下，为什么放下？因为善得太过了就“善复为妖”了。所以，本来无可放之处，一切平淡、清静。

第五十九章

治人事天，莫若啬。夫唯啬，是谓早服。早服谓之重积德，重积德，则无不克。无不克，则莫知其极。莫知其极，可以有国，有国之母，可以长久。是谓深根固柢，长生久视之道。

这是老子又说的另一个原则，“治人事天，莫若啬”，啬就是悭吝，后来把吝、啬两字放在一起，成为一个词汇——吝啬。其实吝是吝，啬是啬，这两个字应该分开。啬是艰啬（涩）的意思，有“贪而不施”及“不妄费”的意思。古之解说：“凡贪而不施谓之𣪠，或谓之啬”，又《韩非子·解老》中说：“少费谓之啬”。少费或是不妄费，也相当于现代说的“不浪费”。悭吝是应该付出而不付出，啬则是俭省。近几年来，一些学生们，似乎也在恢复用古语了，对于不肯拿钱出来请客的同学，也讥评他说：他好吝啬啊！

谁最悭吝

曾有人编过一则关于悭吝的笑话说：有一个人，因为非常悭吝，绰号叫“一国吝”，表示全国以他最为悭吝。后来另有一个人，比他更悭吝，并且自己号称“天下吝”，以表示全世界以他的悭吝为第一，可以列入专载世界第一的吉尼斯纪录。有一次，一国吝要去拜访天下吝，以较量一下两人的“吝功”，到底是谁的高。当天下吝知道这个信息后，决定给一国吝一个缘悭一面，连一面之缘也悭吝不给，但又不愿给一国吝尝到他的闭门羹，于是就交给自己的太太接待。当然，天下吝的太太也是一位悭吝婆，当一国吝到的时候，但见家徒四壁，房子里除了空气，什么也没有。悭吝婆便指着墙上画的一张椅子对客人说："请坐！"这位一国吝，也就靠着那画有椅子的墙，算是坐下来和悭吝婆聊天。

两人从上午一直说到傍晚。这时候悭吝婆的肚子饿得咕咕直响，她的"吝功"到底稍差半级，饿得实在忍不住了，不自觉地问一句："你吃过饭了吗？"这时一国吝心中大喜，连忙说："还没有呀！我正等待主人的热情款待哩！"悭吝婆再也无法推辞，无可奈何，只好用手一比，比成一个汤碗一样大的圆圈，送过去说："请吃饼吧！"一国吝也就比一个同样大的圆圈，做成接饼的样子，迅速地一口把饼吃了。谈到上灯以后，告辞而去。天下吝回来后，问起来客的情形，悭吝婆非常得意地做了详细报告，不料她的话刚一说完，天下吝就打了妻子一个耳光，并且骂道："请吃饭就请，比得像酱油碟子一样大就可以了，为什么要比得汤碗那么大呢？"

这个笑话是讲吝。啬是对自己俭省，但是对朋友会很慷慨。所以对自己刻薄对人宽厚为啬，对自己宽厚对别人刻薄则为吝，必须清楚这二者的不同。

节省精气神的消耗

"治人事天，莫若啬"，这里老子告诉我们，做人做事要节省，说话也要节省，废话少说，乃至不说。不做浪费的事，集中意志做正当的事，这是对精神的节省，对生命的节省。一个人修道，欲求长生不老，方法很简单，就是不浪费生命，少说废话，少做不必做的事，办事干净利落简单明了。“事天”则包括宗教的活动，信宗教的人，宗教活动也要节省，不要浪费。古代宗教活动的花样也多得很，信宗教的人参加布方、拜斗等，各种方法，忙得不得了。这都不对，应该节省自己的生命、精神，所以道家老子的秘诀就是“啬”。老子之所以谓老子，据说他活了几千年不死，就是靠这个“啬”字来的。

道家与佛家的差别在哪里？我个人的看法是：佛家一上手就是“空”，就布施；道家入手就是“啬”，就是节吝，以养精蓄气为主。如果勉强做一个比较宗教的研究，道家所走的这个啬字的修持路线，相当于佛家小乘道的路线，罗汉道就是相当于这个路线；大乘的菩萨，则是走空与布施的路线。但老子自己不是以啬为最高层次的修持，而他在上经第七章所说“*后其身而身先，外其身而身存*”的主张，等于佛法的大乘道，那是布施。但是后世的道家，专门注重老子所说的这个“啬”字，所以说话也不敢讲，而认为“开口神气散，意动火工寒”。所以学道的人不说话，连点头打招呼都认为是浪费。

佛家也有类似的情形，如唐明皇时代的懒残禅师，又懒又残，懒得不得了，连饭都不做，只拿别人的残羹剩饭吃。他在南岳的时候，不知在哪里捡回别人失落的一个山薯，就在烧来取暖的牛粪火堆中，烤熟果腹。当时住在寺中的李泌，与他有一段因缘。李泌又是道家，又是佛家学禅，但未出家，历史上说他“生有仙骨”，因为他走路时，骨节会发出声音，清脆而轻松。他后来被封为邺侯，曾帮助唐肃宗平定了天下，经常和皇帝一起玩。他年轻时，在南岳读书，半夜听到一个和尚在唱念，认为这个唱念的是谪仙之流，是从天上下来的神仙，是佛家所说的再来人，于是循声去找寻，有和尚告诉他，唱念的就是被全寺人看不起的那个懒残。

李泌前往，看见他在用牛粪烧的火堆中煨山薯吃，就向懒残跪下来求道，比张良之对黄石公纳履，更加恭敬。懒残冻得鼻涕流得很长，照煨他的山薯，也不理跪着的李泌。懒残的山薯吃了一半，这才回头看到李泌，将手中吃剩的山薯交给李泌吃下，李泌接来一口就把山薯吃了。然后懒残对李泌说，将来你可以当二十年的太平宰相。他曾先后做了肃宗、代宗、德宗三朝的官，但他屡仕屡隐。

后来皇帝听了李泌的报告，派人到南岳请懒残入京师，当面向他学道。他拒绝不去，最后皇帝下了一道最严厉的命令，征召他去。这是第三次派人去。被派去的当然是一位大员，在他心目中，以为所请一定是一位头戴金冠、身披袈裟的大和尚。不料见面以后，才知道是如此一位一身破烂的脏和尚，心里不免轻视懒残，于是说："师父，把鼻涕擦一下好吗？"这句话惹火了懒残，他回答道："我哪有这许多闲工夫，为你们这些俗人擦鼻涕！"他要做功夫，忙得很。他的文学也很好，有名的懒残歌："世事悠悠，不如山丘，青松蔽日，碧涧常流……"文学的境界太高了。这里暂且不谈文学。

像懒残这个样子，完全是罗汉境界，啬到没有工夫为俗人擦鼻涕的程度，这才是真正的啬。

简化及善行积德的重要

"夫唯啬，是谓早服"，老子说，因为唯有真正能够啬，节省精神，节省生命，真正不浪费精神与生命，才叫作"早服"。至于什么是"早服"呢？一两千年以来，注解老子的人有几百家，各有各种不同的说法。现在有人把"服"字说成衣服的服，难道早服是外国人说的，早晨起床时所穿的"晨袍"吗？当然不是。我的看法，“服”就是“服食”的服，现代的人，吃药也叫作“服药”，道家的修持方法之一叫作“服气”。所以因为啬，节省了精神、生命，就早早地将自己的生命功能保持住，如后世道家所说的：“一粒金丹吞入腹，始知我命不由天”，就是精、气、神到里面来，服用就是吃下去。后来叫作服丹药，精气神化成了“金丹”吃下去。

这一章，实际上是对上经第九、十两章的引申、注解。第九、十两章，提过一个名称——“玄德”。

“玄德”是形而上的体，道体的原理，而这里的“重积德”，是在运用上讲道的用，讲做人处事运用上的道理。

我们先要注意一点，后世将道与德联在一起，成为道德，而在为人处世时，一想到道德，几乎什么都不敢动，连口水都不敢乱吐，把种种约束称为道德。但事实上并不完全如此，古人的“德”字，是与“得”字同样的意义。“德者得也”，在研究上经时，已经解说过，就是成果，万事应先考虑其后果的重要性。凡是说任何一句话，做任何一件事情，在做以前，应先考虑将会发生如何的后果，并不是完全偏重于行为上的至善。一个人的行为，的确应该做到至善，但是在记载的文字所表达的意义上，并不是完全走向“至善”这一方面的。

他说能够“重积德，则无不克”，做起事来，无往而不利。“无不克，则莫知其极”，因为做事为人无往而不利，所以表面上看起来，找不到究竟的原因。例如时代的趋势，看来样样都好，究竟为什么会这样好？找不到究竟的原因。凡是找不出原因的事，通常会令人产生两种观念，一种是觉得神秘不可知，一种是觉得很阴险，使人无法了解。实际上都不是，而是圆的，都可知，不是不可知，也不是阴险，是很明白的。道理在于“啬”，也就是简化，不要加什么上去，我们可以用儒家的一个思想做参考，就更容易明白了。

孔子在《论语》上就说过，季文子这个人，遇事三思而后行，孔子听了后说道：“再，斯可矣。”有的人解说，三思不够，孔子说还要再想一次，要四次思考。这一种解释并不一定对，遇事思考过度，三思而后行，容易犯错误。因为天地间的事理，只有正反两面，善与恶，是或非，倘再多做思考，则发生了对也不对，不对又对，这其间无法定论，不知道该怎么办才好。所以过分的思考，就不合啬的道理，这是我的解释。一件事到手，不能大意，要多思考一下，正反面经过思考后，就要有下决心的勇气；否则，越想下去，就越缺乏下决心的勇气。所以，本来可以知其极的，因为思考太多，不能啬，结果就“莫知其极”了。

啬的真正精神

“莫知其极，可以有国”，一般人看不出“莫知其极”的道理在哪里，认为就可以有国，有地区，有土地，有资产。在老子的时代，对于所谓的国，并不代表现代观念中的“国家”，而是代表了资产，也包括了精神智慧等形而上的资产。

“有国之母，可以长久”，这个国之母，就是生生不已最原始的根源，在形而上就是道，在形而下的起用就是简，这样才可以长久。所以，不但想求长生不老之道应该如此，处人处世，也应该注意简约。现在大家风靡的学道，学静坐，学瑜伽，学禅，都是想求长生不老；又求神秘，求神通，搞了许多麻烦的方法，永远也搞不好，就是因为搞得太复杂了，不知道“啬”的原则。如果知道这种原则，“有国之母”基本上就是简。

这一章的基本精神就是啬，上面已经讨论过，道家、佛家、儒家三家的精神不同。后世的道家或道教，往往根据老子的这一章，始终犯了一个毛病——神秘，舍不得传人，恐怕泄漏天机。而且“六耳不同传”，六个耳朵，就是三个人在一起的时候，就不传道了。就算在两人相传时，还要附耳恭听，把耳朵靠到传道人的嘴边，变得神秘化。这就是受了老子这一章的影响，没有把“啬”的精神，全盘理解清楚的缘故。

下面讲做人处世的道理，与修道的关系，都连接在这个大原则之下：“是谓深根固柢，长生久视之道”。先说文字方面，现在有人写成“深根固蒂”，这个“蒂”字是错误的，柢也就是根的意思，根的尖端叫作柢。

为人处事，乃至于修道，“深根固柢”是基本的要求。以道家修道的方法而言，上经第十章中说：“专气致柔，能婴儿乎”，第十六章说：“归根曰静，是谓复命”，甚至于到了呼吸停止的胎息了。在佛家来说，这个情形是到达三禅与四禅的境界；道家则是到达了“深根固柢”，也叫作“胎息”。胎儿在母胎中，不是用鼻子呼吸，是用肚脐呼吸的，也叫作“内息”，就是内呼吸。修持的人做内呼吸时，鼻孔及皮肤的呼吸就会渐渐停止。

佛家天台宗修数息观，数了几千次，一直在数。我问他们是在学会计，还是在学统计，或是在做生意？数息只是第一步，是将外驰的心念收回来，不打妄想，归于宁静的一个方法。待宁静后，就不需再数下去了，如果再数下去，又变成繁忙了。一数二随，心息相依，心念跟着呼吸为随，再慢慢进入第三步，呼吸心念静止，就到达止的境界。此时，鼻孔的呼吸可以暂停，而停的时间长短，又因功夫的深浅而不同。

假如鼻息能停止到一个小时以上，大概掉到水里淹不死了，遇到烈火也不大容易烧过来，因为这时身体的气与光放射出去，可以到达手臂伸出去的长度范围，而挡住了火的力量。这是一种合乎科学原理的现象，不是什么神秘的事。

这一章老子首先说明“治人事天”的道理，“治人”就是做人处世，“事天”就是修道。这个天并不是宗教的天，也不是自然科学中物理方面的天，而是哲学上抽象观念的天，代表了道体，是本体的作用。

在“治人事天”上，做到了“深根固柢”，自然可以返老还童，“长生久视”。

什么是长生久视

“长生久视”，又是一个大问题，是几千年来讨论纷争，一个解决不了的道家问题。例如，“祛病延年”是道家的功夫，让人起码可以少病或无病，绝对健康，延年是活得更长久。而道家标榜的“长生不死”，这个不死的观念有问题。死是要死的，但可以活得长久一点，或者活上千把年也许可能。

但正统的道家，像老子，很少说“不死”这两个字。老子曾经说过：“出生入死，生之徒十有三，死之徒十有三，人之生，动之死地亦十有三”。生死的机会相等，两者都是十分之三，是平等的，不生不死也是十分之三的机会，要看各人自己的修养。他并没有提出不死的道理来，他只说可以长生，活得久。但久到什么程度？后来的道家则说可以“与天地同休，日月同寿”。

世界上很多宗教，许多哲学、科学，也都追求生命的根源，但所有的宗教、哲学与科学，都不敢说现有的生命可以延续不死。所有的宗教，都劝人不怕死，早一点脱离这痛苦的人世，到那个宗教的天堂去；人要在死后，才可以得永生。

只有中国文化的道家，提出一个口号，不需要经过死亡这个阶段，现有的生命，即可“长生久视”。不管是不是能成为事实，只有中华民族叫的口号，有如此大胆，敢说现在自己的生命，自己可以把握，自己的生命可经由自己维持长久。所以叫作“长生不老”之道，或“长生不老”之术。

而老子的讲法，为“长生久视之道”。要注意“久视”两个字，我们的眼睛是不能久视的，每个人的眼睛，也许看了一两秒钟，就要眨两三次，不能久视。真修道的人，眼睛的神光不变不退，就可以久视，乃至可以透视，这时对于维持自己的生命，就有点可能了。

探究道家的思想学说，比老子更早的黄帝所著的《阴符经》上说：“天性人也，人心机也”，又说：“心，生于物死于物，机在目”。姑且以自然科学的物理现象来解说，一个人的心，近似于发电厂，而要用电时，则必须有插座，而人的眼目，则等于是插座。佛家的《楞严经》所说的明心见性，其中提到“见”，由眼睛的见，说到理性的见，见是一个实际的东西。人到夜里疲倦想睡，眼睛就先闭上，先要眼睛入睡，脑筋才能入睡，如果眼睛不先入睡，脑筋就无法入睡。人死也是眼光先落地看不见，眼神先散，瞳孔放大在先。

所谓“长生久视之道”，从来道家的解释，久视就是内视，等于佛家修行的观想，道家叫作“内照形躯”。所以“长生久视之道”，就是精神永远明亮，就是见道。久了以后，因功力到了“深根固柢”，神光反照，内脏活动，甚至血液流动的情形，可以看得非常清楚。这时就会知道什么地方出了毛病，乃至知道毛病的程度，自己克服不了，大约什么时间可以结束，到时候，就丢了这个身体走了。

因此就要知道，在功夫上如何达到久视，才能长生，能够长生，才能到达“深根固柢”，这个生命就在自己手中控制了。

至于说为人处世的“深根固柢”，就是做任何一件事情，不要草率，不要任性，不要冲动，不妨慢半拍，慢一拍，必须要慎重。对一件事情，知道动因，就要考虑后果，就会“深根固柢”，以后才能“长生久视”，永远存在，永远看得见，才能长久。

第六十章

治大国若烹小鲜，以道莅天下，其鬼不神；非其鬼不神，其神不伤人；非其神不伤人，圣人亦不伤人。夫两不相伤，故德交归焉。

烹小鲜的道理安在

本章等于上经第十章的引申。这一章中，有老子的名言，就是中国政治思想史及政治哲学上一句很重要的话："治大国若烹小鲜"。这句话发挥起来，可引述的道理及实例很多，简单地说，"小鲜"像是小鱼，或一块小肉之类的。要注意"烹"这个字，什么叫作"烹"？我们都晓得，做中国菜叫"烹调"，文火叫"烹"，大火就叫"炒"。所以炒菜的火叫"武火"，尤其炒牛肉丝、猪肝都要大火，火开得很大，东西一倒下锅，炒两三下，就要把锅提起，离开大火远一些，否则炒得老了不好吃。从前学厨师，膀子的力量是要有功夫的。尤其在大丛林里用很大的锅，一样菜要分装二十几大碗，一倒下锅，炒两下，一只手端起来炒，将整锅菜抛向空中，打一个转再落下，那种本事就是少林寺、武当派的武功都比不上的；那真有本事，手法快得很，那是炒。

所谓烹，是文火、细火，慢慢熬炖。像现代人喜欢吃银耳，我们现在是电器化了，一般电锅煮出来的银耳，是半个钟头熬出来的，不是烹出来的。以前如何烹呢？从很早五更天亮前开始，油灯点上三四根灯草，上面放一小碗四川万县乌山的银耳，在阴湿的地方炖，一直到天亮油烧干了，银耳也炖好了，再放进冰糖，吃到嘴里好像没有东西，一溜就下去，咽都不要咽的；与现在的银耳味道，绝对不同。所以这叫“烹小鲜”。很多名菜都是如此烹出来的，用文火甚至烹上一天两天才好。中国老土话说：“请客三天忙，盖房子三年忙，讨个老婆一辈子忙”。精美的菜，是要细心烹调的。

讲到“烹小鲜”的道理，是用文火慢慢地、小心谨慎地炖。“大鲜”就不是这样一回事了，大火烹又是另外一种做法，要猛火煎炸。小火是调理“小鲜”，这个道理就像前面所谓“治人事天莫若啬”，一点点慢慢地烹出来。为什么说“治大国若烹小鲜”呢？是告诉我们，处理大事要特别小心，要慢一步，不能匆忙大意。青年们前途无量，将来如果做什么大事，不管工商界、学术界，一个大问题到手的时候，不能大意，要谨慎小心。但谨慎小心又不要过分，太过分用心，火又太大了，味道就不同了。如果完全不管，则火熄就不成功，所以是“无为而无不为”，这也就是烹小鲜的道理。

其实我们每个人，各有不同的人生境界，在遭遇任何烦恼问题时，在很困扰的时候，记住老子这一句话，治大问题“如烹小鲜”，冷静地思考、慢慢地清理，不要怕艰难。大部分的人没有这种修养，当问题来时，就被烦恼困住，一下就被打倒了。所以，要懂得“如烹小鲜”的道理。

如何降鬼伏魔

“治大国若烹小鲜”，这是老子对于政治运用上的名言，但是要怎么烹呢？“以道莅天下，其鬼不神”，老子上经说，以道的修养来治理天下国家，就等于儒家所标榜的尧、舜、禹三代的以道治天下。三代不是用政治手段及制度来治天下的，而是着重道德与诚信。能够“以道莅天下”时，鬼都不灵，就是“其鬼不神”的道理。政治道德是至高无上的，做人的道德就是“诚”，这是儒家《中庸》所讲的“诚”。至诚之道，可以前知，老子的表达是用不同的名词而已。

什么是道呢？“清净无为”。“清净无为”何以能治天下呢？这中间产生很多问题，回过来看，上一章已做了一个回答，就是必须要“重积德”。如何才能“重积德”呢？答案是“治人事天，莫若啬”，也就是无为之用——“简化”。所以“以道莅天下，其鬼不神”，鬼都不灵光了。换言之，“神”归位了，鬼就不灵了，没有人可以来捣乱，因为，你是清净——“空”的。比如说，有人想在这房间捣毁东西，但房间内空无一物，没有东西可捣毁。这就是说，碰到一个“清净无为”就无法捣乱了。在道德上，也就是大公无私。

我们人为什么怕鬼？因为心中有鬼。现在台湾乡下还有从广东、福建带过来的文化，都是一样的画符念咒。我们大陆当年也有许多这样的人，四川人叫“端公”，长江一代叫“师公”，家里有人生病了，晚上请他来画符念咒，收妖捉怪，方法很多。有一家人被鬼迷住了，请师公去收妖，当时一些少年去看，又害怕又想看，几个人背靠背一起看。其实，什么鬼都没有，他们吹牛角，有些人吹海螺，“呜！”那个声音在夜深人静时听来，很是凄惨，很恐怖的。真是小说上写的阴风惨惨，鬼气森森，再加上道士头戴的帽子，上面的铃子叮叮地摇起来，那种气氛，没有鬼都有鬼了。

曾经有一位很有名的道士，传说法术很高，收了半天妖怪以后，碰到调皮的少年，暗中在他衣服后面缝上一条绳子拖着，等到他作法完毕回家，已深夜三四点钟了。这个道士一个人走路，后面传来沙沙的声音，回头察看没有东西，也没有人。再走几步，响声又出来了，他自己也害怕了，拿出铃子摇，后面越响得厉害，无论用什么法术，既收不了妖，也捉不了鬼。最后，他把宝剑拿出来，一边念咒子，脸都变绿了，然后用剑往后一挥，把自己的袍子割掉一半，才没有了声音。回家病了三个月，附近传开来，成为笑谈。后来看古人的笔记，记载的真有此事。

这是讲到“其鬼不神”的故事，所以，鬼神有没有？有，可是，以精神文明的立场，要记住两句话，同时也是佛家、道家相同的一种精神：“魔由心造，妖自人兴”。什么是魔呢？你自己的心、你自己的思想，就是真正的魔，走火入魔就是自己的心理作用。“妖自人兴”，妖怪都是人把他兴起来的。前几年报纸上讲，乡下的石头是土地公，乡人对石公一拜，香火就旺起来，而且据说是很灵的。这是“妖由人兴”，都是人玩的把戏，是人的“唯心”在起作用。所以，“以正道莅天下”，其鬼就不灵了。

“非其鬼不神，其神不伤人”，不是鬼不灵，是鬼所依靠的神灵——鬼的精神没有了，他所依赖的成为自身生命的力量没有了，也就是能作怪的力量没了。

“非其神不伤人”，注意这一句话，这是讲人位的价值。道家并不迷信，不像一般宗教，他是讲究人位的价值。什么是人位价值？就是心的价值。不但是鬼不灵了，神也不能伤人了。

“非其神不伤人，圣人亦不伤人”，为什么会这样呢？因为人到达清净道德的境界，就天人合一了。这时鬼神与你同体，而无法相伤。“夫两不相伤，固德交归焉”，鬼也伤不了你，神也伤不了你，当然你也伤不了鬼，你也伤不了神，因为彼此不相害，彼此互谅，彼此互存，同体而共存。这是“道”的道理，也就是庄子所说的“天地与我同根，万物与我一体”。佛家叫作空，空就是描写“天地同根，万物一体”的境界，这也就是道的道理。

第六十一章

大国者下流，天下之交，天下之牝。牝常以静胜牡，以静为下。故大国以下小国，则取小国；小国以下大国，则取大国。故或下以取，或下而取。大国不过欲兼畜人，小国不过欲入事人。夫两者各得所欲，大者宜为下。

水唯能下方成海

这一章也是上经第十一、十二章的引申，讲到政治哲学运用的原理，他讲："大国者下流，天下之交，天下之牝。牝常以静胜牡，以静为下。"看文字我们觉得很滑稽，说大国是下流。这是他的形容之词，"下流"代表谦虚之德，像水一样向下流。俗话说："人向高处走，水向低处流"，流水流到最低处时就是海。"下流"是形容像大海一样，包容万象，包容一切；因为天下一切的细流，清、浊、好、坏都归到大海为止。一个真正泱泱大国的风度，要像大海一样，接受一切，容纳一切，善恶是非都能够融化，这也是做人的道理。如果从人道来讲，只换一个字就行了，"大人者下流"。不是大人要学下流，而是要学大海一样的包容一切。

从这里可以看到儒、道两家的思想是一致的。古人有一副对联"水唯能下方成海，山不矜高自及天"，后世成为做人做事的修养标准，也是口中常念的成语。天下的水，因为能谦下不傲慢，都向下走，低于一切，因此，它能成其大，变成大海，容纳了一切，这是讲谦虚的道理。

人类的文化思想是正反相对的，谦虚只是一面，倘使谦虚到没有骨气的程度，没有自己独立的人格，软到像烂泥一样，那就成为普通说的“下三烂”了。人自己要有自我超然独立的人格，但并不是傲慢，要像山一样，独立如山。山永远不矜，“矜”是自我的崇拜，山之所以那么高，是因为山没有觉得自己很高，高与不高，是人为的观念比较。山自己本身不认为自己高，因为高山的顶上，还有最高的那一点泥巴。爬到高山顶上，你觉得还是和站在平地一样，所以山高到与天一样的高，就是比喻我们为人与做事的态度与方法，不能傲慢，要学谦虚，但要建立我们自己的人格，要有独立不移、顶天而立地的精神，所以“山不矜高自及天”。

这两句话看起来是矛盾，其实一点都不矛盾，是有两重的意义，这是由“大国者下流”说明的。

下面讲“天下之交”，是指大海，因为它能够谦下，所以变成全天下的细流都交汇到它那里。“天下之牝”，牝是指母性，牡是男性。“天下之牝，常以静胜牡”，母性的东西都比较慈祥，比较安静；因为它安静柔弱，就战胜刚强，安静克服了一切的动乱。所以“牝常以静胜牡，以静为下”，静态的东西，能克服一切动态的困难，这是静态的伟大，也就是老子讲的“阴”，属于冷静、暗的、清静的。

“故大国以下小国，则取小国”，历史上真正太平鼎盛的时候，大国对于小国或附庸国，反而表示谦虚。在我们中国历史上，汉朝的文景时代，就是最好的证明。唐朝在太宗、高宗鼎盛时代，对于小国家，有一则著名的故事，就是“风尘三侠”的事迹，虽然正史上无法找到。“风尘三侠”这三个人，是虬髯客、红拂女和李靖。红拂女是很美的长发女郎，当时是南北朝隋朝的末代，天下大乱，虬髯客有心要做皇帝，准备好即将发难时，遇到有名的女豪侠红拂女。那时的红拂女，认为李靖是天下英雄，就与李靖两人私奔，骑两匹马逃走，争取婚姻自由。

风尘三侠的故事

这一对侠侣住在旅馆，红拂女清晨起来，对镜梳妆，长发散开拖地，相术认为是大贵之相。此时虬髯客正巧从窗外经过，就目不转睛地看着红拂女。李靖见他这样呆望，就要拔剑相向，红拂女赶紧把李靖按住，用眼睛暗示他不要动。李靖素来佩服她的智慧，把剑还鞘，反而出来招呼。虬髯客就下马互通姓名，并问李靖，这位是你的妹妹还是太太？然后说："了不起，二位是国家栋梁、一品夫人之相，将来必大富大贵。"相谈之下，知道红拂女与他是同宗，就认她为义妹，虬髯客成了李靖的大舅子，于是约定先后都去太原。

当时李世民的父亲李渊，在山西虽据有西北半个天，但是并没有造反。虬髯客看到李渊父子后，心里很难过，自问将来皇帝是我吗？还是李渊的呢？有一天李靖夫妻备餐邀李世民，历史上描写当时李世民"不衫不履"，衣着随便，穿了一双拖鞋就过来了。可是虬髯客本来看自己是帝王之相，所以他想做中国第一人；再一看李世民，他知道将来中国的老板是这个年轻人，不是自己，心里很难过，也没有谈话，只告诉红拂女代约李世民隔天到某处下棋。因为虬髯客还有一位师兄是道人，上通天文，下通人情、地理，更精于《易经》数理、算命、卜卦之学。

这一天老道先来了与虬髯客下棋，手里拿了棋子，正准备放下的时候，李靖陪李世民来了。学道的人，眼睛都有神光，早已经看到了，他把棋盘一推，对虬髯客说："师弟我们走吧！这一盘棋输了。"就是告诉虬髯客：江山有主了，就是此公，不是你。

这个道人本来要做虬髯客的诸葛亮，现在成了诸葛暗了。

虬髯客当天就把李靖两夫妻找来，说他有多少兵器，多少财产；武器足够一百万部队用的，白银黄金多少，都交给你们。你们既然是我的妹妹与妹夫，你们两人辅助李世民，帮助天下吧！我走了，就这样他离开了中国。李靖帮助李世民成功，后来在唐朝出将入相，开创了唐代的历史。

有一天，唐太宗李世民接到边疆来的报告，应该是属于高丽——韩国的地方，说有一个一脸胡子的中国人，带了兵舰几百条，占领了那里一个国家，自称为王。唐太宗看到报告，一声不响，只把李靖找来，说："我们那位老兄他成功了。"就是指虬髯客，他也在一个小国当上皇帝了。李世民还替他高兴，没有说，你要来投降我，皈依我；当然最后他还是会向唐朝靠拢，这是当然的道理。

像这一类的故事，就是"大国以下小国，则取小国"，小国自然归服了；相反的，"小国以下大国，则取大国"。历史的经验说，周文王父子，当初不过只有一百里的土地——等于一个小县城，因为父子留心于国家的政治，爱民养民，所以国富民强，创立了周朝八百年的天下和统治。这就是以"小国以下大国"，这其中的重点就是谦下，不是傲慢；傲慢只可以斗一时之气。以个人言，在西门町打一架，结果被警察抓去，判了几年徒刑，也算是下了，但是那个"下"没有用，要道德的谦下才对。所以，"大国以下小国"是包容了小国；"小国以下大国"，如同文王的父亲，"则取大国"。

"故或下以取，或下而取"，这是古文的写法。"或下以取"，等于由桌子上抓起来；"或下而取"，从下面转个弯，把上面也包上来了，也把你拉上来了。所以，"或下以取，或下而取"，有两个字是虚字。古文虚字的用法要注意，"以"是介词，没有理由，这两句话等于我们讲：哦，这个都是没有道理的，还在想呢！也是中间媒介之词。但是，中国虚字的用法，意义就不同了。

大小相处之道

“大国不过欲兼畜人，小国不过欲入事人。”一个大国，总是想兼并人家，是侵略性的。“畜人”等于家庭富了财产多了，收两个干儿子没有关系，养两个孤儿，更有道德。大国兼畜人不是想并吞你，而是保护你，这是中国政治的特色。

我经常对外国朋友讲，中国过去的历史，实在民主，不想侵占别人家的土地。到一个承平的时候，是会帮忙人家“兴灭国，继绝世”，替别国整理好内部，由该国自己选出一个皇帝领袖来，交给他们，便退兵了。并没有要求什么条件，只要年年进贡，岁岁来朝，每年来看我们一下就可以了。实际上那是亏本的生意，别国派一个大使，从南洋送进来一只长颈鹿，一路上政府还要派人保护，直等送到京城交给皇帝为止。而回送的东西更要加上好多倍！那个时候琉球、高丽、越南、暹逻、泰国、爪哇等，本来都是如此，现在暂时不谈了。

大国不过是兼畜人，小国呢？“欲入事人”，找个牢固的依靠可以稳当一点，这是小国的目的。“夫两者各得其所”，小国既然来依靠你，希望你保护他，你就要尽到做长辈大国的责任，真正能够保护他的安全。他国家人民的财产生命，都要归入被保护之列。这种保护的道德政治，要有谦虚心、怜悯心，更要有仁慈心，这样则“两者各得其所”。

我们现在看到的大国，像美国、苏联，照老子的说法，不足道也！这个道理他们绝对不懂。虽然英国人比较了解一点，但英国一向是走侵略路线的，把老庄道家的政治思想反过来用，变成可怕，也偏差了。所以，我们自己身为中华儿女，要深深懂得最高的政治道德和政治哲学。

未来的天下，中国的前途不可知，如果自己没有真正政治道德的基本修养，一旦思想观念错误，大国就成为害天下，小国就变成小喽啰，变成洋化，随时会被人消灭了。这是今天的世界，今天的局面。

老子这本称为《道德经》的书，是政治道德哲学，他始终告诉我们应谦下、包容、爱护他人。

第六十二章

道者，万物之奥，善人之宝，不善人之所保。美言可以市，尊行可以加人。人之不善，何弃之有。故立天子，置三公，虽有拱璧以先驷马，不如坐进此道。古之所以贵此道者何，不曰以求得，有罪以免邪，故为天下贵。

好人要救助　坏人更要救助

这一章转而谈及政治哲学的原理，牵涉上古的政治制度，也是引申上经第十三章，与这个地方相互都有关连。

“道者，万物之奥，善人之宝，不善人之所保。”这是非常重要的政治道德哲学，也是个人最高的道德哲学，所以人要懂得道，要修道。至于“道”是什么，上经已经讨论过了，现在讲的是“道”的作用。“道”是万物的奥秘，天地间最高的奥秘，包容一切万象，也是“善人之宝”，因为善人本身就有道，也可以说，因为有道当然是善人。但是不善的人，或坏人，也不能离开道，因为道是“不善人之所保”，是使坏人能得到救助的。道是对好人要救，对坏人更要救。要如何去救助坏人呢？就是教化他，使他变成好人。所以不是只对好人要爱要教，对不好的人，也不要弃而不顾。

“美言可以市，尊行可以加人”，说好听的话，可以使人相信、喜爱，乃至买到别人的性命。好话是可以收买人心的，历史上有记载，皇帝美言鼓励几句话，臣子一辈子就被骗定了。清朝末年，打垮了太平天国，有一个将领被慈禧太后召见，太后说：“听说你这只手作战受伤了，袖子卷起来我看看！”慈禧太后就摸摸他受过伤的左手。事后，这位将领用最好的黄绫，将这只手包起来，认为是皇帝摸过的，别人不能动，以免亵渎。这就是“美言可以市，尊行可以加人”，太后的赞赏行为，使他把这只手都卖掉了，当然这条命也可以卖掉。

“人之不善，何弃之有”，不抛弃任何一个不善之人，也不抛弃任何一位众生，这是讲“道”的重要。“故立天子，置三公”。上古的政治制度，对现在的影响仍然可以见到；比如现在的国策顾问，是国家元首的顾问，这是上古的“师道”政治。以前中央政府的皇帝又称天子，表示是禀承上天的意旨来治理国家，而最高的官位是三公。最初只有一位，后来渐渐有两三位，都叫作三公。国之三公，也就是国家之大老。大老管什么呢？什么都不管，也什么都管，现在不管部的部长还没有他的地位高。现代所讲“不管部”，还属于内阁，在阁员之下，也相当于行政院的政治委员。上古的三公与皇帝平起平坐，一般大臣见皇帝时都要跪下，而三公就不必跪了。

国之大老与皇帝平起平坐，谈的是“内圣外王”之道，只讲原理，作为皇帝内心道德的修养。比如儒家的《大学》《中庸》是属于内圣之学，这些学问，由三公告诉皇帝，据之以做内养功夫。这是三公的制度。到了周朝中叶以后，有些变动了，秦汉以下，三公就变成有名无实了。就历史哲学立场来看，真正的三公，是我们精神上永恒的三公，那就是孔子、释迦牟尼、老子。这三位儒释道的大老师，就是中华民族的三公，也是我们每一个人的三公。

古代的三公所走的路，就是这三位大师的道路，可以指出帝王的错误，只有三公可以直言无讳地讲。所以，上古的政治制度有其特别之处，也有其绝妙之处。

老子说，虽有三公的制度，不如有道的重要；国家的元首，对于养生修道，都是最为看重的。

财富名位比不上坐进此道

“虽有拱璧以先驷马”，老子说，一个国家虽有财富，有稀奇古怪的珍宝，所谓价值连城的“拱璧”，以及“驷马”——古代的战争靠马匹，“驷马”是最好的良驹战马武器，也是皇帝的交通工具——但仍不如“道”的重要。佛经上说，转轮圣王有天生最好的良马，也就是前面提到过的中国周朝的历史故事。周穆王的千里马，日行三万里，大家看到故宫博物院的《八骏图》，就是八匹马，历代都有“八骏”。除了周穆王以外，唐太宗因为以战功得天下，有良马无数。所谓千里马，是仿造历史上的“八骏”马，也是纪念为他立战功而殉身的良马。

唐人有诗说：“八骏日行三万里”，以赞叹周穆王有这样好的交通工具。佛经上记载转轮圣王的马，比飞机还要快，但另外也有一句诗幽默地说：“穆王何事不重来”，意思是说周穆王已经死了，八匹马也带不走，你周穆王马跑得那么快，现在为何不再骑到这个世界上来看看呢？

人的生命就是如此，当时的生命结束了，你再也不会回来了。要想再回到这个世界，还要再找一个妈妈，多麻烦！所以“八骏日行三万里，穆王何事不重来”。年轻人喜欢学诗，诗的学问很深，读一次毫无道理，细读、精读后，懂了它的意思，才发觉这首诗原来那么挖苦，那么幽默。不但挖苦带幽默，并且说明了生死的哲学，人死了就不会再回到这世界来了。也许他又来了，可是，我们没有看见。

“虽有拱璧以先驷马，不如坐进此道”，这是领导人的哲学，商店老板也是一样，每天总要有一点很短的时间，自己能够真正冷静下来，清净无为，不是思考问题，思考都不思考，绝对宁静。这短暂的静定，引发自己智慧的灵光，才能去处理要紧的事情；国家领袖则是处理天下大事，天天这样进步就行了。所以老子说有财富和国宝，都“不如坐进此道”，不如每天坐而修养道德。当然，“坐进此道”也许是叫我们打坐，不过老子从来没有提打坐的话，“坐”是宁静下来，住于此道。

“古之所以贵此道者何，不曰以求得，有罪以免邪，故为天下贵。”古人为什么对“道”看得那么重，那么珍贵？“不曰以求得，有罪以免邪”，为什么不说要求得就可以得，要免罪就可以免？许多年轻同学所谓求道的，都犯这两重错误，以有所求之心，求清净无为之果，这是背道而驰。如果有求就有得的，那是邪道，而道是要自己心中一无所求，清净无为到极点，因为道就在清净无为中。所以佛家的《金刚经》教人无所求、无所住，就是这个道理。如有所求，像做生意一样，求财就得财，要命就得命吗？人家不一定把命给你。尤其是道，认为财与命还是“有为法”，不是无为之道。换一句话说，道不是向外面求来的啊！是一个人自己内在本来的，道是要从自己里头找出来的，如想向外求就错了。

如何消免自己的罪过

所以佛家常讲外道，什么叫作“外道”呢？佛家、佛教与其他宗教不同，其他宗教认为与自己不同的宗教叫作外道，认为你的理论与我不同，你就是外道、魔道。由佛法看来只觉得这是好笑的。佛家所说的外道，是指向心外去求法的就是外道。因为“道”本来就在你自己那里。

比如基督教就讲“上帝就在你的心中”，为什么不相信自己？道无所不在啊！处处皆在，充满在这个宇宙之间，你反而拼命去求，这不是道了，不是上帝的至道。

同样的道理，天下的真理只有一个，到达的方法不同，如果有两个真理的话，那就不是真理了。所以，佛家说“不二法门”，真理没有两样，表达的方式不同而已，你不要被骗了。民族不同，地区不同，言语、文化不同，思想方式不同，表达方式自然就不同。真理是没有不同的，可是一般搞宗教哲学的，用不同的形态、习惯，去解释那个没有形相的真理，那不是自己变成魔鬼了吗？那是背道而驰。所以，“道”不可以求得，不是向外求的，个个有道，你自己悟去。

“有罪以免邪”，一般人求道都是要求菩萨保佑我，上帝保佑我，把我的罪免掉，那上帝与菩萨不就是贪污吗？求他就免罪，不求他就降罪，做人也不可以这样，更不要说上帝和菩萨了！你想想看，有罪想免，如何可以免？“反求诸己”，要你自己内心反省，道在你那里，你要免自己的罪，自己要真忏悔，真反省，把罪恶反省忏悔干净。自己真正站起来，建立自己完美的人格，建立“善人之宝”，做一个真正的善人，不是外来菩萨上帝的力量把罪给你免掉的。外来的力量高兴给你免就免，不高兴给你免就不免，那成什么话！那就是魔的行为了。

所以老子的道理很清楚地告诉我们，“古之所以贵此道者何”，道之所以可贵，因为它无偏私，也不稀奇；就因为不稀奇，所以可贵。道就在你那里，为什么你找不到呢？就因为在你自己那里，所以你找不到了。等于我们的眼睛在自己脸上，你能够看到自己的眼睛吗？你看镜子才看到的，那只不过是镜子的幻影啊！不是你真实的眼睛。当然你也看不到自己的鼻子！

禅宗所说开悟了，是悟到了自己鼻子原来是向下的。我们的眼睛、鼻子在自己脸上，自己看不见，我们的内脏在自己的身体里头，你也没有看见过。外面也看不见，里面也看不见，人最差劲了。道就在你这里，你要找到这个，外面的不是，不要以为“眼观鼻，鼻观心”，把鼻子看破了也不是。也不是搞转河车、气脉、拙火，都不是，只是在你自己那里，是这个道理。“故为天下贵”，因此说这个道为天下之贵，是最崇高伟大、至高无上的，是至贵而高不可攀的。

第六十三章

为无为，事无事，味无味。大小多少，报怨以德。图难于其易，为大于其细。天下难事，必作于易；天下大事，必作于细。是以圣人终不为大，故能成其大。夫轻诺必寡信，多易必多难，是以圣人犹难之，故终无难矣。

平淡处事的一流人才

“为无为，事无事”，这是说，一个人看起来没有做什么事情，可是一切事情无形中都做好了。这是讲第一流的人才，第一流的能力，也是真正的领导哲学。下面加一句“味无味”，世界上真正好的味道，就是没有味道的味道。没有味道是什么味道？就是本来的真味、淡味，那是包含一切味道的。

世界上的烹饪术，大家都承认中国的最高明，一般外国人对中国菜的评价，第一是广东菜，第二是湖南菜，第三是四川菜，等而下之是淮扬菜、北方菜、上海菜等；这种评论是很不了解中国的烹饪的。真正好的中国菜，无论标榜什么地方味道，最好的都是“味无味”，只是本味。青菜就是青菜的味道，豆腐就是豆腐的味道；红烧豆腐，不是豆腐的味道，那是红烧的味道。所以，一个高手做菜，是能做好最难做的本味。

有一个学者朋友，也做过校长，大家都晓得他会做菜，但他不轻易为人做菜。临时到他那里，他只好自己动手了。随便一个蛋放上一点盐巴，东一下西一下地炒，味道就好吃得很。那是靠火候，就有很好的本味。

中国人讲交朋友，“君子之交淡如水”，好朋友不是酒肉朋友，不是天天来往，平常很平淡。但这并不是说冷漠无情；朋友碰到困难，或生病之类的事，他就来了。平常无所谓，也许眼睛看看就算打招呼了，可是有真热情。这就是我们中国人所谓的“淡如水”，友情淡得像水一样。大家都喝过水，试问水有没有味道？粗心大意的人一定说水没有味道，那就错了。水是有味道的，什么味道？“淡味”，也就是“无味”。老子上面讲了“为无为，事无事”，我们容易懂，但后面为什么加一句“味无味”呢？难道老子教我们当厨师吗？这句话，其实也就是解释上面两句，说明真正的人生，对于顶天立地的事业，都是在淡然无味的形态中完成的。这个淡然无味，往往是可以震撼千秋的事业，它的精神永远是亘古长存的。

比如一个宗教家，一个宗教的教主，在我们看来，他的人生抛弃了一切，甚至牺牲了自我的生命，为了拯救这个世界。他的一生是凄凉寂寞、淡而无味的。可是，他的道德功业，影响了千秋万代，这个淡而无味之中，却有着无穷的味道。这也是告诉我们出世学道真正的道理，同时也是告诉我们学问修养，以及修道的原则。

对人生茫然的人们

最近一位美国教授来，他是代表美国一个大使接洽有关外交的事务，对我则为私人晤谈。他谈到，今天无论是独裁的国家，或民主国家、自由世界欧美各国，他都去看过，他深深感到民主与独裁，这两个迥然不同的世界，都有相同的毛病，都是治不好的。他与独裁国家高级干部接触过，他说一谈到实际的情形，就感觉他们不讲一句真话，但他们无形中也告诉他一句真话，就是对一切都感到茫然！所以，在各国走了一圈，看到男女老幼，只有一个结论，就是对人生的茫然，对事实的茫然。他说在民主自由世界，在工商业发达的社会，男女老幼，也是茫然。所以说，这个时代是失落的时代，因为掉了心，没有中心。

他来访问我时，希望我到美国去，他说大家认为中国文化中的“禅”是一个中心，现在都在找这个东西。这一事实，就说明一个学道者的事业之所在，所以他现在也组织了一个世界禅学精神生命科学研究中心，正在研究生命的超能力、超感作用。

据他告诉我，世界上有好几个地方在研究超能力，他们专门训练小孩子，最初训练十几个，现在到达几十个了。还有一个妈妈带了几个孩子，把眼睛整个蒙起来，耳朵可以看东西，而且可以分辨颜色，现在，已经训练到用手可以看东西。他也曾亲自测验受训的孩子们，当时心理学家、电脑心电图，各种测验都参加，用红笔、绿笔各写一个字，被试验的人，眼睛遮住用耳朵看，能正确指出字的颜色。

这是《楞严经》上讲的“六根互用”，人的五官可以互相起作用，耳朵、鼻子也可以当眼睛，脚底心也可以当眼睛，眼睛也可以当耳朵。

这次我只能抽出很短的时间与他谈话，来不及做结论。如他所说，现代的各种方法，纵然把生命的功能、超感觉的力量发挥出来，还是没有找出人的生命根本，道体的根本。找不到道体的根本，还是失落的一代——茫然！所以一切都是茫然。

我们台湾这一代的青年们，同样也有茫然之感，这是一个时代的病态，是文化思想上的基本问题。我曾在十几年前，对几个大学联合演讲时，大声疾呼：我们二十世纪数十年来，国内外究竟有多少人的学术思想影响了世界？如果有所谓影响，也只是跳动，只是波动时的波浪，对人类历史文化都交了白卷。如果要在文化史上真正有一个交代，尚待我们的努力。

讲了那么多废话，不外说明一件事，就是很多青年人，到处在学打坐、学佛、修禅，以及研究一切宗教，找科学超生命的力量。这样的年轻人，中外都有，但都犯了一个基本的错误，就是在方法上错了，都是以有为法去做，因此，不能接触到最高的道体。所以，必须要“为无为，事无事”，学道也要“味无味”，以这个原则，慢慢才可能接近形而上的道体。所以，不论是想打通任督二脉，或者是用其他各种的方法，都是有为法，都是“无事生非”。像一则笑话说，《三国演义》中张飞的妈妈是谁？回答姓“吴”，因为“无（吴）事生非（飞）”。诸葛亮的妈妈是谁？周瑜说，“既生瑜何生亮”，所以诸葛亮妈妈姓“何”，周瑜的妈妈姓“纪”。这个笑话也是说明，很多人学道学佛上不了路，都是《三国演义》中的，“既生瑜”“何生亮”“无事生非”，不能做到“为无为，事无事，味无味”的境界。因此，虽然在修道，却离道越来越远。

以德报怨的问题

“大小多少，报怨以德”，这句话很有意思，我们不谈老子道的哲学，以老子的文学思想来讲，只有两个对子：“大对小”，“多对少”，他已经对好了。“大小，多少”这四个字又是什么意思呢？这不是说大事也好，小事也好，多事也好，少事也好，这是说研究中国文化要先认识“字”。我曾再三提到，现在又再说一次，古代一个字，代表了好几个观念，那个时候没有印刷，是用刀刻在竹片上，所以尽量地简化。现在我们好多的观念凑拢来，代表了一个观念，这是语言文字应用的范围，工具、方法、技巧的演变，几千年相隔下来，产生的现象不同。所以，古来一个字就是一件事情。数量多与少，都说明任何事情都有正反两方面，也有互为因果的作用。大从哪里大起呢？是从很多的小累积起来的；多是从哪里来？是很多的少累积起来叫作多。

不管大小多少，一切都有必然的因果律，与自然科学的因果律，原则相同。自然科学的因果律，种瓜得瓜，种豆得豆，宇宙间人事与精神，因果原则是一样的。但是，过程中的变化，错综复杂，并不尽然相同。

老子始终是主张道德的，与人有仇，对人怨恨，不是采取报复的态度，也不是容忍，是更高一点的大慈悲的态度，就是“报怨以德”，以道德来报怨。

讲到这句话，还记起来过去的一桩事。十几年前，我在空军做巡回演讲，最后讲到这里时，蒋介石发表一篇《复兴中国文化的文告》。实际上，早在一两个月前，我就拼命鼓吹中国文化的复兴，曾经在台中的空军基地讲过，到今天为止，起码有十年了。我在《禅与道概论》这本书中也提到。说到中国文化有一股很难描述的味道，因为从白话文教育入手的人，打不开固有文化仓库的库门，进入不了。中国文化都记载在古书中，而古书都是用古文写的。从白话文入手，教育“老师早，老师好，老师不得了”，那是没有用的；只有从“人之初，性本善”“天地玄黄，宇宙洪荒”那种六书之学的古文教育入手才行。所以，我只好很抱歉地说，复兴中华文化，恐怕六十岁以下的人都成了问题。我当时讲这些话的时候，蒋先生也正在那个地方。

我们抗日战争胜利，蒋介石对日本的决策，就是“以德报怨”的老子思想。孔子是主张“以直报怨”地直道而行，你打我一拳，我踢你一腿总可以吧！你打我一个耳光，我原谅你吐一口唾沫还你总可以吧！你打我，我当然不痛快，我当然还你一个颜色，这是孔孟儒家的思想。道家的思想不然，是“报怨以德”，以德报怨的。用西方基督教《圣经》上的话来说，你打我右边的脸，我再把左边的脸送过去。这只是容忍的态度而已。老子与佛家的思想是大慈悲，以仁慈去感化对方。

不过“报怨以德”，是不是真的能够做得到呢？那就要看个人的修养了。所以，上面这句话非常灵活，他并不是规定你非“报怨以德”不可，这中间有大小、多少之别，还有这个事情的因果、重点，要先看清楚。

大事不难　小事不易

“图难于其易，为大于其细”，这十个字的两句话，又是一副对联，天下最困难的事，对于真有智慧的人来讲，处理时“于其易”，会找到事情的关键点，处理起来就很容易。我经常给年轻同学讲笑话，要他一个人去搬个桌子那样大的石头，他们都面有难色，认为至少需要六七个人才搬得动；告诉他一个人就可以了，不必要把它悬空搬，是要想办法把它转动，走圆圈地转动，几个指头也可以慢慢转得动。只要动了，走圆圈的方法就成功了。

做事情的道理也是如此，先要找出要点，如果用力去做是非常笨的方法，要用“势”。势不是力，譬如一个手表很轻很小，就是打到我们也不过是起个小疙瘩而已。但是，如果远远一掷，加上力学的作用，打到身上可能是几十斤的力量；甚至刚好打到一个要害的穴道，就可致人于死，这就是“势”的道理。所以用“势”与用“力”不同。

天下没有困难的事，这是拿破仑吹牛的话，但他最后还是死于困难。天下处处都是困难的事，不要听拿破仑乱吹，还不如

《中庸》说得好，看天下没有一件容易的事，这样才可以比较容易地完成，也就是“图难于其易”。能把握要点，找到关键，才容易成功。

“为大于其细”，一项伟大的成就，是从小地方做起的；最伟大的建筑，是从一颗颗沙石堆积起来的。

下面是引申的道理，我们懂了这两句话的原则，下面就容易懂了。

“天下难事，必作于易”，相反的道理，天下最困难的事情就是容易的事。这里告诉我们后一代的人，不要把天下事看得太容易了，你认为容易做，最后遭遇了大困难。许多事看来太轻易了，事实上天下没有一件容易的事，即使我们端着饭碗，把菜送进口里，似乎是很容易的事，可是有时候还咬到舌头；或者筷子挟的东西掉下来了，因为我们轻视这个动作，觉得它很容易办到。所以不论任何事，看得容易的话，反而会困难。

“天下大事，必作于细”，我们经常引用曾国藩的话，“大处着眼，小处着手”，因为曾国藩深懂老子的道理，深懂道家。也有的人说只看大处，不必斤斤于小处；当然做事不能斤斤计较于小的地方，要顾全大局。但小处也要注意到，因为“天下大事，必作于细”，很小的、不相干的事，常常会产生大的纰漏；甚至于养生之道，也是如此。

天气热的时候，很多人生病，常看到青年同学，因天热而贪凉，我告诉他：小心啊！不要吃冰的东西，回来喝杯午时茶。同学们有时候笑笑，他们心里想，老师就是这样，把我们看得好像都很脆弱。过了几天，很多人都在吃药了，而我老头一点儿事也没有。所以说饮食气候种种，尤其在立秋、立夏这些节气前后，气候无常，一些学佛的人，应该晓得李清照的词：“乍暖还寒时节，最难将息。”“将息”就是保养。这是春天写的一首词，到了秋天可改为：忽冷还热时候，最难将息。李清照就是写“寻寻觅觅，冷冷清清，凄凄惨惨……”的那位小姐。可是“乍暖还寒时节，最难将息”这两句，是很好的人生修养哲学。所以，这一首词在我们生活当中，尤其关于修道，非常重要。你不要认为打坐可以治百病，不要忽略了生活的细节，一忽略了细节，小病往往变成重病。

比如最近有一位朋友，一向静坐功夫很好，很自恃，我注意到了，就吩咐他小心啊！他说：“不会啊！不对我就打打坐！”我只好对他笑了。结果，这两天倒了，不是打坐倒了，是倒在床上了。这就是忽略了“大事必作于细”的缘故。所以人生要想成功一件事情，没有任何一点小事可以马虎的。

欧阳修有两句名言，我经常上课时引用，他说：“祸患常积于忽微”，大祸经常出在小地方，不很注意到的地方。那些毫不相干的小毛病，累积起来，就成为大毛病。还有一句：“智勇多困于所溺”，一个人有智慧，有学问，有大勇，可是他有时一点儿都用不出来，因为你有所溺爱，就会有偏向。甚至情绪上的一点儿偏向，习惯上的一点儿偏向，就把你蒙蔽了，你的智慧判断就错误了。这是“祸患常积于忽微，智勇多困于所溺”的道理，所以“大事必作于细”，也就是这个道理。

“是以圣人终不为大，故能成其大”，一个真正的圣人，不吹大牛不说大话不狂妄，只是小心谨慎。关于这一点，有人拿历史上的两个人物，说明一个做人的道理，“诸葛一生唯谨慎，吕端大事不糊涂”。诸葛亮一辈子的长处，成功要点，就是小心谨慎。吕端是宋朝的一个名臣，大宰相，在历史上这两个人物的处事态度，构成一副很好的对子。吕端这个人，平常看起来糊里糊涂，马马虎虎，但是他不是真马虎，他是大智若愚，是真精明假糊涂。他处理大事一点都不糊涂，他说：“我小事马虎，大事不糊涂”，那是自吹的话，真能够对大事不糊涂的人，小事一样看得清楚。就像一个人眼睛很亮的时候，一眼看出去，整个的场面统统都看清楚了，小地方也都看到了。

大圣人因为他不自以为是，不傲慢，不自骄，故能成为真正的伟大。所以圣人之所以成其为圣人，就是因为谨慎小心，不狂妄不傲慢。因此，老子与孔子一样，告诉我们许多做人的名言，也涉及历史上观察人的相术。孔子在《易经》上也讲了很多，孟子也说得不少。

谁是轻诺寡信的人

“夫轻诺必寡信，多易必多难，是以圣人犹难之，故终无难矣。”这是老子把人世间的经验累积起来，告诉我们，一个轻诺的人必定寡信。我经常告诫年轻的同学们，不可随便答允别人的请托。有人托你上街代买一块豆腐，另有个人托你带一包盐巴和糖，你都说可以，结果回来时都忘了，反而害得人菜炒不成，咖啡喝不成，误了别人的事。随便允诺所请则难守信。换句话说，观察一个人，如果是轻诺者，此人多半寡信。

历史上有“侠义道”之说，就是中国的“任侠使气”。喜欢讲义气管闲事的人，又叫侠客，这类人脾气大，看不惯不公平的事，自己吃饱饭没有事，喜欢替别人打抱不平，坐在家里也吹胡子瞪眼睛。这种“任侠”的人，必定“使气”，因为养气不够之故。但是，一个真正“任侠”的人，一定是“重然诺”的。

比如“季布”，历史上写这个人“重然诺”，就是很重视承诺，你要求他一件事，他不轻易答应，只要答应就一定做到。这种任侠使气的作风，演变成后来的帮会流传。现代青年喜欢谈帮会，但并不懂什么是帮会。西门町帮会，那是西门“疔”，那不是帮会。真正的所谓帮会，有个名词，“三刀六眼”，就是“重然诺”。当朋友双方有意见吵架时，第三者答应出来调解，这一个答应的人，就要准备把一条命赔进去了。如果两方面不听劝解，不能“言归于好”，自己抽出刀来，在大腿上插三刀对穿成六个洞眼。这三刀六眼很严重，整个帮会的人，再没有不听他调解的话了。“任侠使气”是为什么？为了别人两方的平安和谐。

司马迁在《史记》上写的《刺客列传》，不只举了荆轲这一个人的例子，其实历史上还有很多这样的事例。有人对于人家对自己的好处，理都不理，等到最后自己老母亲死了，才对那人说，你一直对我好，我几十年都记得，为什么不理？因为还有母亲在，现在母亲过世了，我已无牵挂，现在我这条命也是你的，这叫作“重然诺”。所以为人之道，不可轻诺而寡信。人生在世，常想做很多事，帮很多人，结果一样都办不成，因为自己没有那么多的精力，没有那么多的时间。

《论语》上面记载，子贡问孔子：“如有博施于民而能济众，何如？可谓仁乎？”孔子答道：“博施济众，尧舜其犹病诸。”想要布施，救天下的人，少吹牛了，救一个算一个，还算切实一点。有一些人动不动要学佛度众生，而事实上自己的太太或先生都度不了，还度什么众生呢？所以，学佛的人注意，随便发愿度一切众生，犯了一个戒，就是轻诺寡信，这是不可以的。

“多易必多难”，把天下事看得太容易了，认为天下事不难，最后，你所遭遇的困难更重。天下事没有一件是容易的，都不可以随便，连对自己都不能轻诺。有些人年轻的时候，想做大丈夫，救这个国家，劝他慢慢来，先救自己，有能力再扩而充之；否则连自己都救不了，随便吹大牛，就是轻诺。

今天一位在国外教学回来的人，感慨地说：“我们从小读书到现在，读了一辈子书，又做几十年事，对于父母所给予恩惠的这笔账，一毛钱也没有还过。”他所说的一毛钱，当然不是完全指的金钱，是说一件事情都没有做好，正如《红楼梦》中贾宝玉对自己的描述：“负父母养育之恩，违师友规训之德”。许多人，甚至几乎所有的人，活了几十年都还在这两句话中，违背了老师朋友们所规训的道德，一无所成。我们年轻人都应立志，结果，几十年都没有做到自己所立的志向，这也是轻诺。所以，人生要了解，天下事没有一件是容易的。

“是以圣人犹难之，故终无难矣。”圣人之所以成为圣人，因为重视天下事；他不但不轻视天下事，也不轻视天下任何人。因此，才不会有困难，才能成其为圣人！

这第六十三章，讲困难与容易的问题，归结起来，这一章是解释上经第十三章的原理。老子真正告诉我们的是：天下无难事，但是，要用大智慧去找出容易的关键，否则都是难事，没有一件事是容易的。

第六十四章

> 其安易持，其未兆易谋。其脆易泮，其微易散。为之于未有，治之于未乱。合抱之木生于毫末，九层之台起于累土，千里之行始于足下。为者败之，执者失之。是以圣人无为故无败，无执故无失。民之从事，长于几成而败之，慎终如始，则无败事。是以圣人欲不欲，不贵难得之货；学不学，复众人之所过，以辅万物之自然，而不敢为。

看起来这些文字很美，常会轻易把它读过去，其中告诉了我们一个重要的原则，尤其是在政治哲学上，如果想立功创业，就要注意“其安易持”这一点。这是什么意思呢？是说平常的事情，如果要继续保持平常是非常难的。所以十多年来，我给人写信，最后的祝福语都是写“恭祝平安”。人生最难得的是平安，人生平安就是福气。古人说：“百年三万六千日，不在愁中即病中。”人的一生，不是烦恼愁苦就是生病，今天感冒，明天腿痛抽筋，都在生病。所以平安最难，永远保持平安前进是最困难的，真能保持平安，才能保持长久。

宜未雨而绸缪　勿临渴而掘井

“其安易持”，无论是个人事业，或者天下国家大事，要能求到长治久安，就很不容易。政治的处理或者公司、行号，能保持永远的常态，没有大的变动，已经是莫大的功劳了。创业艰难，守成也不容易，能够保持到长治，“其安易持”，做到平安，才容易保持长久。

“其未兆易谋”，一件事情，国家大事与个人事业都如此，当一个兆头还没有发生时，一个现象还没有出来以前，容易想办法，这是老子“为无为”之道。为什么中国历史上，每逢乱世出来平乱的，大半都是道家人物？因为他能够把握“未兆”的原则。一个社会看来很安定的时候，在道家的观点来看，却正是可怕的先兆。比如我们现在的社会，国富兵强，生活富足；然而在我们看来正是很令人担忧的。因为后一代的青年，不知道困苦艰难，没有受过挫折，社会国家一旦发生问题，马上抵抗不住了，这是很严重的。

“未兆”，就是“兆头”之前。我们可以引用两句古诗：“山雨欲来风满楼”，“万木无声知雨来”，这比气象台还要灵验。夏天雷雨要来之前，高楼上的风先来，接着就是雨了，风先雨而来，这是“兆头”。什么叫“未兆”呢？就是当兆头一点影子都没有时，也就是“万木无声”的时候。有人希望学到求雨的方法，我告诉他们不必求，因为台湾只有这么一点儿地方，纵然求雨有灵，一场大雨又可能闹水灾了。因为他们都是虔诚的佛门弟子，我叫他们只一心念佛就行了，不几天果然下雨了。当时我站在高楼上，极目所视，各马路上的树木连树叶也没有一片动的，那股闷气太闷了，地球的气向上蒸慢慢碰到冷气流，当然会下雨。如果夏天登山或者在野外健行，忽然碰到很闷热的天气，树叶子动都不动，那要晓得，后面马上来的是一阵大雨，这就是“万木无声知雨来”。

所以讲中国哲学很难，诗与词中就有高深的哲学道理，因为中华民族非常爱美，尤其对文字的美更讲究，常把最高深的学问，放在诗词之中。如果只当文字欣赏那就体会不出来了。我经常说，欲懂中国哲学，必须要先懂诗词，先懂历史，就是这个缘故。

刚才讲到“万木无声”就是“未兆”，没有一点下雨的影子，这时候就应该“知雨来”，晓得不久要下雨了。如果要出门，就赶快带雨伞。遇到天气很闷的时候，有同学出门，一定问他到哪里去，倘使他走得远，就吩咐他带雨伞。不听话的同学，心里一定在笑，老师神经，这么大热的天气，叫我带雨伞！其实纵然不下雨还可以挡太阳，带雨伞总归是好的。几十年前出门读书时，老祖母一再叮咛带雨伞，夏天出门则叮咛带棉袄。在那个时候出外念书，不像现在是从台南到台北来读书，几个钟头就到了。当年交通困难，往往需要三两天以上的路程，说不定在路上忽然来一个寒流，所以夏天出门带棉袄，就是“其未兆易谋”。小至个人创业，大至于治国平天下，就是我们中国文化中的四个字——“深思熟虑”。要好好地想，深深地思考而熟虑，不能马虎，也就是老子讲的“图难于易”。

闲棋一着

“其脆易泮，其微易散”，一个很脆的东西，容易破碎，所以越脆的东西越弱，容易打破，破碎后变成又多又细小的微末。

这几句话，深刻发挥的话，要引证很多历史的故事，尤其在政治策略方面，古人用得非常多，特别是学道家哲学的人，运用得更为巧妙。有先知的人，用智慧预先防止可能发生的问题，使社会能够得到长久的安定。所以，一个大政治家处理事务，如果决策完善，则功德无量，所造成的影响不止一个地区，不止几十年。有时候好的政策，可使社会安定几百年之久，其中的道理，都是在这个地方。

“为之于未有”，真正做事业的人，在开始还没有一点影子的时候，已经把基础打好了，这就是高明的人在处事。那和下棋一样，好像随便下一个不相干的棋子，这颗棋子，文学上形容叫作“闲棋一着”。什么叫闲棋？下的这个棋子没有道理，可以下，也可以不下。忽然放一个棋子在那里，看来是不起任何作用的一着闲棋，而实际上是经过“深思熟虑”，预先计算的。多年以后，发展到某个阶段，这里已经有预先的准备，起了大作用，收到大功效，政治上则可以使天下不乱。这就是“为之于未有”。我常常要同学们去做某些事，有人觉得我啰嗦厌烦，有些同学问这是什么意思，我告诉他们，一旦发生问题就大有关系。这就是“为之于未有”，问题没有来，但要先做安排。

“治之于未乱”，大政治家，在天下未乱的时候，已经把乱源，乱的根源先平掉了。社会上有人犯罪，把犯罪的人捕获，绳之以法，不错，执法的人很有功劳。但是，真正的大功劳，是使人根本不会犯法，这就是法治的道理，出于道家的精神。所以“立法”的目的，能使民众不会犯法，那就是天下之大法；等到人犯了法再去惩罚，已经是下策，不是上策了。上乘道是“为之于未有，治之于未乱”，可是如何做到呢？其中就有大学问了。

万丈高楼从地起

“合抱之木生于毫末”，原始森林中，有如阿里山的神木，一个人抱不了，要许多人联手合围才能环抱。这样的大树如何长大的？“生于毫末”，也是从一株秋毫小苗长起来的。初生婴儿身上的毛，若有若无，叫作毫毛，在毛的顶颠上的一点点，显微镜才看得见的，叫作毫末。树苗刚刚生出来，也是像毫末一样。

讲到这里，我也经常引用古人的这两首诗，鼓励青年们要注意，这首诗可以背起来：

自少齐埋于小草，而今渐却出蓬蒿。

世人不识凌云干，直到凌云始道高。

人不要动不动想去自杀，我一点都不同情这种人，没出息嘛！父母给你一个身体，不能做顶天立地的事情，想不开有什么用呢？看了古人这首诗，就要懂得这个道理。这一首诗是哲学，所以中国的哲学都在诗里，虽是写一棵松树，实际的意思是要我们懂得人生。山上一棵大松树，大陆上有些古松，在空中看来像一条龙一样。这棵松树在小的时候，“自少齐埋于小草”，如老子说的“合抱之木生于毫末”，它与一般小草一样，种在那里。它缓缓慢慢地长出来了，渐渐出蓬蒿，顶天立地，像阿里山那棵“神木”一样，许多人对它还要烧香顶礼膜拜呢！

可是，当这棵树木小的时候，看它很平凡，“直到凌云始道高”。一般人只是看成果，不晓得看前因；等到树木长到天一样高，仰头来看，头上的帽子都因仰头掉下来，这时才说：哦！好高啊！人们绝不会在幼小的时候看出它的高，这就是人生。所以，青年同学们要注意，“人贵自立”，要自己站起来，不要刚刚出头，就想要别人赞美你高，那是高不起来的；等自己真的长高了，别人自然会说，好高啊！

这说明了人生的道理，也是解释“合抱之木生于毫末”的道理。另外一首诗，我也经常引用，要青年同学们注意：

雨后山中蔓草荣，沿溪漫谷可怜生。

寻常岂借栽培力，自得天机自长成。

这些都要背熟，自己遇到困难的时候，高歌一曲，困难所产生的苦闷就化解了，也得到无比的鼓励；这和祈祷上帝或跪在菩萨前面一样的好。一阵大雨过后，到山中一看，沿着山谷流水边，蔓草已经长出来了。这些草也不靠人浇肥料，无人帮忙，是靠它自己的生命力，满山满谷在生长，那是自得天机，自然得到天地生命的力量，自我站起来的。一个人的成功，也须具备这样大的勇气。

这两首诗，我从小几岁背到现在。有时候，自己碰到真正困难的事情，念佛，祷告上帝仍无法定下来的时候，“寻常岂借栽培力，自得天机自长成”，要有这个勇气，要有这个魄力，这才是真正懂得中国文化的精神。人不必希望别人的恭维，要自己站起来；能站起来，自然有人仰头看，叫好拍掌的都来了。可是到那时候，千万不要受到掌声的影响，试看那大树旁有人又唱歌，又跳舞，又烧香膜拜，大树也是置之不理啊！

“九层之台起于累土”，所谓“九层”，中国文化古代就是指高楼。九层并不代表“九”，代表的是数的极点，从一开始，最后的数字是九；到十又是另外一位数的一，所以数的最高是九。《易经》的数理哲学，最初是“零”，零代表了没有数，也代表了无数、不可知之数、无比、无量，所以零代表的是“空”，也代表了万有充满其中。而数的极点就是九，“九层之台起于累土”，最高的建筑也是从地上开始建造的。“千里之行始于足下”，走一千里，也是从脚下的第一步开始的。

智慧　从势　待时

下面的两句很妙，“为者败之，执者失之”，一个人太懂得有所作为，反而会失败。为什么呢？孟子也讲过“揠苗助长”的故事，说宋国有一个人种田，种下以后，天天去看，感觉不到禾苗在长，心里很急，干脆帮忙把禾苗拔高一点。被他这样一拔，结果稻子都死掉了，这是说有所作为反而失败的道理。必须要慢慢地等待，成功不是偶然的，有时要分秒必争，有时则是分秒不可争。必争者是我们人自己分秒都要努力；不可争者，因为时光是有隧道的，要分秒都到了才可以。不要早晨起来，就希望天黑，这是不可能的，太阳的躔度，是一点一滴慢慢来的。

我经常以自己的经验，以及年轻时的感受，替青年们着想，所以劝青年人凡事慢慢来，大概要等十年以后，再看如何。当我二十岁左右的时候，有人告诉我：你这样子大概三十岁或许会有成功的希望。听了这话很灰心，好泄气，以为还要十年的时间，哪能等那么久！谁知道一回头，现在都已过了几十年了，这是没有办法的事，只有自己去体会，急是急不来的。孟子也说过："虽有智慧不如乘势，虽有镃基不如待时。"时空两个因素，是无法忽略的，尽管急切，却一点办法也没有。如果忽略时间与空间的因素，非要立刻做到某种程度不可，结果只有"失之"了。这是因为有为而失败，不是"为无为"，所以是"执者失之"。

但是，你不要受骗，不要固执这个原则，因为，天下事不断在变，时空也不断在变，天地万物一切人与事，都是随时在变、随地在变，没有不变的。有时讲错了话不禁脸红，转念一想没有关系啊！就不脸红了；再过片刻，自己还越想越有道理，还有支持自己的理由呢！所以时空随时在变，若执着呆定不变当作法则，就错了。

"执者失之"，抓得太紧也是错的，"是以圣人无为故无败，无执故无失"。这是告诉我们人生大哲学，也是做人做事的一个大原则。他说我们上古圣人有道之士，懂得了这个原则，"是以圣人无为故无败"，所以圣人是处"无为"之道。什么是无为之道？就是"为无为"。千万把握这个重点，否则很容易误认"无为”等于什么都不管。我们这一代，很多讲哲学的人，解释老子“无为”就是万事不管，这种解释影响了这一代青年，使他们走上错误之途，那是可叹的事。圣人因为懂得无为之理，不积极求有所为，所以他不败。

“无执故无失”，因为知道宇宙万事万物，随时都在变化，所以圣人不固执成见，而是随时应变、通变。人事更是随时都在变，每一刹那都在变易之中，最重要的是知道应变；应变还不行，要通变，配合变去变，这就是“为无为”。圣人因为能“无执”，能应变、通变，不执着，所以，他不会失败。

将成功时反致失败

“民之从事，常于几成而败之”，圣人懂得道的用，所以成其为圣人。佛经常拿“无常”的道理示人，大家同样研究佛法、佛学，可是常戴一副有色的眼镜，对于世间的无常，都持悲观的看法。实际上，释迦牟尼的印度文化所讲的“无常”，就是中国文化的“变”，天地万物没有不变的，不是永恒固定的。所以，生死是无常，人有生就有死，就变去了，这是必然的变去，所以教我们认清这个“变”。《易经》讲变是个基本原则，印度文化讲的是“现象”，叫作“无常”。一般圣人懂得这个道理，所以，永远是成功的，不会失败。

“民之从事”，这个“民”，不是站在官的立场，是指老百姓而言，是代表普遍的一般人，或者可解释为“人类”。一般人做事，“常于几成而败之”，快到成功的时候失败了，爬楼梯还剩一阶就要爬到顶上，突然跌下来，骨头也跌伤了，照X光打石膏，这是“几成而败之”。做一件事情，无论小事或大事，快要成功时，就是最危险的时候。因为快成功会使自己昏了头，一高兴，眼前的成功，反而成为“一失足成千古恨，再回首已百年身”。纵然不死，却要再重新开始了。所以说一般人，多半是“几成而败之”，在几乎快要成功的时候反而失败了。

但是，要注意“几”字，再进一步、更深一层来讲，成败都有它的先机，有它的关键。先机是什么？是“未兆易谋”那个兆头。一件事情的成败，常有些前后相关的现象，当你动作的时候，它已经有现象了，自己没有智慧看不出来；如能把握那个“机”，就不至于失败。所以，一般的人们，“几成而败之”，是因为把坏的机看成成功的机，自己看不清楚，结果失败了。这是进一步解释“几”的道理。

我经常说中国文化包括《易经》以及孔孟、老庄等的思想，中国与希腊、埃及、印度为四大古老民族的文化。这四大文化体系有一个共同的原则，就是注重因果律。再进一步研究，为什么这四大古国文明，都有这个共同点呢？那就要注意上古以及远古时期了。这也就是说，上一个冰河时期的人类，可能文化已经发展到最高智慧的共同结晶了。在人类文化达到最高智慧的冰河期时，地球毁了，剩下来少数的人类，则把先民文化结晶的一点原则留传下来。我经常说，《易经》八卦的图谶，就是这样来的，那个所谓的伏羲，是恍兮惚兮一样，搞不清楚是从哪里来的。

老子再告诉我们“慎终如始”，青年同学们对这几个字要好好记在脑海里，这是一生成功的大原则。他告诉我们，到了成功的时候，你要保持开始时的那个态度，那个本色。即使做了最伟大的事，戴上皇冠，坐在皇位上的时候，也要心中无事，就像在妈妈怀抱里一样的平凡，那就真的成功了。更要知前因后果，不要因为成功就得意，因为学问、事业有成就满足得昏了头。这样马上就会“几成而败”，失败了。在爬到最高处的时候，始终保持开始时那个心情，你就永远是成功的，因为你不自满不骄慢，很平凡。“慎终如始，则无败事”，任何的成功不要满足，永远保持开始第一天那样的心情，则永远没有失败，永远是进步的。

圣人的欲望是什么

“是以圣人欲不欲”，真正的大欲望是什么？就是消灭我们心中意识上小的欲望。真正做到“无欲”，一切都无所求，那是个大欲望，那是欲为圣人、超人。超人对于物理世间的一切欲望，不放在心上，就因为能如此，才能成为超人，超越一般常人。所以“圣人欲不欲，不贵难得之货”，货就是物质的东西，不要被物质世界的稀奇物品所迷惑了。我们人最容易被物质所骗，钞票、财富代表物质，如被这些东西骗着，人生就变得有限了。充其量多几个钱，如果认为有钱才能享受，那只是人的想象罢了。穷人没有大钱，不知道钱多时的实情，假如富有真到了某一个阶段，对于钱，看都不看，觉得没有意思。当然我们一个月收入几万元，觉得不错了，觉得钱很重要，那些有多少亿的人，却不晓得怎么办才好！这么多钱干什么用？吃的穿的用的，差不多都够了，生不带来，死不带去，实在没有道理。所以，圣人“不贵难得之货”，不被物质的东西所迷惑。

“学不学，复众人之所过”，人们在求学的阶段，要有学问有知识；其实那是半吊子，真正有学问时，中国有句话“学问深时意气平”，学问真到了深的时候，意气就平了，也就是俗话说的“满罐子不响，半罐子响叮当”。从佛学来说，大阿罗汉或者菩萨，没有成道以前，都是“有学位”。成了佛叫作“无学位”。这个“无学位”不是戴方帽子的学位，是已经达到不需要再学的位阶了，已经到顶，最高最高了。但是最高处也是最平凡处，最平凡处也是最高处。所以，真正的学问好像是不学——没有学问，大智若愚。“复众人之所过”，恢复到比一般人还平凡。平凡太过分了，笨得太过分了，就算聪明也聪明得太过分了，都不对。有些朋友相反，就是又不笨又不聪明得太过分。真正有道之士，便“复众人之所过”，不做得过分，也就是最平凡。真正的学问是了解了这个道理，修养修道是修到了这个境界。

“以辅万物之自然，而不敢为”。“道”的境界到达这个地方，与物理世界万物一样，“万物”是“自得天机自长成”的，自然地成就，自然地衰败，自然地生生不息，不加一点造作，不加一点人为。修道做学问修养，能够了解这个原理，修到这个境界，就是“以辅万物之自然，而不敢为”，没有加一点人为有为的功夫。

第六十五章

古之善为道者，非以明民，将以愚之。民之难治，以其智多。故以智治国，国之贼；不以智治国，国之福。知此两者亦楷式，常知楷式，是谓玄德。玄德深矣，远矣，与物反矣。然后乃至大顺。

这一章与上面一章一样，都是对上经第十五章的发挥。不过到了这一章就碰到了一个严重的问题。“古之善为道者，非以明民，将以愚之”，关于这一段，研究中国政治哲学思想的人，素来认为老庄之道与儒家哲学思想，是为帝王们铺路，走的是“愚民政策”，希望老百姓没有知识，越笨越好。所谓“非以明民，将以愚之”，文字表面上是说，上古以来善于运用政治哲学道理的人，不是要老百姓智慧高，而是希望他们智慧低；好像老子就明白地这样讲。

智与愚

“民之难治，以其智多。故以智治国，国之贼”，他说社会人民之所以难治，是因为一般人知识太多了，如以提高知识来治国，那是“国之贼”，是错误的；不用智慧来治国，才是国家之福。照这一段文字解释，很明确就是这样讲的。但是，大家忘记老子还说过“大智若愚”这句话，愚并不一定是愚笨。尤其古书上讲到愚，往往不用“愚”字，因为愚有诚实、朴素的意思。所以，上古古典的书籍，“愚”字不太当笨字解，而是老子思想所主张的朴实、厚朴。

朴实并不是笨，因为一个笨人并不一定不朴实，但笨人会捣乱，会调皮，自以为聪明，便自作聪明。这些人大处愚笨，使小聪明，所以笨人做的事情，常会把人气坏了。现代一些犯罪的青少年，就是如此。那并不是朴实，朴实与“愚”与“诚恳”两个字往往一起用。“愚钝”有同等的意思，是非常纯朴诚实的意思，所以老子曾讲到“大智若愚”。后面第七十一章，老子有几句话，下面先引用来解释智与愚的问题。

“知不知，上，不知知，病。夫唯病病，是以不病，圣人不病，以其病病，是以不病。”

他说真正智慧高到了极点，就是“不知”，不是真的不知，是好像不知，好像没有智慧；也就是以前提到过的半罐水响叮当，满罐子水就不响了。智慧到了最高时，似乎是不知。“不知知，病”，一般人就犯这个毛病，自己跟自己过不去，自以为学问很好，智慧很高，“不知强以为知”，根本不懂而以为自己真的懂了，这是一个大毛病。“知不知”，智慧到了最高处，一切事情都知道了，心情反而很平淡，等于普通一个不知的人一样，这是最上智的人。我们引用了这两句话先来说明，现在回过来再看这一章，就明了老子所说“古之善为道者，非以明民，将以愚之”这句话的道理了。

我们的文化，过去有一个阶段，文盲太多，乡下没有几个人读书，斗大的字难认识一担。如果问他读过书没有，他说是跟孔夫子师母学的，孔夫子没有教过他，这是以前没有上过学的笑话。那个时候，满地都是文盲，所以必须要普及知识，普及到几十年以后的今天，真正高度的知识教育没有完成，只是增强了一般国民的普遍知识。但是政治思想也是半通不通的，好像什么都接受。我们几十年来，看过无政府主义、虚无主义、自由主义……等等，一大堆刊物的小本子偷偷塞过来，许多人都偷着看，大家是生活在这样的混乱时代，这样的痛苦之中。这也使我们想到老子的话“古之善为道者，非以明民，将以愚之”了。

老子这个感想也是从历史经验中得来的，我们要注意的是，老庄与孔孟，都出生在历史变乱的时代，他们连续经历了一两百年的变乱，比我们现在变乱的痛苦还要大。其实，真正春秋战国的战乱，有四百年之久，什么人都忍受不了。再看世界各国的文化历史，各种思想的发展普及和蓬勃，都是在极变乱、极痛苦的时代。

我们中国文化诸子百家的思想，各家学术著作发达的时候，都在春秋战国这个阶段。因为变乱痛苦的社会，促进了哲学的思考，思想家们要追寻宇宙人生的奥秘，为什么上天生了人？人为什么那么残酷，那么捣乱，那么痛苦？追寻究竟的道理，各家有各家的见解，就形成了学术思想的发达昌明。在文化史上，我国那个时代是光辉灿烂的时代，百家争鸣，各家的思想正的反的、乱七八糟的思想都有；目的都是救国救民，乃至救天下，每一种思想都构成了一种学术。

可是，站在历史的观点上看，这个惨痛的时代，许多人生命血汗的牺牲，才刺激了人的头脑，产生了各家的学术与思想。这个代价太大了，是许多活生生的生命换来的。由于老庄、孔孟都生在这么一个时代，所以读他们的书，首先要真正了解他们的时代背景；拿到这本书的时候，应该晓得这是一本在痛苦中诞生的书，不像是我们坐在冷气房间，连只苍蝇蚊子也没有，一尘不染的舒适时代。因此，老子才告诉我们“民之难治，以其智多”，社会、国家、天下之所以混乱，就是因为意见太多。知识越普及，意见就越多，因而形成社会的混乱。

“以智治国，国之贼”这句话，是讲领导人思想的道德，当社会思想很乱的时候，唯一的办法是不玩弄聪明，要非常诚实。我常说，几十年来的历史教育下，结果是人人玩聪明、动脑筋、玩手段，一个比一个厉害。年轻一代比老一代更聪明，更厉害，也更麻烦，都到达登峰造极之势。将来真正成功的人，一定是诚实的人，因为大家都狡猾，老实人反倒受欢迎了。所以老子才讲“以智治国，国之贼；不以智治国，国之福”。

从商鞅到刘邦到文景之治

“知此两者亦楷式，常知楷式，是谓玄德”，我们读《老子》，不能随便抓住中间一句话或一节，认定是老子的思想。读任何书都要融会贯通，才能找出其中的中心点来。从表面上来看，可能认为老子是愚民政策，希望老百姓没有智慧，好去统治，但这不是老子的意思。“以智治国，国之贼；不以智治国，国之福。知此两者”，这两头的道理，一头是智慧，一头是愚笨，“亦楷式”，这只是现在学科学的一个公式，一个原理。“常知楷式”，要常了解这只是一个公式，“是谓玄德”，才会真正懂得历史最高政治的标准，政治最高的道德标准。

以前讨论《孟子》的时候，我曾提到过，战国时的秦国，经过约一两百年的努力，到秦始皇时代严刑峻法，法律之严密，无以复加。在秦始皇的上代，商鞅变法之后，用法制管理得非常好，国富兵强。后来因为政权的变动，商鞅垮台后，要逃出秦国，在关卡拿不出过关的文牒；关吏说，我们秦国的法律是宰相商鞅所订的，没有过关文牒，谁都不准出去。商鞅自己造的孽，只好自受，被提回去受五马分尸之刑。实施“严刑峻法”的人，结果都很惨。

汉朝有些酷吏，史书上用四个字形容，“深文周纳”，他们根据法律的条文，引用最严重的一面解释案情。比如说，法律规定犯法判刑六个月至两年之间，其中有伸缩，可以放宽；但是“周纳”者，却搜罗各种案例、条文，甚至与案情无直接关系的规定，以个人的主观，将只要判刑六个月的案子，非要判人家一年不可。很周详细密地把人拉进犯罪的范围去，这就是一般酷吏的做法。

我们中学的课本有《李陵答苏武书》，李陵说不敢回来，因为这些刀笔之吏弄其文墨，坐在办公桌上，并不晓得前方的情形。我虽然打了败仗，可是一旦回来，在法律之前，被那些酷吏弄其文墨，可能被捉拿，那就完了，所以不如不回来。由此可知“刀笔之吏，弄其文墨”，有时候比用刀杀人还要厉害。这说明了法制之下就可能有酷吏，有酷吏，自然会有严苛的结果。

高祖推翻了秦始皇的政权，一进咸阳就约法三章，简单地说，杀人者抵命，所以法令只有三条，即不偷、不抢、不杀三件事，其他则马马虎虎。这一下子老百姓就舒服了。秦朝捆得太紧，放松就舒服。但是，汉朝的初年，政令太宽了，一直到汉文帝、汉景帝以后，慢慢地就需要收紧了。再看历史上清朝入关，由顺治到康熙，比较宽松，那是因为天下尚未定，等到安定以后，乾隆、嘉庆开始，逐渐收紧法网。实际上，政治的道理是一种艺术，像打鱼一样，鱼小的时候，网就宽松一些，让鱼慢慢长大，鱼太多了，网就要收紧。所以捣乱的人太多时，法网就要收紧，只需轻轻一举，便入网中，并没有固定不变的方法。

了解楷式　知道变通

中国文化中，法家主张法治，儒家主张礼治，道家根据老子的道理，主张无为而治。这些主张，等于现代人的独裁或民主，以及各种自由思想，不过都还在变化之中。其实都有道理，也都没有道理，因为“此两者亦楷式”，都是一种格式，一种原则，所以聪明与愚笨也只是两头的一种格式。人有时候过度用聪明时会疲惫；最舒服的时候，反而是脑筋不思想的时候。有人好像一辈子头脑没有成熟，笨笨的，忽然一念灵光来了，他就无比地高兴。所以，这是两个极端，不要“执一”，执着一端就错误了。老子要我们懂得原则并不是呆板的，要灵活地运用，所以“常知楷式，是谓玄德”，这也就是道德的运用。等于医生的一把刀，看来似乎蛮残酷的，但是这一刀下去是救人的，所以同样的一把刀，可以救人也可以杀人。智愚之辨，也要从这个角度去看，才会了解其中的区别。这也就是要灵活地运用，所谓灵活地运用，等于医生治病一样，这个时代犯了什么病，就用适合时代的方法去治。

“玄德深矣，远矣，与物反矣”，在表面上看来，这与一般的常理、事理、人情相反。一个时代，当大家都在疯狂地追求某些东西时，比方说追求民主到了疯狂的程度，这时这个民主就变成问题了，可能变成历史、政治、社会上的癌症了。但是，在这个时候，如果一个领导政治的人，不用民主的方式，结果会很严重。所以说，不可以违反时代的趋势，必须要有方法，才能把时代的病态修正过来；这中间的运用，就在于自己高度的智慧了。所以，下面的结论是讲这个道理的，当善于运用智慧，扭转时代的病态时，“与物反矣”，就同人情事理上，看起来相反；因为是相反，“然后乃至大顺”，才能把过分的这一面，拉回来走上正途。

中国的政治哲学，始终重视“医道”，用医学的道理，与政治艺术相提并论。《三国演义》这部小说中，诸葛亮在江东谈论政治时，就用医学的道理做比喻，所以后来宋朝的名儒大将范仲淹，就有“不为良相，则为良医”的名言。一个青年立志，就要成为救国家救时代、挽回历史命运的领袖人物，不然就要做一个真正好的医生。这两个目的都是在救人，这就是“不为良相，则为良医”的道理。

第六十六章

江海所以能为百谷王者，以其善下之，故能为百谷王。是以欲上民，必以言下之；欲先民，必以身后之。是以圣人处上而民不重，处前而民不害，是以天下乐推而不厌。以其不争，故天下莫能与之争。

谦和慈悲又不争的领导

这些道理，就是根据前面所讲的“上智下愚”的政治艺术之变，也是说明“帝王学”——领导人的哲学原则。这是上经第十六章与第十七章的引申。

“江海所以能为百谷王者”，江海包含了一切的山谷水流，百川皆归于海，海能容纳一切细流，所以称之为海。老子再三用海来比喻，形容一个人的学问、道德、品格的修养。“以其善下之”，因为大海是世界上最低的地方，容纳了来自各处的淡水、咸水、清水、脏水等一切的水，“故能为百谷王”，而成为土地上最大的海洋。这是物理自然的道理，因此人的修养要像海洋一样，能包容一切。

“是以欲上民”，要想做一个领导人，一个居上位的人，“必以言下之”，最少要做到说话不刻薄，态度也要尽量谦虚。我们已经再三提过，历史小说上也写过，中国的皇帝自称“寡人”“孤家”，在汉朝的时候，最喜欢称孤道寡，孤就是寡，寡就是孤。广东人骂人“孤寒”或“孤寒鬼”，被骂的会很生气；而先王自称“寡人”“孤家”，就是谦虚，表示全国百姓你们诸位都好，我自己是倒霉鬼。假使古代皇帝自称倒霉鬼，老百姓就不敢称自己倒霉了。当时如果老百姓自称“孤家”“寡人”，那是要杀头的，所以后来在历史文化上孤寡成为专有名称。

这也是由“必以言下”的谦虚态度，表示一切老百姓是主人，我这个寡人是奴仆、寡德之人，来替你们做事的意思。“欲先民，必以身后之”，想领导大家，自己必须把本身的利益摆在后面。这句话要注意了，年轻人读到这里，不要误以为要打仗的时候，你们先上前线，我在最后面打。这话不是这个意思，而是指本身的利益放在最后。老子在上经已经讲过，“后其身而后身先”，有好处时，领导人要让被领导的人先得，剩下来才自己去拿；如果没有剩下来也没有关系，我就不要了。假使遇到困难时，我先去面对，你们在后面一步，这就是领导的原则，也是领导人的道德。

上古的这些圣人，政治领导的做法与道德，就能“处上而民不重”，他虽然居在上面最高的地位，“而民不重”。这是说老百姓感觉到没有重压，没有觉得有压力。“处前而民不害”，领导人站在最前面，一般人并不觉得他占了先，也没有妨害了大家。“是以天下乐推而不厌”，因此，古代历史上的圣君明王，天下归心，那是自然而来的。

“以其不争”，因为他不与人争，就是无论什么都不与人争。我们看到年轻人写关于老子的文章，说老子的“不争”，好像躺在床上就可以治天下，就是动都不要动，便可以到手了。实际上，圣人的不争，是对于利益不争，利益由别人先得，坏事情别人不要去，由他先面对。这个“不争”是不争好处，并不是不做事。由于圣人之道是处不争之位，“故天下莫能与之争”，世界上没有人敢与他争。不是不敢与他争，而是不想争，因为他接受的都是倒霉的事情，所以别人不会来抢了。这是上古传统的政治哲学以及政治艺术的道理。

第六十七章

天下皆谓我道大，似不肖。夫唯大，故似不肖。若肖，久矣其细也夫。我有三宝，持而保之：一曰慈，二曰俭，三曰不敢为天下先。慈故能勇，俭固能广，不敢为天下先，故能成器长。今舍慈且勇，舍俭且广，舍后且先，死矣。夫慈，以战则胜，以守则固。天将救之，以慈卫之。

本章是对上经第十七章正面的解释。

老子的道与三宝

“天下皆谓我道大”，他说，天下人都说我讲的道很大，包括了中国先民传统所讲的“道”，“似不肖”，好像不大对。“夫唯大”，就因为太大了，大到没有边际，摸不着，看不见，“故似不肖”，所以好像不大对。大家笑我们这个道，不像一个东西，讲不出一个道理来，听了半天，不晓得说些什么。这句话好像讲得与佛学一样，一会儿讲有，一会儿讲无，东讲西讲，不晓得讲些什么，讲得天地都没有他大。道大、天大、地大、王大，很好听，吹了半天，究竟这个“道”是什么，也说不出个道理来。“故似不肖”。因为形而上的道体太伟大了，超越了精神与物质两重世界，而人都拿物质世界和自己的心理思想去推测道，所以就越想越不像了。

"若肖，久矣其细也夫"，好在这个道什么都不像，如果这个道像一个东西一样，也就一点儿都不伟大了。假使这个道可以讲得出来，可以让人看得见，那老早就没有了，也就不是道了。

讲了半天，"道"究竟是什么，他还是讲不出来。他只好告诉我们是"不肖"，画不出来，讲不出来；可是他还是"肖"，他画了一个样子给我们。

"我有三宝"，老子讲三宝，后来佛教仿效中国文化，把"佛、法、僧"也称为三宝。三宝这个名词，是借用老子的，不过借久了就不归还了，一直用到如今。老子也不算利息，就让佛教用了。

老子说"我有三宝"，谁拿到谁就有办法，能够把握得住，就可以得到保佑，那就功德无量。功德无量这句话，最早出在《书经》，后来佛家借用了，也是久借而不归；很多地方都是这样，像刘备借荆州，借来就"持而保之"。

老子的三宝是什么？不是佛法僧，而是"一曰慈，二曰俭，三曰不敢为天下先"。老子告诉我们三件法宝，不管做人做事，创业立功，上至帝王领导了全世界，下至在家里做家长，都离不开这三宝。

第一件宝"曰慈"，对人对事无不仁慈，而且要爱人，处处爱人，处处仁慈，这是第一件宝。

第二宝"曰俭"，依我看来，每一个人都是非常节俭的，三个人出去吃饭付钞票时要掏半天，这可不是老子的俭。老子说的俭，是指精神的消耗；言语、行为、时间都要节省，都要简化，话不要啰唆，要简单明了。所以一个善于处世的人，非常简单明了，也就是老子的"无为"之道，因为太简化了，看不出他有所作为。当然有些人简化到使人搞不清楚，问他对不对，好不好，他也不说一个字。我说：你讲话啊！只要他点一个头代表"对"

或“不对”就行了。这像是简化到无为，连开口都懒得开了。也有些人是这种个性，又过于俭了，也不对。但是，比不简还是好些。

第三宝是“不敢为天下先”，这句话的意思并非自甘堕落。比方我有一个朋友，两夫妻都非常好客，经常宾客满座，有时我去了，他家已宾客盈门，座无虚席，我不要他招呼，就径自上楼去，叫用人煮一小碗面吃了就好。有一次他告诉我，你学佛真学得好，将来不要念佛就会升天成佛！

我请教他什么意思，他说，就凭你到我家来就可以看出来了！你一看到人多就上楼，又不要我招呼，随便吃一小碗就好了，这种态度，就够资格成佛了。但是我深深得到一个经验，做客一定要先到，可不必让主人家久等，到了以后，看到人多位子不够坐，明明饿着肚子，也表示自己吃过了；或推说别的地方还有应酬，谢了主人就走。这两件功德做到的人，不要念佛一定往生西方。中国有句谚语：“见官莫在前，做客莫在后”，打官司不要站在前面，做客不要迟到，人家吃完你才去，那多难堪！所以做客宁可先到。做客的时候，应该记住，“不敢为天下先”；这句话的反面当然是为天下先，也就是说，第一个早到，但不是有好菜先吃，有好酒先喝。

“不敢为天下先”，是否应该为天下后呢？那又不行，所以老子讲的还是中庸之道。一件事情，智慧太过，话说得太少，在后面跟着，结果什么也得不到。所以，既“不敢为天下先”，也不可以为天下后，要恰到好处就成功了。

大家经常研究历史，尤其喜欢讲秦汉历史；最初陈胜吴广揭竿而起，为天下先，接着是项羽，都是为天下先。可是为天下先的，在历史上都下去了，不先不后的是汉高祖刘邦成功了，在后面来的又来不及了；就是朱元璋起来也是不先不后从中间来的。

所以，不要解释错了，认为“不敢为天下先”，就应该“为天下后”，太后就没有份了，要恰为天下中，恰到好处。不过，这可就难了，所以“运用之妙存乎一心”，原则都讲了，我们人生如何去运用去创造，如何去做事，在于个人的智慧。这就是老子说的三宝，“曰慈”，“曰俭”，“曰不敢为天下先”。

老子自己又在这里解释三宝的道理，第一是慈，他说：“慈故能勇”，一个人真具备了仁慈、才能、大仁大勇，具有爱天下人的心，才有牺牲自我的勇气；真仁慈才有真正的大勇，小仁慈没有真胆子。当然，他讲的慈是以天下人为对象的道，老子的道是天下之大道，不是讲“妇人之仁”的小仁小义。

“俭故能广”，因为能够简化，所以发挥起来更为广大。比如一个人，假使不简化自己，什么事情都过分的复杂又啰嗦，因为精力是有限的，能用的就不广博了。所以能够简化，才能够广博。

“不敢为天下先，故能成器长”，因为不想为天下先，凡事开始就有这样的想法，所以，他能够成为“器”，成为一切事一切人的领导。正如清朝有名的诗人龚定盦诗中的一句，“但开风气不为先”。胡适之就经常引用他这一句话，作为处世的准则。胡适之也许受龚定盦的影响很大，不过这句话也只是开一个风气而已，也就是“不敢为天下先”的意思。先者，并不是开始，而是站在人的最前面，这是“为先”的含义。如果能做到不为天下先，就能够成长一切事物，“成其器长”，这是领导哲学最重要的地方。

“今舍慈且勇”，这个今字，在时间观念上，不是现在的今年今天，是指他当时的时代，指当时这些君主们，以及社会风气现状。现在一般人没有真正仁慈的精神，舍弃了慈，只晓得好勇去侵略统治别人。战国时代，那种战争的残忍暴戾，都是因此而来的。

“舍俭且广”，自己的心理状态，不但没道德，也没有简化，欲望更是越来越广越大。

“舍后且先”，把个人的利益放在前面，“死矣！”只有一个死字，这个时代就完了，“死矣”是老子对他当时的时代所做的批判。

我们讲到老子的三宝，也想到现代青年研究佛道、打坐、学禅的，很多都是同样的道理，心中不能真正发慈悲心，不能真正做到简化；自己虽然在学佛、研究禅，自己的欲望却大得很，又想眼通，又想耳通。结果眼通通不了，耳朵也通不了，想打坐入定，结果两腿麻痹胀痛，连路也走不动了，这就是不能俭。

俭等于佛家所说的“放下”，就是一切欲望都摆脱、都空掉的道理。不过，老子不谈“空”或“无”，他只讲“简化”，因为绝对的“空”以及绝对的无欲，一般人是做不到的，所以老子只告诉我们“清心寡欲”。佛家动辄讲无欲，绝对没有欲望，那是很难做到的，因为成道也是一个欲望啊！想开悟更是一个大欲望。所以说，老子只能教人“清心寡欲”，寡欲也就是道的一个修养了。

打胜仗的主帅

“夫慈，以战则胜，以守则固。天将救之，以慈卫之。”他这句话指出慈悲的重要。我们晓得中国文化的所谓三家，在秦汉以前的三家为儒家、道家、墨家；唐宋以后的三家则为佛、道、儒。不管中国文化如何说，在老子作此书时，佛教尚未传来中国，佛教是在《老子》这本书问世后数百年，才传入中国的。但远在老子时代，已先提出慈悲观念的重要。后来佛家传入中国，一面与老庄思想，一面与孔孟思想，好像强力胶一样黏牢在一起了。主要的原因是太多观念相同，自然就构成了东方文化的“大器”。“慈悲”是佛家最重要的基本，可是，真正开始讲的是老子。老子说，唯有真正的慈悲，战争才不会打败仗，都是打胜仗的。

假使我们没有好好研究军事哲学，没有好好研究兵法，对于老子所说的慈悲会打胜仗这句话，一定觉得奇怪。中国人有两句老话，“慈不将兵，义不掌财”，慈悲的人不可以带兵，慷慨的人，不能掌握财政，因为他的口袋很松，看到有人可怜，就把钱拿去做好事了。

但是，老子为什么却说“夫慈以战则胜”呢？这要深入研究军事哲学了，更要深通兵法，才会晓得兵家这一种思想的崇高伟大与重要。中国的军事哲学思想，除了老子还有后面的孙子。孙子可说是中国的第一位军事思想家，世界各国的军事包括苏联的陆军大学，也都是非研究《孙子兵法》不可。

我们这个国家民族，上有老子，下有孙子，中间有“侃子”，侃子就是儿子，这都是全世界文化研究的题目。

一般学军事的人，很少提到“慈”，更少提到慈可以打胜仗；可是《孙子兵法》中则提到“仁”。中国文化中“慈”与“仁”有时是同义字，只是两个名词的变化，由于时代不同，语言文字表达的不同罢了。大丈夫假如没有仁爱之心，没有爱天下人之心，不能为大将。至少在带领自己的部下时，如果没有仁慈之心，不能视部下如自己的子弟，那是无法打仗的。

中国历史上的战争，都推崇自己的子弟兵，所谓子弟兵，当然不都是自己的子弟，而是自己的部下，都视同自己的子弟一样。历史上项羽的八千子弟兵，都是项羽的家乡人，项羽对部下是仁慈的，只是脾气太暴躁而已。但是，乌江一战打败了，他的八千子弟并没有一个人投降。由此说明，项羽带领部下就很了不起了。那时的人口，远比现在的少，而他能拥有八千子弟兵，实在是一个庞大的数字。而且这八千子弟，战败没有一个人投降，确实不是偶然。

又如田横的五百子弟兵，当领导人战死，则统统自杀，一个不留。这就说明带领部下如果不是真仁慈，不是真做到如父母爱儿女一样的仁爱，是不会有如此结果的。不但作战带兵如此，就是领导一个机构，领导一个工厂、一个公司，对部下也是应该如此。

不过，仁慈并不是如带娃娃一样，下雨了赶快把他抱起来，天热了赶快为他脱衣服。仁慈是真教育，真爱护，对就是对，不对就是不对。所以能“以战则胜，以守则固”，不作战处于防御时期时，则是万众一心地坚固团结。

中国文化中有一句成语：“天心仁爱”，天地之心生生不息，天地的心在哪里？天地无心，看不到一个心脏，也看不到一个思想，天地的心在万物上面表现出来，它生生不息。万物的生命靠天地而生，这就是“天心仁爱”，所以，“天将救之，以慈卫之”。一个人真到达了慈悲心充沛于内在时，上天便自然保佑你。这个上天，称之为上帝也好，菩萨也好，乃至于鬼神也好，都在保卫你，保卫万物。

第六十八章

> 善为士者不武，善战者不怒，善胜敌者不与，善用人者为之下。是谓不争之德，是谓用人之力，是谓配天，古之极。

这一章是上经第十八、十九章的引申，读古书不能像现在考试的是非题或填空改错那样，随便抓到一句做解，必须将前后文连起来读，才能读懂读通。

武士的精神和修养

“士”，在我们现在看是读书人，代表了知识分子，受过教育的人。我在《论语别裁》中曾经说过，上古政治制度下的农业社会，地方上乡里之间，十个青年之中，推选一个出来为公家做事，为大众谋福利，这个被选出的人称为“士”。古代的士是文武两方面都要学的，“止戈为武”，拿武器保卫国家，所以要学武。文的方面，那个时候，教育事业都由公家政府负责，所以，上古的知识分子文武兼备。

文人的代表如孔子，孔子在画像上带剑，因为古代的文人，文武并重，没有偏废。另一个观念，所谓“士”，代表了“士卒”，就是作战的战斗成员，后来古书上叫作侠客。另外武功好的人，古代称为“壮士”或“勇士”。老子说“善为士者不武”，不是说他们不会武功，而是说勇武之士，平常并没有粗暴的行为。我们国家在军事方面的训练，是教导一个军人，要行为良好，不可以有粗暴的行为，应该有“士”的修养。现在写武侠小说的人，不一定懂得武功，更少了解“士”的修养，只是凭他们自己的想法去写，所以并不一定正确。

有一次大家聚会，差不多写武侠小说著名的人都在座，大家在谈笑之间，我说你们不要写太外行的话好不好！据我所知，学生有爱看武侠小说的，简直入了迷，还照着小说上描写的拳法去打，比手划脚伸拳出去，结果第二拳两个人背靠背，向空气乱打一阵。当时那本小说的作者也在座，他说我们本来不懂武功，所以乱写，把想得到的以及听来的武术名词都写上去了。他又说：“现在我们武术名词都写光了，把建筑工程也写上去了，很多化学药品也写上去，简直没有东西写了。”但是，他们写小说还算能为社会服务，写到最高的武功，看不到粗暴的行为。

我们读《史记》的《刺客列传》，司马迁写了很多刺客，最后一个刺客是荆轲。燕国的太子丹到处找刺客，要去刺杀秦始皇，有武功的人都不敢来，后来总算找到荆轲，千古留名。但是荆轲的武功，如果拿武侠小说来比较，并不算高，但是他很有勇气。另有一个真的高人，就是盖聂，他本是一位侠客，个子又小，矮矮的，很粗重的一个人。荆轲去看盖聂，轻视他言不压众，貌不惊人，要找他比武功。荆轲把剑一拔，那个样子很难看，大概胡子头发都竖起来了，眼睛睁得像铜铃那么大。可是盖聂站在那里双手一叉，只用两只眼睛盯住他，荆轲的剑就拔不出来了，只好把剑还进鞘里，转身走了。所以，司马迁在《史记》上这段描写，形容荆轲只有一句话：“不行”。因为荆轲的神没有练好，盖聂的神把他一盖，也就是眼睛那么一看，就把他看垮掉了，他的武器就出不来了。所以，我们看了《刺客列传》《游侠列传》，归纳的结果，就懂得“善士者不武”的意思。真正的大勇，有武功的高人，看不见他有粗暴的行为。那些刚刚学了三天柔道、跆拳道的人，就在手腕上包一个皮圈，站在那里斗狠，好像要打出去的样子。

第二句话很重要，“善战者不怒”，做一个大将军，他的修养是温和好像没有脾气，不轻易动怒。他有高度的智慧，有真正的智慧，也就是具备了战略最高中心的领导能力，所以“善战者不怒”。

以静制动　借力使力

“善胜敌者不与”，善于战胜敌人的人，不给敌人任何一点机会，没有一点漏洞。比方刚才讲武功练好的人，像盖聂在那里一站，荆轲的剑就拔不出来了，这就是“善胜敌者不与”。盖聂的气势，荆轲没有办法抵御，虽然他动都没有动，正因为他不动，所以没有漏洞。如果一动就有漏洞出来，随便你如何高明，动就有漏洞出来，所以静如泰山就没有漏洞。不动的哲学道理，应用到人生，应用到做事做人，都要有高度的智慧去体会，并不是光看书就能做到。书是老子写的，不是我们的学问经验，我们要把老子的东西，变成我们自己的才行。

“善用人者为之下”，善于做领导的人，要比干部姿态低下才好。这个“下”并不是不站在上面，是态度客气不傲慢。所谓“下”，历史上许多名将所秉持的行为是“身先士卒”。任何冒险犯难的事，我自己先来，也就是老子所说的，一切的利益由别人先拿，痛苦困难自己先来。这是“善用人者为之下”的道理，能够做到了，才懂得道德的真正含义，“是为不争之德”。老子上半部所讲的道，是形而上的道体，下半部专门讲用，你懂得了“为之下”，才懂得老子所讲的“无为”“不争”的道理。

“是谓用人之力”，这句话是手段吗？也可以说是真正厉害的手段。善于用人的力，也就是太极拳善于用对方的力量。太极拳的打法，不是与人比力气的，是“用人之力”，借对方的力量打对方的。一般的对抗，对方一拳打过来有五十斤力量，自己起码要有五十斤力量才能对抗，甚至要六十斤、一百斤的力量才能打败对方。太极拳不是如此，太极拳“是谓用人之力”，对方打出五十斤力，自己只用一两之力拨动就行了。对方用全身的力量打出来一拳，只要一躲开，再用两个指头一拉，就变成一百斤力量，使对方受伤了。那就是借对方的力量，所谓四两拨千斤，也就是“用人之力”的道理。

或者说，老子的确是很阴险的，这是一种权术，不是道德了。其实不然，老子所说“用人之力”，是借力打力以完成大家的愿望。

“是谓配天”，这一个道理，千万要记住，否则，“用人之力”就变成手段了。这个行为是以仁慈道德为基础的，这样了解原理，才够得上“配天”，与天一样的伟大。天有什么伟大呢？“天何言哉！天何言哉！”当人们希望下雨时它常常不下，天也不是人们请才做的，天是生生不息的，自然的法则，是一个必然的道理，这个必然的道理，也是说明了生生不息。只有仁慈，懂得了这个仁慈——付出并不收回的道理，才懂得老子所讲的“德之用”，否则就学坏了，变成阴柔的手段。因此，他加一句话，“古之极”，这是中国上古老祖宗的传统文化，是至高无上的、不可变异的原则。因为它高到了极点，所以这个原则是不可以变动的。

第六十九章

用兵有言："吾不敢为主而为客，不敢进寸而退尺。"是谓行无行，攘无臂，执无兵，扔无敌。祸莫大于轻敌，轻敌几丧吾宝。故抗兵相加，哀者胜矣。

兵法中的道德应用

这一章老子引用兵法，以说明道德应用的原理。在后世的军事哲学与兵法运用方面，老子这一段话是极其重要的，更是军事哲学思想的中心之一。老子这一段话，不是老子自己的创作，他自己在文章中表明是"用兵有言"，说是抄录下来的。但是，也可能是说，这是汲取老祖宗传统文化的精髓，所以"用兵有言"，是上古老祖宗们对军事哲学的研究。这个兵法，在世界军事哲学上，也公认是最高的。

"吾不敢为主而为客"，这句话的意思是：统帅的大军，表面上看来不做主动，都是在被动地应战。但是，如果依文释义，就被文字骗住了，这样去研究军事哲学也就错了，这与其他兵书上的说法，也是有冲突的。老子在这里是讲战争的艺术，等于战争的应用哲学，看起来是不争取主动，绝对是被动。实际上的意思是不主观，不固执成见，而是绝对地客观。其中的哲学道理，是要进一步了解真正的客观形势。

真正的主动，是中心不动，不受环境的影响，所以说，"不敢为主而为客"。俗话说"知己知彼，百战百胜"，视客观的形势而动，不固执自己的主观，历史上很多人物把握了这个道理获致成功。有人用了这一节的道理去创业即大获成功，做生意大发财的则屡见不鲜。所以，“不敢为主而为客”这句话，就是善于适应环境，把握时代的脉动，把握一切的条件，而顺着环境自然趋势，达到自己的成功。

“不敢进寸而退尺”，这个道理，后世发展成一句名言，“以退为进”。上古用兵的最高哲学，常常不求进一寸而求退一尺，退就是真正的进。在我们中国的战争史上，有很好的例证，故意退兵，结果是打胜仗，因而产生了一个战争的原理，“骄兵必败”。一般来说，一个屡战屡胜的部队，打到最后，眼睛打红了，头打昏了，嘴笑开了，接下去也就完了。有时候敌人故意引诱你，故意让你每打必胜，培养你轻敌的骄气，对方所引用的，就是“不敢进寸而退尺”的原则。让你嘛！让你胜利到昏头的时候，然后一包围，你就整个完了。

“不敢为主而为客，不为进寸而退尺”，这两句话是老子之前上古时代的兵法，老子也做了文抄公。在这本《道德经》中，老子做了两次文抄公，本来千古文章一大抄，这也没有什么稀奇的。他在上经中提到“建言曰”，所谓“建言”就是中国古代的“格言”。第二次文抄公是这里的“用兵有言”，引用四句名人的话，来说明他自己的道理。

老子所讲道德的道理，就是生活的艺术。真正懂得道德的人，就是“行无行”，做了等于没有做。也就是说，中国人讲的做功德好事，不是明做的，而是“阴功积德”。古代的教育，做好事别人不知道，这种阴功慢慢累积起来，留给后代，留给子孙；实际上，留给后代子孙的，还是教育。一个人真正的道德是不求人知的，所以，“行无行”就是无为之道。

不战而胜　轻敌致祸

“攘无臂，执无兵，扔无敌”，这就要晓得太极拳了。太极拳把对方挡开了，而对方还不知道，这才是善于运用。手都不必动，已经把人挡开了，只有太极拳才办得到；掤攦挤按，一转一扭就挡过去了。这是要真功夫的，看不出来的道理，也无人可敌。把敌人丢开了，别人还没有看到你用的手法，还不知道是如何被你丢开，被你打败的，这是最高的功夫艺术。

“执无兵”，兵就是武器，手里拿着武器，你还看不出他手里有武器，现在武侠小说叫作“无影神剑”，没有影子，看不见剑。小说描写小和尚专门放无影剑，手一丢，对方的脑袋就掉下来了，连一道白光也看不见，那是最厉害的，不需要武器而可以打垮敌人。这种无形武器，也可以说就是聪明才智。

上面这一番道理，讲起来每一句话都很深刻，我们现在只说道理，如果这三个字要加以发挥的话，必须加上历史的经验，引证很多的事实，才能说明这个道理。现在看到的“行无行”，只是哲学性的文章，理论性的讲法，如果没有引证历史的经验事实加以说明，很容易被文字骗住。“行无行，攘无臂，扔无敌”，大家都会念，会耍嘴皮子的“口头禅”都会讲，可是忘记了整篇的原则和内容。

“祸莫大于轻敌”，这是一个原则性的说明，我们曾引用过一句历史上的名言：“诸葛一生唯谨慎”，仔细研究诸葛亮，他唯一长处是一辈子谨慎小心。老子这章最后的结论，“祸莫大于轻敌，轻敌几丧吾宝”。做人做事也是这样，甚至于碰到一件小事，得到了十块钱，一样要小心谨慎处理。所以真要做到庄严而艺术的人生，就不要忽略每一件小事，也就是不可以轻敌。

这个“敌”字，并不一定指敌人，外来的境界就是敌，佛家所讲的依他起，也是这个意思。中国文字中的所谓“敌体”，就是外在的环境，你的对方也是，所以不要轻视任何人、任何事。能够这样的话，你庄严的态度，自然产生优良的品格，品格达到了最高处，就是最大的艺术。所以老子告诉我们“祸莫大于轻敌”，如果轻敌的话，“几丧吾宝”，连宝贵的生命都会丧失丢掉。老子的三宝“慈、俭、不敢为天下先”，也不违反这个原则。

这一章引用上古的军事哲学思想做开端，最后又讲到军事方面，“故抗兵相加，哀者胜矣”。遭受侵略的一方，不得不抵抗；起来抵抗侵略的这一方，叫作抗兵。我们的现代史，对抗日本侵略叫作“抗战”或“抗日战争”，中国就是抗兵。日本对我们无端侵略，就是“抗兵相加”。“哀者胜矣”，八年抗战，我们处在哀兵的地位，全国的人悲惨可怜，受尽欺压，人们心中充满了愤怒悲痛，宁死也不做亡国奴，这是“哀兵”。换句话说，像我们打牌的，“输家”要十分注意，因为赢家赢惯了，可能轻敌，一张牌打错，反而输了，所以说“哀者胜矣”。后世的人常用这个道理处事，大家读了《老子》，就知道古今都是一样，现在许多的俗语、成语都是从古书上出来的。

老子《道德经》最后十二章，是全书的总结论。从第七十章到第八十一章的十二章，是否就是老子本人当时所分的章节，在学术上一直是一个大问题。反正儒道两家，在当时的传统观念上雷同，并未严格分家。这本《道德经》是根据数理的观念而定的分章，所谓九九八十一是阳极之数。在这十二章当中，除了对前面各章的学术引申之外，处处显示老子对那个时代的批判，也是对他所处时代的一种讽刺。由此可以充分看到春秋战国时代的混乱，以及老子对时代状况的观点。从老子这本著作中，人们可以发觉那个时代的错误，对我们后世的人，千百年后的人，都可以作为借镜，因为，这是老子对历史时代深刻批判的一种哲学思想。

第七十章

吾言甚易知，甚易行。天下莫能知，莫能行。言有宗，事有君。夫唯无知，是以不我知。知我者希，则我者贵，是以圣人被褐怀玉。

平凡的老子　难懂的老子

“吾言甚易知，甚易行。天下莫能知，莫能行。”老子他自己说，我上面所讲的理论平凡得很，非常容易懂，也容易做到；可是事实上，天下没有人知道，看了也不懂，也做不到。这几句话等于是先知的预言，老子只写了五千言，而我们已经研究了几千年。古今中外，尤其现在这个时代，讨论研究老子的文章五花八门，究竟哪一个人说的合于老子的本意呢？谁也不知道！

例如我们在这里研究的老子《道德经》，与多数学者们一样，大半是借题发挥的；是不是老子的本意呢？那就在乎各人自己的修养、自己的智慧，以及自己的造诣与看法了。所以，老子说他的话本来很容易懂，可是天下没有人懂，后世有那么多研究老子的书，这一句话对研究老子的人，真是一个很大的幽默。而且老子自己只写了五千字，我们后世到现在为止，关于这五千字的讨论著作，几千万字都有了，那也是很滑稽的一桩事。

这在哲学的理论上，使我们得到一个概念，就是天下的事物，最平凡最平淡的，就是最高深的。真正的智慧是非常的平实，因为古今中外的人类，都有一个通病，都把平凡看成简单，都以一种好奇的心理，自己欺骗自己，认为平凡之中，必有了不起的高深东西，以致越走越钻到牛角尖里去了。

我们千万要记住，什么是伟大，什么是高深？最平凡的就是最伟大，最平实的就是最高深，而人生最初的就是最后的。无论多么高的宗教、哲学，任何一种思想，最高处就是平淡。所以，我们只要在平淡方面留意，就可以知道最高的真理。老子不过是用一种不同的方法讲出来，所表达的形态较为不同罢了。他只说，我的话很容易懂得，也很容易做到，可是天下人反而不知道，也做不到。这不但代表了老子自己的学术思想，也是给古今中外的高明思想做了一个总结论。

老子与佛教的因明

“言有宗，事有君”，这两句话老子先提出来，可是与汉末佛教传来翻译的经典大有关系。因为佛教注重因明，就是现在所谓的逻辑。西方的逻辑，本来是从印度因明思想而产生的，共有三支：第一是“宗”，就是讲话有前提有宗旨；第二是“因”，就是申述理由；第三是“喻”，是用比喻说明使人了解。

在表达或思考一件事情时，先要掌握中心——“宗”，然后引申检讨相关的理论——“因”。比如有同学说，老师我有事找你，这句话不是宗旨，他说我要研究老子的《道德经》，这才是一个宗旨。为什么要研究老子？如何研究老子？这是你今天要表达的，这个是“因”。但是，常常是“宗”“因”都明白了，可是仍旧不太清楚，因为世间的语言不足以表达。不但中文如此，世界上各种语言文字，有时都不足以充分表达一件事物。所以，我们常常感觉，人与人之间很多的误会，就是因为语言文字的缺陷而产生的。

一个人讲话的时候，声音还不够表达意思，还要加上眼神，还要指手画脚，甚至于还要大声吼。如果这样仍不能使人明了所表达的意思，于是高明的人，像庄子、老子，以及各宗教的教主，释迦牟尼佛、耶稣等，都会再讲些比喻，因为用比喻表达更容易使对方了解。例如说，你这个人蹦蹦跳跳像一只猴子，那就很容易被人懂得，这就是一个比喻，使“宗”“因”都清楚了。光讲道理“宗”和“因”，没有加上“喻”，不太容易使人清楚所说的道理。

所以世界上善于说比喻的书，就是宗教的经典；佛经也好，道家的经典也好，基督教新旧约全书也好，都属于善于比喻的。而且通过一个故事比喻，使人了解后，骂了人也不得罪人。可是因为这么一骂，连听的人也骂进去了，听者粲然一笑，就了解这个道理了，这就是因明的方法。当时，佛学传入中国，翻译因明的时候，第一个提出“宗”的翻译，就是借用老子这一句话——“言有宗”。

“事有君”，任何一件事情，都有一个君，就是主要的中心，有人做了很多事，但自己究竟为什么做这些事，连他自己都莫名其妙；因为他“事无君”，自己的思想没有主宰，只跟着情绪在跑。所以，老子告诉我们“言有宗，事有君”，思想要有宗旨，做事要有中心重点。

老子根据上面这几句话，做一个结论说，我的话是非常平凡，也容易懂，也容易做到，可是天下人反而不懂，反而做不到，这是当时古文写作的方法，也许是当时春秋时代的古文。“言有宗，事有君”是当时的文字，不用连系词与介词。老子是说，大家看了我的东西不懂，他就是不明白，其实我每一句话、每一件事情、每一个理论，都包括了“宗”“因”“喻”的道理。

无知的智慧是什么

下面又转了，说真正的智慧是什么。“夫唯无知，是以不我知”，这句话有两方面的解释，一方面照他本身的文义来说，老子是在骂人，因为人太无知了，太没有智慧了，所以不容易懂我的话，不容易了解我的意思，这也可以说是老子的一句牢骚。

另一方面，这一句话有独立的意思，是说真正的智慧是“无知”；智慧到了极点，知道无知之体、智慧之体，这才是真智慧。有一本佛学的名著《肇论》，作者僧肇，是南北朝时期鸠摩罗什的弟子之一。另一位道生法师亦受鸠摩罗什法师的影响，就是那位“生公说法，顽石点头”的生公。僧肇法师年轻时，跟随鸠摩罗什做翻译工作，后来写了几篇大文章，其中一篇就是《般若无知论》，被誉为佛学最高的研究。这不是功夫，而是真智慧；走上大彻大悟而成佛的真智慧，梵文就是“般若”。真正的般若智慧的体是无知。

当时这篇文章震动了学术界，一般认为人人都要求智慧的成就，如果真智慧是无知的话，我们在追求“道”之体时，又需以智慧求到“知而不知”，才能够证道。这其中的道理实在太深了，这是般若智慧无知的道理。这一篇文章是用老庄的笔调手法，写佛学高深的道理，文字美，哲学理论深。

另有一篇《物不迁论》，在一千多年之前，就说到现在物理科学所讲“质能”的变化。一切东西没有变动过，时空也没有变动过，一切的一切都没有变动过；就是我们现在坐车，从台北到高雄，按《物不迁论》的理论来说，我们没有动过，你还在本位。因为《物不迁论》，宇宙时空固定一个形态，都在周期性地转，虽然我们坐车到了高雄，但是，地球还在转，转来转去始终在空间的本位上。所以，僧肇当时的四篇名论，非常震动各界。僧肇除了佛学以外，也受老庄的影响极大，原因就是老子所说的“夫唯无知，是以不我知”。如果依文字本身而言，本篇的意思是幽默人的，是讽刺人的。

“知我者希，则我者贵”，真正懂我的少，了解我太多就太贵重了。因为你不了解我，所以我才了不起。说一句笑话，老子这个时候，以普通的眼光来看，似乎有一种阿Q精神，挨了打，心里说，儿子打老子，没关系。事实上，这两句话代表了中国文化另一面的精神，这也就是他在本章的一个结论，“是以圣人被褐怀玉”。他说真正得道的大圣人，外面穿的衣服破烂，内在是无价之宝的玉石；换句话说，你不了解我没有关系，我自己有道，贵不可言。后来“被褐怀玉”这一句话，影响很大，广泛被人引用。

老子　参同契　隐士

汉代以后的道家与道教，甚至于隐士之类，都受这句话的影响。道家一部名著，魏伯阳的《参同契》，在中国文化上被称为千古丹经鼻祖。书中说到自己如何做功夫修道，修炼长生不死，以能成为超凡入圣的神仙。这是修道人必读的一本书，修道的原理与方法都在里面，不过很难读懂。这部书之所以名为《参同契》，是因为修道做功夫的方法，都是参合《老子》《庄子》《易经》这三本书的原理原则。后来道家称魏伯阳为真人，道教称他为火龙真人。

魏伯阳所著的《参同契》，就引用了老子“被褐怀玉”这句话。另外书中有“外示狂夫”这句话，说一个真有道的人，必须知道隐蔽自己，不表现自己有道，外表并不一定衣衫褴褛，也许外形疯疯癫癫，看不出究竟是个什么样的人。虽然外面显示是狂人，被世上的人看不起，可是，真有道的人，倒是希望你看不起，这就是中国文化的另一面。

我经常说，中国文化左右了几千年的历史，而真正影响几千年历史思想与实际的是道家的文化。天下太平的时候，都是外用儒家的学问；到拨乱反正的时代，都是道家的人物出来。出来的这些道家人物属于哪一类呢？是中国文化从上古都有的一种特殊人物，就是隐士们。隐士是后世的通称，汉代称为“高士”，宋朝叫作“处士”，清朝也叫“处士”，这些隐士们本来是永远不出山的。

所谓隐士，第一，都是学问特别好的有道之士，认为人的生命不是究竟，否定世间的一切。第二，没有个人的欲望希求。第三，在某一个时代，他等于西方政治上“不同意票”的一派，始终保留自己的一票不投，也就是对现实不同意。这些人学问好、道德好，可是都跑去当隐士，永远不出来；所以庄子说，这些人“天子不能臣，诸侯不能友”。连皇帝要请他出来做臣子，他都不肯，各国的诸侯想与他做朋友，也做不到。而这一类人，却深深影响了一个时代的思想。

例如汉代，我们在历史上所看到的商山四皓，虽然没有做到真正道家的“被褐怀玉”，但影响了汉代早期整个的政治决策。又像东汉时的严子陵等也是一样。其实历代都有很多这样的人，他们外表上都做到了老子这一句话“被褐怀玉”，甚至于我们民间流行的济公活佛，也是如此。济颠和尚当时被许多庙子赶出来，衣裤鞋子都穿不上，最后没有办法，只好去吃肉包子喝酒去了。他也是“被褐怀玉”，“外示狂夫”。所以，在表面上，儒家与道家影响了中国文化，但隐士思想的影响更为严重；因为他们的学问，都是“帝王师”的修养。

最近有一位博士班的同学，听我讲课以后，拼命搜罗资料，要写一篇隐士思想与中国历代政治关系的论文。我说，希望你三年写成，这个问题是老问题，太不简单了，可是一般人从未注意，还认为是最新的观念。

第七十一章

知不知上，不知知病。夫唯病病，是以不病。圣人不病，以其病病，是以不病。

强不知为知 毛病真大

“知不知上，不知知病”。真正高明之士，什么都知道，一切都非常了解。但是，他虽真聪明却装糊涂，虽然一切知道了，外表显露出来的却是不知，这是第一等人。可是其他的人，自己根本不知，却处处冒充什么都懂，这就是不知知，是人生的大病。老子这两句话，指出人类千万年来的通病。依我们读书做人几十年的感受，老子这句话极有深意。世界上“不知知”的人太多了，都是强不知以为知。明明不清楚，反而冒充非常了解，这是人们大病之所在。所以，学问真正到家，极端透彻的，他反而是无知，所以“知不知上，不知知病”。

在文字的组合形态上，后世的文字写法就不同，这是秦汉以上的文字。那个时候，写文章不像现在用笔写，都是用刀刻在竹简或石头上，所以文中的介词，尽可能都省掉了。如果现在来写古文的话，应该是“知而不知是为上也，不知而知是为病也”。如果现在用白话文写的话，想写得清楚，要二十多个字，那岂不是又变成不知了吗！有时候越简化反而越容易懂。

除了说明知识以外，老子始终离不开修道的话。为什么现在大家学打坐修道都没有进步呢？因为你知道得太多了，又是禅宗，又是密宗，又练气功，又搞观想，但是任何道理都没有清楚透彻。大家都是不知而妄求知，这里任脉通了，那里督脉通了，结果都是病象而已。所以“不知知病”，就是强不知以为知。

真正的道，万缘放下，一念不生就到家了，非常简单。可是，现在也有许多的人，都有打坐的经验，明知道要万缘放下，一念皆空，可是坐起来就是放不下，空不了。什么东西空不了呢？就是这一“知”空不了，思想观念在脑子里转个不停；分明教你放下，你却什么都放不下，所以就难在这一知。

以禅宗香岩禅师的公案来讲，他打坐参禅学佛二三十年，仍未悟道，他想自己没希望了，决心不再搞这个玩意儿，但也没有还俗，只是不再去用功参禅了。他改弦易辙去种田，想把身体练好，这样过一辈子算了。他本来参禅盘腿很用心思，后来这一改变，什么都放下不去管了。有一天挖地，挖出一块瓦片，他捡起来随便一丢，瓦片刚巧碰到一根竹子，啪的一声，他悟道了。因此作一首偈子：

一击忘所知，更不假修持。
动容扬古路，不堕悄然机。
处处无踪迹，声色外威仪。
诸方学道者，咸言上上机。

真正的道，用不着做功夫，诸方见道的人，都说这就是上上机。自此以后，许多人学他，拿竹子来格物致知，打瓦片，打了几十年也悟不了。所以借用他人的什么方法是没有用的。这是讲知，当你到达了不知之境，天地人我皆空的时候，自然就成道了。这是一个由形而下的知识，到达形而上“无知而知”的道理。

装聋作哑　自在无争

再其次，做人的方法也是这样。比如我们都晓得唐朝代宗皇帝告诉郭子仪的话：“不痴不聋，不作阿姑阿翁”。做长辈的，有时候分明知道，但知而不知，装做没有看见。如果太精明了，水太清则无鱼，人太清则无福。可是，在我也是只会说而做不到，所以，一辈子也没有福，看不见的也看见了，听不到的也听到了，始终想学“知不知”，而偏偏都知，真的很麻烦。“知不知”，也是人生的厚道处，尤其是做长辈的，或者做校长的，或做工厂老板的，有时候要学到知不知。人就是人，有时犯一点小错误，你要偶然装作看不见，下一次他就不会错了。知不知是真聪明假糊涂。

“夫唯病病，是以不病”，这两个“病”字，第一个是动词，第二个字就是名词。老子说圣人懂了这个道理以后，讨厌生这个病，所以他不求知，因而没有病。“圣人不病，以其病病，是以不病”，圣人因为懂了这个道理，他就不犯这个错误，所以永远不病。换句话说，一切凡夫普通人，都在病中。这个毛病在哪里呢？就在知道得太多。西方哲学有一句名言：“知识越多痛苦越大，学问越好烦恼越深”。

我们看到许多学问非常好的人，既不做官又不出世，只坐在那里忧国忧民忧世间；这岂不是“病病”吗？像清朝名士袁枚引用宋人的诗：“羡他村落无盐女，不宠无争过一生”。一位饱学之士，反而羡慕粗陋的乡下老太婆，一辈子过着平凡的生活，既安静也没有得宠或光荣，但是，也没有受过打击啊！“不宠无争”过了一生，真有福气。袁枚，因为他得过宠也受过惊，所以才看到别人的平凡是福气。真正乡下的老太太们，恐怕还很愿意到都市得得宠吧！所以，人没有吃过苦头，不晓得平凡是幸福；吃了苦头以后，才晓得平凡就是幸福。

又如陆放翁轰轰烈烈的一生，后世直至清朝末年，都捧他为爱国诗人，成为他新的封号。但是陆放翁有一句名诗：“十年烟笼废春耕”，因为他是南宋时代的人，知识多了，对国家的爱心也就太大了，所以感慨自己当时为什么要读书；最好没有读书只是种田，天下国家万事不懂，也就少痛苦少烦恼了。这是讲形而下知识与痛苦烦恼的关系。

下面这章是老子对时代的批评，对历史发的牢骚。

第七十二章

民不畏威，则大威至。无狎其所居，无厌其所生。夫唯不厌，是以不厌。是以圣人自知不自见，自爱不自贵，故去彼取此。

不愚弄社会人民　自爱而不自贵

文字的问题要先说明一下，“厌”这个字，现代普通的解释是讨厌之厌，可是，古文有时候是借用，作为压迫的压字解。“民”字，也不能看作专指老百姓，或指国民。秦汉以前书中的“民”字，相当于现在白话文中的“人们”“人类”。如果当成“老百姓”“国民”的观念来看，会把古书读错的。

“民不畏威”，一般人并不怕政治的权威，政治到达最高的成就时，就是天下太平的盛世；当道德的政治达到不需要威权的时候，人们会自动自发呈现出道德，不需要刑法了。道德的政治，做到没有任何形象上的威严时，才是真正的威严。当然，这要靠每人自动地遵守道德规范，而不是依靠外在刑法的管制。

“无狎其所居，无厌其所生”，狎是玩弄的意思，居字真正的意义，是人们共同生活居住的社会。“无狎其所居”这句话，就是大政治不玩弄这个社会，这才是真正的道德政治。

如果要严格研究这句话，需要列举古今中外某些大政治家，如何玩弄这个社会。但是真正高明的政治，是不玩弄人，更不会愚弄社会；也就是后世所讲“玩人丧德，玩物丧志”的道理。人不可自以为高明而去玩弄人、玩弄天下，而丧失道德。贪图物质享受的人“玩物丧志”，自己的情操会堕落。“无狎其所居”，也是这个道理。

“无厌其所生”是不要压迫人，上天有好生之德，人类的道德能持续发展，一切自然生生不息。

“夫唯不厌，是以不厌”，前面的“厌”字应念成“压”，可是不能死啃文字。研究训诂之学，又叫作小学，所以我常说要认得中国字。例如一个“张”字，不要以为只是一个姓氏，另外还有开张大吉，紧张等字义；这些张字都因转借而用法不同，各有其意义。上古的字，只有几千个在运用，所以，同样一个字，可以表达多种意义、多种观念。现在用白话表达的话，有时候要用好几个字才能表达一个观念。这属于外文的方式，而中国文字不同，一个字可以代表很多观念。

“夫唯不厌”，因为你不施加压力给社会人民，“是以不厌”，所以人民自己也不感受压迫，自然会好好地活下去，活得很快乐。我们看动物世界，只要合于天时地利，那些动物自然就活得很好。

“是以圣人自知不自见，自爱不自贵，故去彼取此。”这是讲一个道德领导的哲学，也就是我们自己的道德哲学。人要能够自知，要有自知之明，老子在第三十三章讲过“智”与“明”两个字，就是“知人者智”，能了解别人，那是聪明智慧；“自知者明”，了解自己的才算明。天下明白人很难找，真正的明白人，就是能够了解自己，但是，人永远不了解自己。所以说，只有圣人才能自知，不自欺，没有主观的成见，达到无我的境界。圣人也能够做到自爱、自重；能够尊重自己，才能够尊重别人，也才能够爱人。但是圣人“不自贵”，自己不认为高贵，不像一般人有了学问，有了地位，有了钱，就认为自己了不起，那就完了。那是彻底的凡夫，平凡的人。“故去彼取此”，真正的自知自爱不自贵，就是能舍弃了自贵自见，那才是圣人之道。

第七十三章

勇于敢则杀，勇于不敢则活，此两者或利或害。天之所恶，孰知其故，是以圣人犹难之。天之道，不争而善胜，不言而善应，不召而自来，繟然而善谋。天网恢恢，疏而不失。

敢与不敢的勇气

“勇于敢则杀，勇于不敢则活”，这两句话非常重要，举凡政治哲学、军事哲学、经济哲学，甚至做人的哲学都包括在内，文字又非常简单。所以，也可以说老子的话非常平凡。西门町有些人被多看一眼，就会一刀刺过去的，这些人都是“勇于敢”，结果自己犯杀人之罪。所以粗暴不是真勇，勇是真勇气，如果没有智慧的判断，没有道德的修养，什么事情都敢，那就会变成糊涂的废人。当然，人们年轻的时候，都可能犯下这种错误，自己认为很高明，很勇敢，什么事情都敢做了再说。但是，天下事不能做了再说，最好是说了慢慢做；先把道理搞清楚，再慢慢来做。年轻人固然不怕错，只要知错能改，但有时候想改也改不过来了。尤其是历史上的错误，没有机会改过来，所以“勇于敢”的结果是杀。

应该勇于什么呢？人生最高的勇气是慢一步；事先问一下，有没有把握？多考虑一下。多考虑一下就是勇气。看见地上有一叠钞票，只要拾起来无人看见，当然就是我的了。如果“勇于敢”，说不定刑警在后面，误认你是小偷。如果“勇于不敢”，这个钱拿与不拿，再多考虑五分钟，结果就可能不同。可是，“勇于不敢”是很难做到的，有时候被人骂懦弱，若怕被人骂懦弱而“勇于敢”就完了。

“勇于敢则杀，勇于不敢则活”，其中“勇”是勇气，“敢”是决断；有时候是冒然有勇气地下决断，并不是一件好事。有勇气把事情办得圆滑一点，迟一步多考虑比较好，也就是说拖一下不算坏事。但有些事情，绝对不能拖，那么拖与不拖，以什么做标准呢？其实上帝都做不了标准。“此两者或利或害”，是利是害不一定，老子只能讲到这里，因为这完全是智慧的决断，那是要真正的智慧才可以决定取舍的。

那股冥冥不可知的力量

“天之所恶，孰知其故，是以圣人犹难之。”但是老子讲出一个道理，当唐太宗李世民要为李氏建祠堂时，根据历史学家的考证，李世民的姓氏来源及血统相当混杂；为了找一个古代有头有脸的李姓做宗祖，于是唐朝开始找到了老子李聃，封他为“李老君”。经唐朝封成了神仙以后，老子这本《道德经》就成为道教的三经之首了。再加上《庄子》称为《南华经》，《列子》一变称为《清虚经》，就像佛教的净土三经同样的道理了。《老子》这本书本来是没有宗教色彩的，但是自从到了道教手里，老子变得充满了宗教的气息，被动地当上了教主。“太上老君一气化三清”，等于佛家的三身。

事实上，老子原书《道德经》，没有一点宗教的气味，只有在这第七十三章里，点出来了一点宗教的东西，就是“智慧”的决定高于一切。但是智慧之所知，与智慧有绝对关系；后人叫这个为命运，就是宇宙间有一个不可知的东西。这个东西，各人各穿一件不同的外衣，西方就叫“上帝”“主宰”；印度人为他穿上的外衣是“如来”“佛”；中国人将他穿上的外衣叫“天地”；依哲学家、科学家来说，这是一种不可知的力量。古今中外人类的文化，都晓得宇宙间有这么一个东西，所以，利害之间只有智慧才能判断。

这等于四个人打麻将，每人都有输或赢的可能，有一张不可知的牌，不知最后到谁的手里，只要这张牌来了，一定会赢。可是东转西转，不小心就落到别人的手中了，所以利害之间的运用，纵然有高度的智慧，也只能相信形而上的一个东西。“天之所恶，孰知其故”，这是上天的意志，找不出原因，“圣人犹难之”，纵然大彻大悟得道的人，这种不可知的力量，也难以把握。

西方的宗教讲上帝是“全能”，但以宗教哲学来讲，世界上没有任何东西是全能的，假使可以全能的话，上帝就不会无法对付魔鬼了。魔鬼与上帝是对立的，可见上帝不是全能。佛家也不敢说佛是全能的，实际上佛有三不能，第一佛不能转“定业”，就是“天之所恶，孰知其故”的道理。第二佛不能度无缘之人。第三佛不能度尽众生。这是佛的三不能。佛一切皆能，但仍有三不能。

佛教的解释，定业是有一个时期的，或三年五年，或一百年五百年，在时空变化中，定业于受果报后就消失了。所以，定业也可转，是由自己转，不是佛替你转。不信我的人，只要骂我一声，已经跟我结缘，下一次就可能信我了。所以，不怕你骂，不怕你毁谤，我们两个人结了一个缘，这在佛学也叫“定业”，中国文化叫作“气运”。

小规模的气运叫“命运”，是时间空间所形成的，时间空间不是他的主宰，是它的现象；但时与空这两样东西，也受宇宙间这个东西的支配，这个东西就是人类生命的根源。所以老子说，掌控这一点东西非常难，不是属于智慧能完全把握的，所以说“圣人犹难之”。

如何做到不争　不言　不召

“天之道，不争而善胜”，这个天不是科学上天体之天，也不是宗教上的天，这个“天”在儒道二家，是“形而上”的一个代名词，一个代号。在印度也可以叫它“如来”，反正就是这么一个东西。这个东西生长万物，不与万物争，但是宇宙万有，在它的手心里翻不过去。“天之道，不争而善胜”，永远不跟人争，可是人最后都是向他投降。形而上本体的功能，就有这样的厉害！万有最后还归于无，归到他那里，这就是“不争而善胜”。所以，老子一路说下来，叫我们效法上天无为之治、无为之道，才能做到不争之胜。假使做生意，能够做到不争，就可能大发财，坐在家里日进万金，那是第一等生意。可是谁有这个本事，这个智慧？普通人一生都在争，所以“不争而善胜”是第一等。

“不言而善应”，形而上的天道，无形象，无声音，也不讲话。有些宗教人说，昨天自己灵感来了，是上帝对我说的；有些人打坐，听到菩萨对他讲话。如果这样的话，你要担心患了精神分裂症，因为这只是魔道而已。真正的天道是无言无声，也就是《中庸》上最后告诉我们的一句：“上天之宰无声无臭”。照佛法来讲，这是究竟本空，涅槃清净，圆满清净，所以叫作无争。虽然无言，但“不言而善应”，是有感应的。孔子在《易经·系传》上经就讲到“寂然不动，感而遂通”，就是形容这个道理。这也就是“道”“佛”的境界，是清净空寂，如如不动的。“感而遂通”这句话，是说只要你一动，他那边就有感应，一种力量的作用就出来了。

“不召而自来”，人生的祸福善恶因果之间，没有另外一个做主的，就是所谓的“无主宰”。我们中国道家的《太上感应篇》，等于是国民道德须知，也是中国古代阐述人伦道德的一本书，成为中华民族人人须知的手册，至少百年来是如此。其中有一句重要的话，“祸福无门，唯人自召”，祸与福是没有主宰的，也不是神祇。不是说吃了供养的猪头，他就保佑你，没有供养的话，鬼就找你，那是空话。“祸福无门”，鬼神也做不了你的主，上帝菩萨都做不了你的主，只有人自己的心念，所谓“唯人自召”，是你自己召的。所以我们人生一切的遭遇，严格地反省下来，痛苦、幸福、烦恼等等，都是自己召来的。天道就是这样一个东西。

一切都是自己的作为

“繟然而善谋”，“繟”是像网一样的散开，如《华严经》所说帝网重重，在中国古文中就一个“繟”字。天道就像一张网一样，无所不在，可是看不见，“而善谋”，意思是有其智慧。真智慧无主宰，但又不是自然，不是物理的自然。中国的成语中，经常可以看到这两句话：“天网恢恢，疏而不失。”上天有一个东西，无主宰，但是也非偶然。这个天、天网，叫它神也可以，菩萨也可以，佛也可以，甚至叫它鬼也无妨；它不会与你计较这些名词，因为“天网恢恢”，胸襟广大。

讲到宗教哲学，往往有人提出这样一个问题，宗教是讲是非善恶的，但是有人一辈子是好人做好事，却遭遇的打击最多，痛苦也最大，连写《史记》的司马迁也曾有如此的怀疑。司马迁为了替李陵说公道话，反而受了重刑，痛苦一生。他在《伯夷叔齐列传》上说："所谓天道是真的吗？假的吗？我就不清楚了。"社会上有许多好人一辈子痛苦，而那些坏蛋的生活却舒服得很，样样好，人越坏生活越好。

对于宗教几乎所有人都提出这个问题，这个问题也确实很难解答。不过《金刚经》中曾解答说，假如这个人一生都做坏事，而一生还过得那么好，是因为前生福报尚未享完，前生的利息尚未用完；等到利息都使用光了，本钱也收回了，下一生就受恶报。不过，下一生又看不见！那很简单，一个人前生欠的账没有还完，所以今生倒霉受苦，先把账偿还，下一生就好了。

或有人说，这只能听听而已，前生及来生也都看不见嘛！关于这个疑问，只要从现实这一生去研究就会明白，"祸福无门，唯人自召"。老子刚才讲，"此两者或利或害"，很难定论，因为自己严格反省下来，就会发现遭到的最大打击就是最大的福报，如果没有遭到最大的打击的话，大概命也不保了。当然人活着并不一定就是好啊！活得太长久也很难过，虽然一般人认为长寿也是福气。

由这许多道理看来，才会懂得老子这里所说的"天网恢恢，疏而不失"的意义。它没有道理，没有主宰，没有标准，可是又有一个大原则、一个标准；这个道理，在任何宗教哲学上，都是最深刻的一个道理。简单一句话说明，就是因果律，自己造的因，自己自然得这个果，谁都逃脱不了。

第七十四章

民不畏死，奈何以死惧之。若使民常畏死，而为奇者，吾得执而杀之，孰敢。常有司杀者杀，夫代司杀者杀，是谓代大匠斫，夫代大匠斫者，希有不伤其手矣。

生杀大权不可取代

“民不畏死，奈何以死惧之”，老子说一般人并不怕死，以做生意的人来讲，中国老古话说，杀头的生意有人做，赔本的生意没人做。只要有钱赚他敢冒险，不怕杀头；如果不赚钱要赔本，绝对没人会干的。为什么会如此？因为“民不畏死”之故，人并不是真正的怕死，所以“奈何以死惧之”。从老子这句话看到春秋战国时代，都是以死来威胁，作为统治的方法，这是最笨的事情。现在有些集权统治的国家，也是走这个路线，杀了那么多人，人民真的怕了吗？没有。人们会怨恨反抗，就是基于这个威胁，所以说没有用，因为“民不畏死，奈何以死惧之”。

“若使民常畏死，而为奇者，吾得执而杀之，孰敢”。假使说，人的心里真怕死的话，当局就可以用杀来威吓，天下岂不是就可以得到太平了吗！但是，根据历史的法则，越杀越不太平，越以杀统治越造成社会的不安和愤怒。孟子也曾说过，“不嗜杀人者能一之”，一就是统一，政治的王道思想，不是理想主义，而是非常现实；真正的仁慈，就是最高的手段，也是最高的成功。不过，如果把仁慈视作手段运用，那就犯了错误，也就不会成功。这是老子说的道理。

“常有司杀者杀”，人们常以杀去威胁人，以为权威可以控制一切，这是绝对错误的。但是，天地间有一个真权威，宗教家把它塑造成一个神、一个魔鬼，或者一个上帝、菩萨，这些都是形象而已。任何的宗教都是反对偶像崇拜的，佛教也不例外。但是，为什么我们也礼佛呢？我们也知道那是偶像啊！礼佛是因为他使自己生起真正的恭敬心，这不是偶像不偶像的问题。如果认为拜了这个偶像，就得福报，那才是错误，那是不懂宗教；任何一种真正的宗教，都是不拜偶像的。偶像代表的是真心，是诚敬的精神，所以偶像并不错。

从哲学上的道理来说，宇宙间真正的赏罚，就是“天网恢恢，疏而不失”，天地生万物，同时也杀万物，因为结束你的时候，正是爱护你。秋天到了，万物必定凋零，今年的草木凋零了，明年的草木生长得更茂盛。不经过这一杀，就没有下一次的生，所以生杀之间，或利害之间，的确很难评断。人的生死之间也是一样的道理，所以老子提出来“常”，那是一个永恒无形的存在，这个“常有司杀者”，等于管理生杀的权柄。“司杀者杀”，只有他有能力、有道德、有理，可以杀。

“夫代司杀者杀，是为代大匠斫”，但是我们人如果替代这个决杀权，那就是代。这一句话很容易解释，张献忠的“七杀碑”，有他的杀人哲学，他说：“天生万物以养人，人无一德以报天，杀杀杀杀……”一连七个杀字。人活在世界上，哪一样事情对得起天地呢？这是他杀的哲学。可惜张献忠没有读过《老子》，“代司杀者杀”，张献忠说他是替天行道才杀，就是所谓“代大匠斫”。

假使他是替天行道，就是代“大匠”去杀的；可是上天真正的刽子手，它有好生之德，也有好杀之能，这是一个形而上不可知的力量。像张献忠这样自认替天行道，根本是错误的，因为老子说：“夫代大匠斫者，希有不伤其手矣。”你代天去杀，很少有自己不受伤的。试看张献忠的历史就知道了，哲学理论虽然没有错，可是你不能代表上天行道，因为这个职权并不属于你。这是宗教哲学最高的道理，也是中国政治最高的哲学，只有仁慈、仁爱，所以绝不可以代杀，杀是另外一个道理。

第七十五章

民之饥，以其上食税之多，是以饥。民之难治，以其上之有为，是以难治。民之轻死，以其上求生之厚，是以轻死。夫唯无以生为者，是贤于贵生。

老子所处的悲惨时代

“民之饥，以其上食税之多”，春秋战国几百年的战乱达到了极点，可是老子没有看到战国的时代，只看到春秋的初期；那时的社会已经饥馑到人吃人的时代。庄子也曾经提到，后世必定会有人吃人的状况。大家在史书上只看正面，如果看到历史的反面，中国历史上全部人吃人的时代，可以写一部专书。历史上在某一个阶段，曾把儿女互换来吃；天下大乱的时候，也有人母自杀以喂养儿女及一家人的活命。这类的悲惨事件，在历史上屡见不鲜。历史除了正面的光辉灿烂，查一查反面的记载，那就惨不忍睹了。老子当时已看到社会的贫穷、百姓的饥饿，因为春秋时各国诸侯，只有富国强兵的思想，毫不顾及人民的死活。人民税赋又重，以致民不聊生，饥饿又贫穷。

“民之难治，以其上之有为，是以难治。”另一方面，诸侯的愿望太大，头脑太聪明，想统治人驾驭人，造成民穷财尽，当然“是以难治”。老子这些话，对当时的政治是一副清凉剂。其实，何止春秋战国如此，全世界每个国家每个民族，到了末代，都有这种现象。由此可以了解，老子的哲学以无为之治为药，是针对当时时代的一剂良方。

所以，我经常说，中国文化儒释道三家，孔子开的是粮食店，打倒了粮食店，光吃面包牛排是吃不饱的，是会吃出毛病的。几十年前打了粮食店，大家的肠胃都出了毛病，所以粮食店是不能打的。道家开的是药店，不病就不需要药店，一旦生病则非要去药店不可；所以老子开的“无为之治”这一味药，是很重要的，碰到这个病，非用这个药不可。佛家开的是百货公司，吃饱饭又没有病，有空去逛逛百货公司，没有空就不去逛。这三家店都是人类生存的必需，都不能打的，打倒了就麻烦了。可是，这个时代，岂止打了孔家店，无形中对这三家店都在打，打得我们现在很难办很麻烦了。

这是说明老子提出来社会难治的原因，以及领导人太过聪明、有为，所以难治。

“民之轻死，以其上求生之厚，是以轻死。”老子同时也说明一个现象，到了某一个时候，人们宁愿死掉，所以古时候有所谓“宁为太平鸡犬，不做乱世人民”的说法。近几十年来，这一个时代的人，生活得太幸福了；三五十年前经过变乱的人，都有乱世人命不如鸡犬的感受，活得都不想活下去了。在清朝末年，直到军阀时代，更是如此。

这种现象是谁造成的呢？老子说是人为的，上面的领导阶层自己要求生，由于他的求生欲望太大，要求过分，就使别人活不下去，也不想活了。第二次世界大战，日本军阀发动战争，开始的时候，有一两个日本真正有学问的哲学家，便悲愤自杀，因为不忍心看到自己国家走上灭亡之路。这就是当年日本军阀胡作非为，为了满足自己的欲望，而使千千万万人的生命牺牲了。

“夫唯无以生为者，是贤于贵生。”做一个领导人，不要只为自己而求生，如老子前面所讲的“无为其生，而后生”，先把自己的生命放在一边，为利益他人而做，就不怕活不下去了。就是这个道理。

第七十六章

人之生也柔弱，其死也坚强。万物草木之生也柔脆，其死也枯槁。故坚强者死之徒，柔弱者生之徒。是以兵强则不胜，木强则兵。强大处下，柔弱处上。

要活就要软　想死就强硬

“人之生也柔弱，其死也坚强。”婴儿的骨头很软，年纪越老骨头越硬，什么都硬，死的时候最硬。所以有些人说，什么都不怕，我这个骨头很硬；真到骨头很硬的时候，就是快要死了。人越年轻身体越轻软柔弱。

“万物草木之生也柔脆，其死也枯槁。”这是讲物理的现象，柔软是生命充沛的时候，植物与其他生物的骨骼一样，死的时候变硬。

“故坚强者死之徒，柔弱者生之徒。”老子强调用柔，也就是用“和平”。一般人解释老子的柔好像水一样，其实不是如此；柔是和平的原理，因此他说：“是以兵强则不胜，木强则兵。”这个“兵”字，不是指部队带的兵，是指兵器、武器；武器太刚强、太硬的话，就容易折断，真正坚强的东西也是一样。所以，最坚固锋利的东西是柔软的，可以永远又锋利又长久。“木强则兵”，木头与金属相比，并不太硬，但是有些木头非常坚硬，就可以做成兵器。做成兵器以后的木头也完了，反而是自伤，这是讲强弱之势的原理。

“强大处下，柔弱处上。”强大的东西常处于下，而柔软的东西，则居上位。世界上什么东西最强大？地球！什么东西最柔软？生物。地球再强大，再硬，还是被我们生物踏在脚下，我们人是柔软地站在上面。比如一座塔，或一个伟大的建筑，下面的地基，都是最牢固最坚硬的。塔尖塔顶之处，金刚钻放放光，只是为着好看。

有人喜欢算命，我常说，这一代人的命，我早已算好了，是生于忧患，死于忧患。但是，我们这一代人真了不起，可以为未来的时代奠下基础，未来建筑的这个塔顶，能不能造，就要看现在青年这一代的努力了。

我们今天讲《老子》，也不过是拿东西塞一下墙角上的一个漏洞，大家要用自己的智慧去挖掘出来真正的宝藏。我再三强调孔孟之道的四书，以及《老子》《庄子》等，文章都非常高明，大家读了之后，常被文字境界所吸引，陶醉在美妙的文学境界，而忽略了道理所在。孔孟老庄等中国文化，与印度佛教文化一样，原则都是说明因果关系，也就是现在老子告诉我们的。

第七十七章

天之道，其犹张弓与！高者抑之，下者举之；有余者损之，不足者补之。天之道，损有余而补不足；人之道则不然，损不足以奉有余。孰能有余以奉天下？唯有道者。是以圣人为而不恃，功成而不处，其不欲见贤。

什么是天之道

“天之道，其犹张弓与！”宇宙的法则“天之道”，如拉弓射箭一样，弓拉得满，箭才能射得远。我们中国人说，一个坏人还没有受到恶报，是因为他“恶贯没有满盈”，等到坏事做得满盈，如拉弓一样，“啪”地一声就射出去了。所以，上天之道是有一个道理的，也就是为什么好人没见到好报，坏人也未见恶报。西方人也说，“上帝要他灭亡，必先使他疯狂”；中国人则说，“天将降大祸于斯人，必先厚其福而报之”。所以有时候得意不是好事，上天可能是要毁灭你，不然不会给你这么好的福气。

人不如意时，反而不会昏头，而恶贯则容易满盈，所以“天之道”像张弓一样，“高则抑之，下则举之”，弓对准目标射，太高时要往下一点，太低也不行，要拉高一点才能射到。“有余者损之，不足者补之”，天道就那么公平，你这里多了，他一定给你拿掉一点，少了又会补上一点。所以，佛学称呼这个世界，娑婆世界，译为“堪忍”，说我们这个世界是缺陷的世界。《易经》也说明这个世界是缺陷的，让你有钱就不给你学问，有学问就没有钱；给你子孙满堂，就不给你别样了，所以总是有缺陷不圆满的。

我常常对人说，老兄，你又有钱又有地位，家庭妻子样样好，你又要想成佛，那我干什么啊？样样你都有了，会有这样的事吗？像他们出家要成道的，样样都舍掉了，只站在修道这一边；站到这一边，总是会少去那一边的。像汉武帝、秦始皇，都是同样的思想，既要当皇帝，又想成仙。天道不是这样的，是“损有余而补不足”，非常公平，像天平一样公平。

“人之道则不然，损不足以奉有余”，人类却不像天那样公平，人们锦上容易添花，更有损人而利己者，所以人道会受惨痛的报应。历史到了大变乱时代，大的劫运就来了，这是历史的因果。我们读二十五史就知道，如何开国，最后就如何结束，对照起来是一模一样。以因果的观点来看历史，非常有趣。像清朝满洲人，孤儿寡妇带了数万人入关，历经两百多年时间，统治了四万万人，最后还是孤儿寡妇坐火车回去了。怎么来就怎么去，怎么上台，怎么下台，一点都不差。

“孰能有余以奉天下？唯有道者。”学道的人有一个原则，佛家叫菩萨道，“有余以奉天下”，把我有余的都舍出来，帮助天下人，多布施给别人，只有有道的人才能做到这种事。

“是以圣人为而不恃，功成而不处，其不欲见贤。”所以老子始终告诉我们“功成、名遂、身退，天之道”。个人做事也好，为天下国家也好，不要把你的成功，看成是你自己了不起；“功成”，是大家的；“名遂”，出了名已经不好意思；“身退”，赶快自己退下来，这是“天之道”，是天道自然之理。所以，把一切的成功奉献给世人，布施给天下，老子叫我们效法天道，这是因果的大原理。

第七十八章

天下莫柔弱于水，而攻坚强者莫之能胜，以其无以易之。弱之胜强，柔之胜刚，天下莫不知，莫能行。是以圣人云：受国之垢，是谓社稷主；受国不祥，是为天下王。正言若反。

你能做到以柔克刚吗

“天下莫柔弱于水，而攻坚强者莫之能胜，以其无以易之。”老子经常拿水作比喻，前面讲过，佛家的因明常用比喻，其实三家道理的最高处都是相通的。水是天下最弱的东西，是没有骨头的，但是，一滴两滴不断地滴下去，滴了万年，最硬的钢铁也被水滴穿了。无论多硬的矿物，都会被水滴出一个洞来，“弱之胜强，柔之胜刚”，这个道理个个都知道，“天下莫不知，莫能行”，可是，没有一个人肯去做，都是好强好出头，自以为聪明。

“是以圣人云：受国之垢，是谓社稷主；受国不祥，是为天下王。”所以圣人说，做一个领导人，乃至于个人事业的成功，都要做到担负一切人的痛苦。甚至一个工厂公司的老板，都要能担负下面人的一切苦痛，为部下挑起全部的责任，这样才能作为一个领导人。如果领导一个国家，能够做到“受国不祥”，挑起全国的痛苦，把福气给别人，“是为天下王”，那就是天下之王了，这才是正路。“正言若反”，他说，我的正话才是真话，可是人往往做不到，看起来像是说反话。

第七十九章

和大怨，必有余怨，安可以为善？是以圣人执左契，而不责于人。有德司契，无德司彻。天道无亲，常与善人。

把握原则　不求至善尽美

老子告诉我们人生最大的秘诀，如果人想做得面面俱到，那就绝对做不好。“和大怨，必有余怨”这一句话，说明人欢喜怨恨、爱埋怨的心理是天生的。一般人指责现代的青少年不满现实，我说不满现实是古今中外的通病，不但青少年如此，我们也一样。年轻的时候不满现实，现在老了，照样的不满现实。不满什么现实呢？不满于老年的现实，年轻人不满年轻的现实，每个时代每个世界，没有任何人安于现实满足于现实的。假使有人满足于现实，这个人不是圣人就是妖怪；当然圣人做得到，妖怪还做不到。所以除了圣人以外，人没有安于现实的，因为人的心理很妙，没有人是无怨的。我经常引用古文辞的话：“花落水流红，闲愁万种，无语怨东风”，一个人无事可怨时，还怨东风呢！当然花落水流都要去埋怨一番，这是人的心理，尤其是年轻人的心理。所以，世间几乎没有一个人真是善人；善人到了“无怨亦无恨”的境界，那就是圣人、佛的境界了。

人要做到样样好是不可能的，因为把大怨化解平和了，那些小怨又会变成大怨了。“安可以为善。是以圣人执左契，而不责于人”，所以说，圣人并不要求达到天下的至善，那是办不到的。因为是非好坏，从哲学上来说，并没有一个绝对的标准；是非善恶好坏，都是时间空间的变化，以及人为的因素而定的。今天我们这件衣服漂亮，几年后就觉得不漂亮了，这都是时空环境人为的心理变化而决定的。所以上古的圣人，不要求达到天下无怨，人人无怨。“左契”是指大的原则，守住大原则就可以了，不必去责备他人。孟子也说过“有求全之毁，不虞之誉”，世界上的人，常常按照圣人的标准去批评对方，要求别人十分严格，但绝不那样严格要求自己，这都属于“求全之毁”。

世界上常有人突然出名，实际上那个大名不见得符合事实，这叫不虞之誉，是意想不到的恭维。圣人之道是把握原则，而不苛责于人。“有德司契，无德司彻”，真正懂得这个道理，那就了解，圣人之道是：领导阶层的大政治家，只把握原则，不求管理。“无德司彻”，彻是治的意思，无德的统治，就是到处设规则，也就是管理，这是无德之人的做法。

“天道无亲，常与善人”，这是老子的名言，天道很公平，并不是说你今天拿猪头拜他，就对你好一点，他不管你拜与不拜，只要有德有善，自然得感应，菩萨也就是这个道理。但是，这两句话有人提出来怀疑，司马迁就说，“天道无亲，常与善人”是真的吗？他在《伯夷叔齐列传》中说，伯夷叔齐这两个人不是很好吗，为什么被饿死呢？司马迁就是那么幽默！这虽然是幽默的话，但是司马迁父子两人是道家的信徒，司马迁常批评儒家，儒家也批评道家。

第八十章

小国寡民，使有什伯之器而不用，使民重死而不远徙。虽有舟舆，无所乘之；虽有甲兵，无所陈之；使民复结绳而用之。甘其食，美其服，安其居，乐其俗。邻国相望，鸡犬之声相闻，民至老死不相往来。

小国寡民就是地方自治

许多写政治哲学论文的人，常提到老子“小国寡民”之治，认为老子反对大国之治。可是我们中国是大国，如果要实行道家的政治观念，是否要把大国划分成小国呢？关于这一点，大家忽略了一件事，就是春秋战国时所谓的国家，不是现在国的观念；那时的“国”，是个地方政治单位的名词，直到三国时代都是如此。到了唐太宗时代封地区领导人时，对他儿子还引用“诸侯治国”的制度，派他儿子到一地区去管理。所以“小国寡民”，这个“国”，是“地区”的意思。不要看到一个国字，就拿现在国家的观念来读《老子》，那就不对了。

我们了解了这些以后，就知道“小国寡民”就是地方自治，进一步主张要一个国家天下太平，必须国民道德充沛，人人能够自发自动，国民道德才能提升，然后才能讲自由民主，达到天下太平。这样解释“小国寡民”，才可能是老子的原意。

目前世界上只有瑞士这个国家，勉强可以称得上小国寡民，另外还有一个国家，全国只有三个警察，实际上那不是国家，那是他自己号称为国家而已。

“使有什伯之器而不用”，大家虽有最好的物质文明，但是重视的更是精神文化，并不太重视物质方面的文明。“使民重死而不远徙”，大家对生命看得很重，所以不冒死，而愿意过着平安的居家生活，不离开生长与生活的环境太远。“虽有舟舆，无所乘之”，虽然有良好的交通工具，并不去乘坐；以现代生活来说，虽有高速快车，没有要事，也不去乘坐。

“虽有甲兵，无所陈之；使民复结绳而用之。甘其食，美其服，安其居，乐其俗。”宁可让大家过原始纯朴自在的生活，安安稳稳，吃得好，穿得暖，住得舒服，社会安定，人与人之间，道德相处。“邻国相望，鸡犬之声相闻，民至老死不相往来。”曾有过山居经验的人就知道，邻居住在对面山顶，欲相见握手，还要走三天的路；但早晨起来站在门口，彼此都可以看到，打手势招呼一下，意思说你去砍柴吗？我也要去挑水了。

我以前过边疆的生活，吃了油腻的东西，洗脸时，怕风大，就把沾油的手在脸上抹一抹，在衣服上擦一擦，大家一身臭得差不多！但久而不闻其臭，又在地上睡睡，我觉得那个日子过得很好。开始不习惯，后来觉得天下昏昏，就在此地了此一生，也是最进步真实的生活了。现在有些人，家里地毯铺得厚厚的，做半天的工，工资已经够用了，下半天绝不愿意出来工作，也做到了“鸡犬之声相闻，民至老死不相往来”。有些落后地区，邮差被狗咬是第一新闻，除此之外没有其他事情；世界大战，你们去打你们的仗，与我毫不相干。

我们有一个学者去那个地区演讲，就告诉他们：“天下最危险的，恐怕就是你们的国家。”但是他们听了，以为这个人说的是疯话。所以最落后的地区和物质文明发达富庶的国家，都是同样符合老子这几句话的道理，只不过境界是两样而已。

第八十一章

信言不美，美言不信。善者不辩，辩者不善。知者不博，博者不知。圣人不积，既以为人己愈有，既以与人己愈多。天之道，利而不害。圣人之道，为而不争。

不美言　不争辩　不积财　多付出　效法天地

“信言不美，美言不信”，好话听起来都不好听，而好听的话却都是不可靠的。“善者不辩，辩者不善”，老子自己也犯了这一条戒，他还写了五千言，还在辩论，违反了他自己说的真理没有什么好辩论的原则。所以要辩论就不是真理。

“知者不博，博者不知”，智慧到了，不读书也万事皆知。悟了道，一悟百悟千悟一样知道。但是一般知识越多，真智慧反而被知识蒙蔽，就是佛学讲的所知障，知道得越多越不能入道。所以，他说真正的圣人，不自私不占有，就是“圣人不积”的意思，不放在自己口袋里。这与佛学讲布施的道理一样，不占有，不储藏，一切贡献出来。

其实，真能布施出来，不但你自己有贡献，而且给出的越多，你的成就越高。“既以为人己愈有，既以与人己愈多”，你真为人服务的话，付出的越多，你自己则会越加富有。

“天之道，利而不害。圣人之道，为而不争。”这是老子真正的中心，要我们效法天地。天地生长万物，生生不已，只有付出，不想收回，不想得到报酬，所以天地还是天地。人处处要想占有天地，占有别人的利益，结果反而什么都得不到，这是老子告诉我们的原则。

南怀瑾先生著述目录

1. 禅海蠡测　（一九五五）
2. 楞严大义今释　（一九六〇）
3. 楞伽大义今释　（一九六五）
4. 禅与道概论　（一九六八）
5. 维摩精舍丛书　（一九七〇）
6. 静坐修道与长生不老　（一九七三）
7. 禅话　（一九七三）
8. 习禅录影　（一九七六）
9. 论语别裁（上）　（一九七六）
10. 论语别裁（下）　（一九七六）
11. 新旧的一代　（一九七七）
12. 定慧初修　（一九八三）
13. 金粟轩诗词楹联诗话合编　（一九八四）
14. 孟子旁通　（一九八四）
15. 历史的经验　（一九八五）
16. 道家密宗与东方神秘学　（一九八五）
17. 习禅散记　（一九八六）
18. 中国文化泛言（原名“序集”）　（一九八六）
19. 一个学佛者的基本信念　（一九八六）
20. 禅观正脉研究　（一九八六）

21. 老子他说 （一九八七）

22. 易经杂说 （一九八七）

23. 中国佛教发展史略述 （一九八七）

24. 中国道教发展史略述 （一九八七）

25. 金粟轩纪年诗初集 （一九八七）

26. 如何修证佛法 （一九八九）

27. 易经系传别讲（上传） （一九九一）

28. 易经系传别讲（下传） （一九九一）

29. 圆觉经略说 （一九九二）

30. 金刚经说什么 （一九九二）

31. 药师经的济世观 （一九九五）

32. 原本大学微言（上） （一九九八）

33. 原本大学微言（下） （一九九八）

34. 现代学佛者修证对话（上） （二〇〇三）

35. 现代学佛者修证对话（下） （二〇〇四）

36. 花雨满天　维摩说法（上下册） （二〇〇五）

37. 庄子諵譁（上下册） （二〇〇六）

38. 南怀瑾与彼得·圣吉 （二〇〇六）

39. 南怀瑾讲演录二〇〇四—二〇〇六 （二〇〇七）

40. 与国际跨领域领导人谈话 （二〇〇七）

41. 人生的起点和终站 （二〇〇七）

42. 答问青壮年参禅者 （二〇〇七）

43. 小言黄帝内经与生命科学 （二〇〇八）

44. 禅与生命的认知初讲 （二〇〇八）

45. 漫谈中国文化 （二〇〇八）

46. 我说参同契（上册） （二〇〇九）

47. 我说参同契（中册）　（二〇〇九）
48. 我说参同契（下册）　（二〇〇九）
49. 老子他说续集　（二〇〇九）
50. 列子臆说（上册）　（二〇一〇）
51. 列子臆说（中册）　（二〇一〇）
52. 列子臆说（下册）　（二〇一〇）
53. 孟子与公孙丑　（二〇一一）
54. 瑜伽师地论　声闻地讲录（上册）　（二〇一二）
55. 瑜伽师地论　声闻地讲录（下册）　（二〇一二）
56. 廿一世纪初的前言后语（上册）　（二〇一二）
57. 廿一世纪初的前言后语（下册）　（二〇一二）
58. 孟子与离娄　（二〇一二）
59. 孟子与万章　（二〇一二）
60. 宗镜录略讲（卷一至五）　（二〇一三至二〇一五）
61. 南怀瑾禅学讲座（上）　（二〇一七）
62. 南怀瑾禅学讲座（下）　（二〇一七）

打开微信，扫码看南怀瑾著作电子书

《孟子旁通》电子书

《论语别裁》电子书

打开微信，扫码观看

《复旦大学出版社南怀瑾著作出版纪程》视频

打开微信，扫码观看

南怀瑾先生授课原声视频

图书在版编目(CIP)数据

老子他说续集/南怀瑾著述. —上海：复旦大学出版社，2019. 1(2024. 11 重印)
ISBN 978-7-309-13936-5

Ⅰ. ①老…　Ⅱ. ①南…　Ⅲ. ①道家②《道德经》-研究　Ⅳ. ①B223. 15

中国版本图书馆 CIP 数据核字(2018)第 213859 号

老子他说续集
南怀瑾　著述
出 品 人/严　峰
责任编辑/邵　丹

复旦大学出版社有限公司出版发行
上海市国权路 579 号　邮编：200433
网址：fupnet@fudanpress. com　http://www. fudanpress. com
门市零售：86-21-65102580　团体订购：86-21-65104505
出版部电话：86-21-65642845
江苏句容市排印厂

开本 787 毫米×960 毫米　1/16　印张 19　字数 218 千字
2019 年 1 月第 1 版
2024 年 11 月第 1 版第 10 次印刷

ISBN 978-7-309-13936-5/B · 676
定价：38. 00 元
